泰山学院学术著作出版基金资助出版
山东省重点研发计划（软科学项目）成果（2020RKB01081）

旅游目的地
好客精神培育研究

以"好客山东"为例

陈方英　马明　著

中国财经出版传媒集团

经济科学出版社
Economic Science Press

图书在版编目（CIP）数据

旅游目的地好客精神培育研究：以"好客山东"为例/陈方英，马明著 . —北京：经济科学出版社，2021. 11

ISBN 978 – 7 – 5218 – 3089 – 7

Ⅰ.①旅…　Ⅱ.①陈…②马…　Ⅲ.①地方旅游业 – 旅游业发展 – 研究 – 山东　Ⅳ.①F592. 752

中国版本图书馆 CIP 数据核字（2021）第 239024 号

责任编辑：周国强
责任校对：王苗苗
责任印制：张佳裕

旅游目的地好客精神培育研究
——以"好客山东"为例
陈方英　马　明　著
经济科学出版社出版、发行　新华书店经销
社址：北京市海淀区阜成路甲 28 号　邮编：100142
总编部电话：010 – 88191217　发行部电话：010 – 88191522
网址：www. esp. com. cn
电子邮箱：esp@ esp. com. cn
天猫网店：经济科学出版社旗舰店
网址：http：//jjkxcbs. tmall. com
固安华明印业有限公司印装
710 × 1000　16 开　16. 25 印张　270000 字
2021 年 11 月第 1 版　2021 年 11 月第 1 次印刷
ISBN 978 – 7 – 5218 – 3089 – 7　定价：86. 00 元
（图书出现印装问题，本社负责调换。电话：010 – 88191510）
（版权所有　侵权必究　打击盗版　举报热线：010 – 88191661
QQ：2242791300　营销中心电话：010 – 88191537
电子邮箱：dbts@ esp. com. cn）

前　　言

　　"好客"是人类最古老的行为，也是所有社会的核心价值和方法。无论是中文的《现代汉语词典》，还是英文的《牛津英语词典》等都有专门针对"好客（hospitality）"的解释。孔子《论语》开篇即谈："有朋自远方来，不亦乐乎?"几千年来，这句老少皆知的名句被视为国人好客之道、待人之礼的基本象征。好客之礼是中国传统文化的重要组成部分，自古以来深入百姓生活，直面政治经济。

　　对于一个旅游目的地来说，好客文化是东道主与游客之间关系的重要纽带，体现了一种良好的旅游礼仪文明，对旅游目的地的可持续发展有着重要影响。旅游目的地好客精神是影响旅游目的地产品质量的重要因素。这种好客文化是一种无形的旅游资源，是旅游目的地与其他竞争对手比较中的核心竞争力。世界上很多地方发展旅游业的经验表明，在某些情况下，当地社会的好客精神甚至可以成为吸引游客来访的重要因素，从而成为该地独具特色的旅游吸引力。

　　改革开放四十多年来，中国旅游业快速发展，已经成为国家文化传播和民族文化传承，以及提高国家文化软实力和中华文化影响力的重要渠道，是国际社会认知中国形象的重要途径。"好客中国"近年来也被纳入国家国际形象展示的重要战略资源。特别在党的十七大、十八大、十九大都持续强调"提高国家文化软实力"的重要性，并确立"文化强国"的战略目标。而好客文化作为中国的传统文化，是实现把旅游业培育成战略性支柱产业、提升国家文化软实力的重要路径。

对山东省来说，山东人在数千年儒学思想影响下形成的"好客"性格，既是山东人的行为特征，也是山东人形成的文化印象或者说是文化表征。2001年，由世界旅游组织撰写的《山东省旅游发展总体规划》中，专门提出将"山东人"作为最宝贵的旅游资源进行开发，弘扬山东精神。2007年12月，山东省旅游管理部门从旅游目的地营销的角度，将山东精神提炼为"好客山东"，并设计旅游品牌形象标识和旅游口号，对外进行统一宣传。这一品牌一经推出，立刻在全国旅游市场上引起了强烈反响。如今"好客山东"品牌推出已经有十几年了，其间旅游主管部门和各相关领域都采取了一系列措施，不断强化"好客山东"品牌的市场影响力，提升品牌价值。

旅游目的地好客态度或好客精神是"好客山东"品牌的灵魂。"好客山东"品牌建设是否成功和持久发挥作用，是否能够真正成长为国内外家喻户晓的旅游地知名品牌，关键还在于游客到山东旅游后是否能够真正体会到山东人的热情好客。那么"好客山东"精神的内涵是什么？如何评价山东人的"好客度"？如何对"好客山东"精神进行培育和维护？这些是目前"好客山东"品牌建设中必须考虑和亟待解决的问题。另外，《山东省全域旅游发展总体规划（2018~2025年）》也强调，到2025年"好客山东"在强省建设中将进一步彰显旅游业战略性支柱地位，将成为世界著名的旅游地品牌。"十四五"期间（2021~2025年），"好客山东"品牌国际化的塑造是山东旅游业发展的重中之重。

国家作为一个整体是由下属的各个区域组成的。国家好客精神是下属区域好客精神的集中体现，"好客山东"是"好客中国"品牌的有机组成部分。因此，本书基于提高文化软实力的国家战略，根植于我国"宾至如归"的好客礼仪的厚重文化传统，对"好客精神"的产生机理、内涵组成、评价方法、培育模型进行研究。在案例研究方面，以省域目的地山东为例，以"好客山东"品牌为切入点，从对旅游目的地实施品牌管理的角度，就国内外不同细分市场的游客对山东好客度的评价进行全面评估和比较，提出"好客山东"精神培育和维护的战略和策略，以弘扬旅游目的地好客精神，提升旅游产业竞争力。

　　本书能够顺利完成和出版离不开大家的支持和帮助。首先，本书获得泰山学院学术著作出版基金资助出版，感谢我的工作单位泰山学院对本书出版在资金上给予的支持。同时，本书也是 2020 年度山东省重点研发计划（软科学项目）"基于国外游客感知的山东居民好客度评价体系构建与提升研究"（项目批准编号：2020RKB01081）的研究成果，感谢山东省科技厅对该项研究的支持。感谢课题组成员李云副研究员（泰山景区），章剑主任（泰安市泰山区文旅局）、刘艳琪科长（泰安市泰山区文旅局），以及我的同事郑冬梅讲师、宋伟副教授、樊丽丽讲师、王丽丽助教为课题完成所做的大量工作。感谢我的同事田丽超讲师、李秀博士、梁薇博士、葛新雨硕士为课题的问卷翻译、问卷调查或著作校对所做的大量工作。感谢马建东博士研究生（中国科学院声学所）在问卷调查和软件作图中所做的大量工作。感谢泰山学院旅游学院学生刘泽慧、梁兴熠、高帅、邹玉梅、王亚茹、张传汾、周童、周婷、王晨霞、李美玉、唐高丽、张晓芳、曹小婷、于艺茜、陈蜜蜜、马健、宋梦林、燕自成、刘景源、曹君栋、孙应明、李曦超在问卷调查、数据录入和资料收集方面所做的大量工作。感谢武汉大学沈阳博士，本书中使用了由他研究开发的内容分析软件 ROST WordParser。最后，还要感谢那些我不知道真实姓名的很多游客，他们积极主动参加了本次研究的问卷调研，他们慷慨和无私的帮助为本次研究提供了大量丰富生动的研究资料和素材。由于笔者的局限性，本书的研究还存在很多问题和不足，敬请各位专家和读者不吝赐教，提出宝贵的建议，以便我们的研究可以继续深入。同时，也希望借此书抛砖引玉，引起更多学者对这一问题的关注和研究。再次对你们的支持和帮助表示诚挚的谢意！

陈方英　马　明

2021 年 10 月 18 日

目　录

第一章

引　言

第一节　选题背景与意义

一、选题背景

（一）旅游目的地好客精神值得深入研究

孔子《论语》开篇即谈："有朋自远方来，不亦乐乎？"几千年来，这句老少皆知的名句被视为国人好客之道、待人之礼的基本象征。好客之礼是中国传统文化的重要组成部分，自古以来深入百姓生活，直面政治经济（黄萍，2012）。

从游客的角度来看，旅游目的地好客精神是目的地比较优势和竞争力的来源之一，也是影响目的地产品质量、游客满意度以及忠诚度的重要因素（史丽娜等，2011）。以世界著名旅游目的地美国的夏威夷州为例，作为美国唯一的群岛州，当地的"阿罗哈"精神所创造的旅游人文环境和整体社会氛围，使得游客只要一踏上夏威夷的土地便开始感受到当地居民的热情和好客（Plog，2004）。这种好客文化不仅成为夏威夷的一种无形的旅游资源，而且是夏威夷与其他竞争对手比较中的核心竞争力，并且成为该目的地一直使用的旅游宣传主题（李天元等，2006）。其他学者的研究也表明，在社交媒体时代，网络游记描述中都会提到游客对旅游地居民友好水平的感知和评价，这对游客形成旅游目的地的良好感知形象起着关键的作用（马明等，2014），也对游客在逗留期间旅游经历或体验质量有重要的影响（李正欢，2006）。旅游目的地的好客精神甚至可以成为吸引游客来访的重要因素，从而成为该地独具特色的旅游吸引物（李天元，2017）。也就是说，城市可以根据到访游客感受到的受欢迎程度进行评估（Chau et al.，2021），目的地可以根据其使客人感到受欢迎的程度来判断其是否好客（Andrews，2011）。

然而，学术界对旅游目的地好客精神以及目的地采用"好客"作为品牌定位的研究却十分有限（李天元，2006）。一方面，在对于好客精神的含义上，虽然人们只要亲身去过某地，就能对当地居民的好客度做出自己的评价，但是要对好客精神进行准确定义并非易事。目前国内外旅游研究学者还缺乏对这一概念的统一解释（李天元等，2006）；另一方面，虽然人们在有关旅游目的地的各项研究中（如目的地服务质量、目的地旅游形象、目的地建设与发展）都会提到目的地居民好客程度的重要性，却很少有学者对目的地应该如何使用好客元素进行定位，以及如何提高目的地"好客精神"等问题进行深入研究（陈方英等，2020）。

"好客精神"培育并非纯学术问题。改革开放四十多年来，中国旅游业快速发展，已经成为国家文化传播和民族文化传承，以及提高国家文化软实力和中华文化影响力的重要渠道，是国际社会认知中国形象的重要途径（黄萍，2012）。"好客中国"近年来也被纳入国家国际形象展示的重要战略资源。然而，我国在塑造"好客中国"国家旅游形象品牌的同时，也面临着怎样展示和传播东道国好客文化问题的挑战。另外，中共十七大提出"文化强国"的长远战略，中共十九大强调"坚定文化自信"。而好客文化作为中国的传统文化，是实现把旅游业培育成战略性支柱产业，提升国家文化软实力的重要路径。

所以，理论和实践都迫切需要将"好客精神"的培育提上研究议程，对其概念含义、要素构成、评价方法、建构方式和提升路径等问题展开广泛而深入地研究。

（二）旅游目的地好客精神是"好客山东"品牌的灵魂

随着市场竞争的日趋激烈，旅游目的地必须打造和维持具有独特性的品牌已成为一种共识（马明，2011a）。通过品牌管理，一个目的地可同其目标市场建立一种难以取代的情感联系，从而形成竞争优势（曲颖等，2008；马明，2010）。

对山东省来说，旅游目的地品牌塑造也一直是重点工作（马明等，2014）。为此，2001年，山东旅游管理部门高薪聘请国际旅游专家撰写了《山东省旅游发展总体规划》，专门提出将"山东人"作为最宝贵的旅游资源进行开发，弘扬山东精神（王德刚，2009）。2007年，在征求专家意见和广泛论证基础上，山东省旅游管理部门从旅游目的地营销的角度，将山东精神提炼为"好客山东"，并设计旅游品牌形象标识和旅游口号，对外进行统一宣传（冷兴邦等，2009）。"好客山东"旅游品牌在中央电视台等媒体播出后，得到了山东本地的高度认同和外部地域的充分认知。"好客山东"品牌形象，高度概括了山东人的特质，体现了山东旅游的本质，是山东省旅游界确立新目标，实现新跨越的宏观思考和重要决策（马明等，2020）。

近十几年来，围绕"好客山东"品牌的塑造，山东省做了许多营销推广工作，如：在央视做广告，山东航空公司的"好客山东"航空号命名，与央视网、中国金桥国际传媒公司等合作召开"好客山东"品牌传播论坛，在北京大学"齐鲁讲坛"活动中宣传"好客山东"品牌形象等。2008年10月，在北京举行的第二届中国品牌节上，"好客山东"品牌被评为"山东最具代表性品牌"，并荣获"品牌中国金谱奖"。在内部管理上，山东省旅游管理部门专门制定《"好客山东"旅游服务标准》，以提高山东旅游服务质量水平。

近年来，"好客山东"品牌先后荣获"中国休闲创新奖之旅游形象创新奖""首届中国经典传媒大奖之广告主杰出贡献奖""中国旅游广告主品牌年度金奖"等品牌传播大奖（张翠翠等，2015）。2015年，在"好客山东"品牌论证会上，专业机构宣布"好客山东"的市值为200亿元左右（中国旅游新闻网，2015）。目前，"好客山东"已经成为山东省的一张对外宣传名片（陈刚，2011；张翠翠等，2015）。这表明经过十几年的持续塑造，"好客山东"旅游品牌已经颇有成效，不仅提升了山东旅游的知名度，而且为山东未来的可持续发展创造了巨大的经济价值和社会价值（马明等，2020）。

旅游目的地好客态度或好客精神是"好客山东"品牌的灵魂。"好客山东"品牌形象建设是否成功和持久发挥作用，是否能够真正成长为国内外家喻户晓的旅游目的地知名品牌，关键还在于游客到山东旅游后是否能够真正体会到山东人的热情好客。那么，"好客山东"精神的内涵是什么？如何评价山东人的"好客度"？如何对"好客山东"精神进行培育和维护？这些是目前"好客山东"品牌建设中必须考虑和亟待解决的问题。

另外，《山东省全域旅游发展总体规划（2018～2025年）》也强调，到2025年，"好客山东"在强省建设中将进一步彰显旅游业战略性支柱地位，将成为世界著名的旅游地品牌。"十四五"期间，"好客山东"品牌国际化的塑造是山东旅游业发展的重中之重。

因此，本书将对"好客山东"品牌的文化内涵和"好客山东"精神培育等问题进行研究，从游客感知的角度探讨国内外游客对山东好客度的评价及提升路径，提升山东文化和旅游产业竞争力，为山东实现旅游强省的目标贡献绵薄之力。

二、研究意义

（一）理论意义

1. 丰富旅游业好客文化理论的研究

近代以来，随着科技和交通运输业的进步，世界旅游接待服务业迅速发展，好客礼仪成为接待服务业的重要价值特征，也是从业人员必须遵守的基本守则（黄萍，2012）。我国从1978年改革开放之后大力发展旅游业，积极倡导好客服务，在最初基础设施匮乏的艰苦条件下甚至提出"硬件不足软件补"的口号。但是在理论界，学者对这一问题的研究比较缺乏，国外尚有少数的有关旅游业好客的著作，但是在国内，似乎难以见到较为详细的专题性研究。虽然2012年在"第二届旅游高峰论坛"上，与会学者围绕主题"好客中国：旅游与旅游者"及其相关问题展开了学术交流，并在《广西民族大学学报》（2012年第5期）设专栏发表了7篇相关文章，但令人遗憾的是，该项研究并未成为学者持续关注的热点。截至2021年9月8日，在知网上以

"好客"为关键词搜索得到的文献仅有118条，鲜有学者从文化软实力的视角对旅游目的地好客精神培育进行研究。

与当前业界蓬勃开展好客服务的实践相比，学术界有关好客理论的研究相对薄弱和滞后，理论的研究远远不能满足旅游业经营实践的迫切需求。对游客来说，旅游目的地的总体旅游产品是游客在目的地旅游过程中的一种综合的体验。这种体验来自两个方面，一是商业因素，由目的地为游客提供相关产品和服务的企业提供；二是非商业因素，例如：目的地的整体环境氛围，非从业人员的好客度等等。与商业因素相比，这些非商业性的社会因素对游客的满意度和忠诚度具有同样重要的影响。因此，与微观层面旅游企业的好客研究相比，宏观层面上旅游目的地的好客影响因素更为复杂，需要在理论上加以研究，以获得规律性的认识，为其在旅游目的地的应用提供理论支持。

2. 充实国家文化软实力理论的研究

自约瑟夫·奈20世纪90年代初期提出"软实力"概念以来，我国学术界层面有不少学者对这一问题进行了探讨（约瑟夫，2013）。例如：王沪宁（1993）将文化提升到国家软实力的高度加以探索，成为中国最早关注软实力理论的学者；贾春峰（1993）、张骥等（1999）也较早对文化软实力进行了研究。自2000年以来，关于文化软实力的研究呈现迅速上升的趋势，截至2021年2月28日，在知网上以"文化软实力"为关键词搜索得到的文献有6172条，研究主要从国家文化软实力的建设、提升路径、国际关系传播、社会主义核心价值观、中国优秀传统文化等方面展开，内容涉及国家、省域、城市、产业、企业和学校等各个方面。总体上看，基础性研究占据了绝大多数约93%（5727篇），应用性研究仅占7%（446篇）。提高国家文化软实力需要全社会各行各业持之以恒的共同努力。因此，加强文化软实力在各个行业、产业的应用研究迫在眉睫。所以，本书以旅游业为视角，就中国传统的好客文化在旅游目的地的传承和应用进行深入研究，培育"好客精神"，有利于充实国家文化软实力理论的研究。

（二）现实意义

1. 有利于山东国内旅游市场的稳固

表1-1列出了2007~2019山东国内市场总量情况。从表中的数据可以

看出，山东省国内旅游收入从 2007 年的 1550.76 亿元，增加到 2019 年的 10851.33 亿元，2007～2019 年旅游总收入增长了 9300 多亿元，增长了接近 7 倍；国内游客人数方面，山东省国内旅游人数从 2007 年的 2.0343 亿人次，增加到 2019 年的 9.3288 亿人次，2007～2019 年旅游人数增长了 7 亿多人次，增长了约 4.6 倍。

表 1-1　　　　　　2007～2019 山东国内游客人数和旅游收入

年份	旅游人数 （亿人次）	旅游人数增长率 （%）	旅游收入 （亿元）	旅游收入增长率 （%）
2007	2.0343	—	1550.76	—
2008	2.40466	18.21	1908.53	23.07
2009	2.88818	20.11	2331.69	22.17
2010	3.49904	21.15	2915.81	25.05
2011	4.16963	19.16	3573.70	22.56
2012	4.87388	16.89	4335.03	21.30
2013	5.426219	11.33	5014.74	15.68
2014	5.957741	9.80	5711.17	13.89
2015	6.504535	9.18	6505.11	13.90
2016	7.071648	8.72	7399.61	13.75
2017	7.7966	10.25	8491.45	14.76
2018	8.58993	10.18	9661.51	13.78
2019	9.3288	8.60	10851.33	12.32

资料来源：《山东旅游统计便览》。

从国内旅游市场总量的增长速度来看，大体可以分为两个阶段（见图 1-1）。

第一阶段，2008～2010 年，平稳增长时期。国内游客总人数和旅游总收入都在较快平稳增长，其中国内游客总人数增长率从 2008 年的 18.21%增长到 21.15%，旅游总收入增长率从 23.08%增长到 25.05%。第二阶段，2011～2019 年，逐渐下滑到稳定增长时期。国内游客总人数增长率方面，2011～

2016年逐渐下滑，然后从2017～2018年开始缓慢增长，2019年又呈现下滑趋势，其中旅游总人数增长率从2011年的19.16%下滑到2016年的8.72%，然后上升到2017年的10.25%，2018年又回落到10.18%，到了2019年下滑到2008年以来的最低值8.60%。国内旅游总收入增长率方面，从2011年22.56%下滑到2016年的13.75%，然后逐渐上升到2017年的14.78%，2018年又回落到13.78%，到了2019年下滑到2008年以来的最低值12.32%。

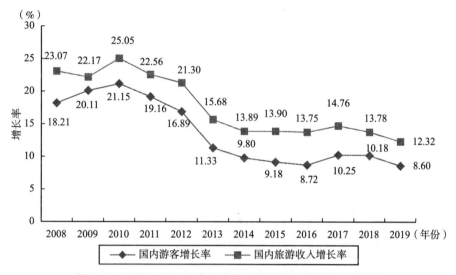

图1-1 2008～2019山东国内游客增长率和旅游收入增长率

前期有学者（马明等，2020）以2016～2017年的旅游市场数据为依据，选择了与山东省地缘接近，并且市场竞争比较激烈的6个省域（河南、河北、江苏、安徽、上海、浙江）的市场绩效数据进行横向对比发现，山东的国内旅游发展状况并不乐观。表1-2列出了2017年山东省与其他6个省域国内旅游市场总量绩效的对比。

第一，虽然在国内游客市场总量方面，山东市场绩效排在第一位，绩效指数为最大值10，但是排在第二位的江苏，绩效指数为9.53，此外，河南、安徽和浙江的国内游客市场绩效也在8～9之间。以上四个省域未来在国内游客总量方面可能会对山东产生一定的威胁。第二，从国内旅游收入市场总量来看，市场绩效最好的是江苏，指数为最大值10，山东省排在第三位（绩效指数为 7.51），排在江苏、浙江之后，河南、河北、安徽和上海之前，处在中间位置。第三，从国内游客增长率来看，市场绩效最好的是河北，绩效指数为最大值 10，山东排在第四位（绩效指数为 4.52）低于河北、安徽和河南，高于浙江、上海和江苏，处在中游水平。其绩效与最大值（河北）相差5.48，差距较大。第四，从国内旅游收入增长率看，市场绩效最好的也是河北，绩效指数为最大值 10，山东排在第六位（绩效为 4.60），低于河北、安徽、河南、上海和浙江，仅比江苏高一点。其绩效与最大值（河北）相差5.40，差距较大（马明等，2020）。

表 1-2　　2017 年山东省与其他 6 个省域国内旅游市场总量绩效比较

省份	旅游市场总量绩效				旅游市场总量增长率绩效			
	游客绩效	排序	收入绩效	排序	游客绩效	排序	收入绩效	排序
河南	8.49	3	5.91	4	6.23	3	5.37	4
河北	7.32	6	5.39	5	10	1	10	1
江苏	9.53	2	10	1	4.24	6	4.24	7
安徽	8.03	5	5.31	6	8.77	2	8.11	2
上海	4.08	7	3.56	7	4.24	6	5.26	3
浙江	8.06	4	7.75	2	4.29	5	4.77	5
山东	10	1	7.51	3	4.52	4	4.60	6

注：绩效最大值为 10，最小值为 0。
资料来源：马明等（2020）。

因此，面对激烈的市场竞争，山东省需要寻找突破口，巩固现有的竞争地位以实现国内旅游的稳步增长。和国内很多旅游目的地一样，自 1978 年改革开放以来，通过四十多年的积累和资金投入，山东目前在旅游设施等硬件方面的建设达到了一个较高的水平，但是在软件方面仍然有很大的提升空间。因此，从旅游目的地好客精神培育的角度出发，对体现"好客山东"品牌本质的山东居民的好客度进行研究十分必要。

2. 有利于山东国外旅游市场的开发

"好客山东"要成为世界著名的旅游目的地品牌，入境游客市场的开发是关键因素。但是从山东省 2008~2019 年旅游数据看（见表 1-3），国内游客占了绝大多数的比例，占比一直在98%以上，并且在比例上呈现逐渐上升的趋势；反之，国外游客占旅游总人数的比例一直在0.5%～1.06%之间徘徊，并且在比例上呈现逐渐下降的趋势。

表1-3　　　　　　　　　2008～2019 山东省国内外游客对比

年份	总人数（万人次）	国内游客		入境游客	
		人数（万人次）	比例（%）	人数（万人次）	比例（%）
2008	24299.8	24046.60	98.96	253.7575	1.04
2009	29192.0	28881.80	98.94	310.0381	1.06
2010	35356.8	34990.40	98.96	366.7909	1.04
2011	42120.2	41696.30	98.99	424.2277	1.01
2012	49208.9	48738.80	99.04	469.9116	0.95
2013	54714.7	54262.19	99.17	452.7108	0.83
2014	60023.1	59577.41	99.26	445.6513	0.74
2015	65506.3	65045.35	99.30	460.9817	0.70
2016	71201.8	70716.48	99.32	485.4664	0.68
2017	78461.6	77966.20	99.37	494.4484	0.63
2018	86412.4	85899.30	99.41	513.1490	0.59
2019	93809.30	93288.04	99.44	521.26	0.56

资料来源：《山东旅游统计便览》。

前期有学者（马明等，2020）对2017年山东国外旅游市场绩效与其竞争对手（河南、河北、江苏、安徽、上海、浙江）的横向比较发现：山东国外旅游市场总量绩效与竞争对手比较差距较大。表1-4列出了2017年山东省与其他6个省域国外旅游市场总量绩效的对比。

旅游市场总量绩效方面：从入境游客来看，市场绩效最好的是浙江，绩效指数为最大值10，山东入境游客绩效排在第四位（绩效指数为4.08），低于浙江、上海和安徽，高于河北、河南和江苏，绩效处在中游水平；从入境旅游收入来看，市场绩效最好的是浙江，绩效指数为最大值10，山东在入境旅游收入绩效方面也是排在第四位（绩效指数为3.84），低于浙江、上海和江苏，高于河北、河南和安徽，绩效也是处在中游水平（马明等，2020）。

表1-4　　2017年山东省与其他6个省域入境旅游市场总量绩效比较

省份	旅游市场总量绩效				旅游市场总量增长率绩效			
	游客绩效	排序	收入绩效	排序	游客绩效	排序	收入绩效	排序
河南	2.54	6	1.19	6	3.46	5	7.05	5
河北	1.32	7	0.92	7	6.52	3	10	1
江苏	3.05	5	5.07	3	9.31	2	7.51	4
安徽	4.53	3	3.48	5	10	1	9.73	2
上海	7.20	2	8.23	2	1.66	6	3.14	6
浙江	10	1	10	1	6.21	4	8.32	3
山东	4.08	4	3.84	4	1.41	7	2.64	7

注：绩效最大值为10，最小值为0。
资料来源：马明等（2020）。

旅游市场总量增长率绩效方面：从入境游客增长率来看，市场绩效最好的是安徽，绩效指数为最大值10，山东在入境游客增长率方面明显后劲不足，排在最后一位，入境游客增长率绩效仅为1.41，与最大值（安徽）相差8.59；从入境旅游收入增长率看，市场绩效最好的是河北，绩效指数为最大值10，山东省在入境旅游收入增长率绩效方面也是明显后劲不足，排在最后一位，入境游客增长率绩效仅为2.64，与最大值（河北）相差7.36（马明等，2020）。

以上数据说明，自"好客山东"品牌塑造以来的十多年间，国内旅游市场占了很大的比重，但是国外旅游市场在山东旅游业中发挥的作用并不显著；同时，与竞争对手比较，山东省在国际旅游市场开发中也处于劣势地位。这与山东省政府提出的旅游强省战略目标差距很大，也与"十四五"期间（2021～2025年），旅游管理部门提出的要将"好客山东"建设成为世界著名的旅游目的地品牌的愿景有较大的差距。"十四五"期间，"好客山东"品牌国际化的塑造任重道远，因此，本书构建旅游目的地居民好客度评价指标体系，不仅对国内游客的感知进行研究，同时也对外国游客对山东居民好客度评价进行研究，有利于山东入境游客市场的开发。

3. 有利于提高山东游客的满意度

游客满意度是旅游者将自己旅游前的期望和实际旅游体验之后的绩效进行对比之后得出的感知评价（符全胜，2005）。它会影响到游客对旅游目的地的选择、旅游产品和服务的消费、是否重游、是否推荐给他人等各个方面，在旅游目的地营销中具有重要作用（连漪等，2004）。

影响游客满意度的要素主要包括：游客期望、游客感知质量和游客感知价值。这三个因素相互关联，相互影响，由此形成一个"游客期望—感知质量—感知价值—满意度—忠诚度"链（汪侠等，2006）。其中，游客期望是感知价值的比较变量，感知质量是感知价值的影响因子，满意度是感知价值的行为结果，末端忠诚度是最终结果变量，如图 1-2 所示。

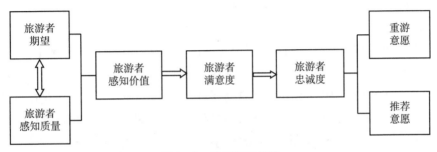

图 1-2　游客满意模型

资料来源：张志勇（2015）。

表 1-5 是 2010~2014 年全国游客满意度调查山东省城市游客满意度情况。从 2010~2014 年《全国游客满意度调查报告》对全国样本城市的游客满意度进行排名显示：山东样本城市游客满意度指数 2010~2014 年总体位于全国中水平（见表 1-5）。以济南为例，2010 年到 2014 年游客满意度得分依次是 72.26 分、79.71 分、80.15 分、72.70 分、74.42 分，排名依次是第 30 名、第 17 名、第 23 名、第 19 名、第 24 名。样本城市烟台的游客满意度从 2012 年的 81.96 分下降到 2014 年的 75.77 分，排名从 2012 年的 12 名下降到 2014 年的 14 名。只有青岛还算不错，2010~2014 年游客满意度得分依次是 77.86 分、80.64 分、81.40 分、76.48 分、78.13 分，排名依次是第 9 名、第 14 名、第 16 名、第 5 名、第 3 名，呈现先下降然后上升的趋势。总体来看山东游客满意度处于"基本满意"水平，亟待提升（张志勇，2015）。

表1-5　　　　　2010～2014全国游客满意度调查山东城市游客满意度

年份	济南		青岛		烟台		全国样本城市（个）
	得分	排名	得分	排名	得分	排名	
2010	72.26	30	77.86	9	—	—	50
2011	79.71	17	80.64	14	—	—	50
2012	80.15	23	81.40	16	81.96	12	60
2013	72.70	19	76.48	5	74.46	14	60
2014	74.42	24	78.13	3	75.77	14	60

资料来源：中国旅游研究院。

　　张志勇（2015）指出，游客期望差异大，导致感知价值失衡是山东游客满意度较低的主要原因。

　　一方面，旅游形象不调和。目前全国以"好客"为定位的省域旅游目的地只有山东。当前山东在向外推广旅游目的地的过程中，重点是把"好客"定位成一个旅游品牌宣传口号，但在旅游目的地服务质量管理方面存在不足。虽然2009年出台了《好客山东旅游服务标准》，但是在具体的落实措施上并不到位。因此，导致山东旅游的游客期望与实际感知绩效差异大，"好客山东"这一形象不能在消费者的思维中建立深刻而良好的印象，导致旅游形象不调和，影响了"好客山东"游客满意度提升（张志勇，2015）。

　　另一方面，旅游功能不调和。2007年"好客山东"战略被确定后，山东大力发展旅游业，花费大量资金进行旅游服务设施的建设、旅游产品开发和旅游市场宣传。但是，由于近些年来旅游从业人员素质不高以及管理制度的缺失等原因，出现了一些服务上的问题。例如：2015年国庆期间发生在山东青岛市的"青岛大虾"网络舆情事件就是一个典型的负面例子。上述负面现象大大降低了游客对"好客山东"旅游品牌的评价。因此，当前在个别地方出现了旅游目的地硬件与软件不配套的问题，即落后的服务水平与完善的设施形成强烈的对比，在游客心中造成强大的心理落差，导致旅游功能不调和，影响了"好客山东"游客满意度提升（张志勇，2015）。

　　提升游客满意度的途径很多，本书以旅游目的地"好客精神"培育为切入点，探究山东好客文化的传承和发展，提高山东居民好客度和服务水平，有利于"好客山东"游客满意度的提升。

4. 有利于实现"好客山东"品牌的可持续发展和国际化

旅游目的地品牌具有良好的识别功能、信息浓缩功能、利益承诺功能和招徕功能；是游客目的地决策、目的地质量感知、满意度、重游意愿及推荐意愿的先导；是吸引游客的关键因素（郭英之，2017）。因此，旅游品牌一旦为公众熟悉、接受，就会在人们心目中形成"名牌"效应。

自"好客山东"品牌提出以来，围绕"好客山东"品牌的塑造，山东省旅游主管部门和各相关领域都采取了一系列措施，不断强化"好客山东"的市场影响力，提升品牌价值。但是，对于设计出的旅游品牌形象在多大程度上能被游客认知，特别是"好客山东"品牌口号的精髓部分，即游客对山东居民的好客度是如何评价的，需要相关部门进一步深入调查和研究。因为，对旅游目的地来说，构成旅游品牌竞争力的最核心的要素是人，是当地居民的好客度。"好客山东"品牌建设是否成功，其核心在于游客对该品牌的认同度和评价。所以，建立旅游目的地好客度评价指标体系和综合评价模型，从山东作为旅游目的地的角度对山东居民的好客度进行科学评价，有利于管理者清楚地了解影响"好客山东"品牌形象的各个要素，发现问题，提出培育和维护"好客山东"品牌的战略和具体策略，以期通过对山东居民好客度的持续和科学的管理，不断提升山东居民好客度，塑造"好客山东"旅游品牌形象，减少品牌管理中的盲目性、主观性和随意性，提高管理效率，确保"好客山东"品牌的长期、可持续发展。

另一方面，"好客山东"品牌的国际化推广和塑造任重道远。从 2013 年开始，山东在海外开始与谷歌、脸书（Facebook）、猫途鹰（Tripadvisor）等开展合作。此外，还采取了到客源地设立营销中心的新模式，并加强了与海外主要客源国旅行社的合作开展营销（郭琪，2016）。"好客山东"品牌在海外也有了一定的知名度。但是，品牌的塑造和提升除了知名度以外，还包括美誉度和忠诚度（David et al.，1997）。因为旅游目的地品牌反映的是游客根据自身需要对某一旅游地的偏爱和态度等（Konecnik et al.，2007）。如果把知名度看作从数量上来衡量旅游地品牌的传播广度，那么美誉度和忠诚度就是从质量上来衡量旅游地品牌的传播深度（Boo et al.，2009）。品牌知名度可以通过加大资金对广告等各种媒介的传播加以推广，而品牌美誉度和忠诚度的提高则依赖于旅游目的地高质量的旅游服务管理。其中旅游目的地居民的好客表现是重要的影响因素。目前，国外游客对"好客山东"品牌的评价如何？对山东居民好客度的评价如何？相关的研究较少。

因此，本书通过建立科学的"旅游目的地好客度评价指标体系"和方法论，不仅对国内游客的感知评价进行研究，还将对国外游客的感知进行研究，以期通过不同旅游细分市场的对比研究，对山东居民好客度进行全方位的客观评估，从而进一步了解"好客山东"品牌在运作过程中存在的问题，并将这些问题及时反馈到相关部门，采取相应措施对症下药，从而有利于实现"好客山东"品牌的可持续发展和国际化。

5. 有利于"好客中国"国家旅游形象的塑造

随着全球化发展和国际旅游市场竞争的加剧，以国家旅游形象为依托、以国家旅游品牌为战略工具的国家旅游营销已成为各国优先选择的发展路径。我国 2003 年对外推出"中国，魅力永存"的入境旅游宣传口号后，2013 年中国确立了"美丽中国之旅"的中国国家旅游形象标识，并大力开展了相应的国内国际推广活动（陈麦池，2018）。陈增祥等（2015）认为强化入境游客的文化旅游及情感体验，传播"美丽中国"国家旅游形象，应该从美史、美食、美景和美人这四个方面，即"四美"来建设中国的旅游吸引力。其中"美人"指的就是目的地居民的好客精神。

山东省"好客山东"旅游品牌形象的塑造和传播，使得我国旅游业意识到中国传统好客文化的源远流长和博大精深，也进一步强化了人们对"美丽中国"国家旅游形象中"美人"要素重要性的认识。中国传统的好客文化广为人知，孔子学院遍布世界各个角落，塑造"好客"形象容易被游客感知、接受和认同。由此，"好客中国"成为"美丽中国"形象的组成部分，被纳入国家国际形象展示的重要战略资源，开始在媒体中使用此概念，学术界也开始对"好客中国"旅游品牌形象进行研究。2012 年 5 月 19 日至 20 日在成都信息工程学院隆重召开的"好客中国：旅游与旅游者"学术研讨会就是一个很好的开端。"好客山东"品牌形象是"好客中国"品牌形象的子品牌。本书以点带面，对"好客山东"品牌中的精髓部分，即"好客山东"精神进行研究，有利于"好客中国"国家旅游形象的塑造。

6. 有利于山东以及国家旅游产业"软实力"的提升

20 世纪末全球进入综合国力竞争异常激烈的时代，观念、文化、国家形象、国际制度参与、传媒、外交政策等诸多"软性"力量不断显现作用。约瑟夫·奈（1990）指出，软实力是一种能力，它能通过吸引力而非威逼或利诱达到目的，是一国综合实力中除传统的基于军事和经济实力的硬实力外的另一个组成部分（褚艳兵，2009）。这一概念明确了软实力的重要价值，将它提高到了与传统的"硬实力"同等甚至比其更为重要的位置。

"文化软实力"理念是从软实力概念中延伸出来的，是软实力的核心所在。约瑟夫·奈通过8篇文章和著作对软实力概念不断进行修改与完善。国际学术界和政界也达成了这样的共识：文化软实力不仅能够在一定程度上将硬实力合法化，提升吸引力和号召力，并且是一个国家具有极端重要意义的哲学和文化，可以控制人类共同的思维和观念（王思齐，2011）。显然，文化软实力是一个国家或区域的文化吸引力和感召力，它属于同物质相对应的精神文化范畴，是人类所创造的文化系统中的思想观念层次，因而是人类文化系统中的核心和精华部分。国家形象本质上是基于道义的"软权力"（李智，2005）。换句话说，该国家在人们心目中的整体形象和精神面貌是国家软实力的具体表现。

世界上许多国家也将提高文化软实力上升为国家战略。例如，澳大利亚和英国力推把"创意产业"列为国家重要政策；日本和韩国确定"文化立国"方针，并推出一系列举措推动文化产业的发展；新加坡把国家定位为"国际展演中心"，加快展演活动与旅游的结合。

在中国，由于"软实力"概念与中国"和平崛起""文化强国"的发展战略以及关于国家、世界的"和谐理想"相契合，因此"软实力"概念提出后被迅速接受并重视。

政府层面，中国逐渐提升了对文化软实力的重视。特别在中共十七大、十八大、十九大都持续强调"提高国家文化软实力"的重要性，并确立"文化强国"的战略目标。同时，2018年国务院机构改革中将文化部、国家旅游局合并为"文化和旅游部"，也再一次表明国家把推动文化和旅游产业融合发展来传播中国文化，并把提升国家文化软实力列为重要的战略举措。

好客文化作为中国的传统文化，是实现把旅游业培育成战略性支柱产业，提升国家文化软实力的重要路径。同时，也应该看到，国家作为一个整体是由下属的各个区域组成的，中国幅员辽阔，其下属省域的"文化软实力"是国家"文化软实力"的有机构成部分。

近年来，中国国家旅游品牌形象的塑造引起不少学者的关注（陈麦池，

2013，2018；陈增祥等，2015；黄萍，2012；匡林，2013；马诗远，2010）。在国家层面旅游品牌形象塑造与传播工作全面展开的同时，各省及其下属的旅游目的地也日益重视自身的旅游品牌形象塑造与传播，以提升"软实力"（郭英之，2013）。其中，山东省将旅游品牌形象关键词定位为"好客"，并开展营销活动从各个层面对"好客山东"品牌形象进行塑造，取得了较好的效果。这些举措为我国国家形象"自塑"能力的建构和运用提供了"试点"式的参考作用（王润钰等，2019）。

"好客山东"品牌形象是山东在长期的历史发展中形成的内涵深刻、独具特色的好客文化和山东精神的凝练。因此，如何打造"软实力"，发挥山东地域文化特色，借助旅游业将山东精神文化转变为生产力，建设旅游经济强省也一直是山东旅游界思考的主要问题。"好客山东"品牌形象的提出，是对山东传统社会文化的继承和弘扬，体现了新时期山东精神的内涵，高度概括了山东人的特质和山东旅游资源的优势特征。对山东居民好客度进行科学全面的评价，培育和维护"好客山东"文化，有利于管理者用"好客山东"文化规范山东人的行为准则，打造和提升山东旅游产业的"软实力"（马明等，2020）。

所以，本书以山东省作为一个旅游目的地进行"好客精神"培育的研究，有利于山东以及国家旅游产业"软实力"的提升。

第二节 研究综述

一、好客与旅游目的地好客

"好客"是人类最古老的行为。无论是中文的《现代汉语词典》，还是英文的《牛津英语词典》等都有专门针对"好客"（hospitality）的解释。学者们从不同学科视角对好客进行了研究。如在历史学、人类学、社会学、地理学、建筑学和政治学中，基于各自不同的学科视角，学者们主要从好客的起源、动机、社会期望、伦理、空间设计、社会交流、互动、控制、制度和关系等各方面，研究东道主（即主人）应该如何接待访客或陌生人（Kunwar，

2017；Lynch et al.，2011）。管理学研究者认为，好客是一种为他人提供住宿、食物和饮品的行为（Chau et al.，2021）。

旅游目的地好客精神是影响旅游地产品质量的重要因素（Plog，2004）。这种好客文化是旅游地与其他竞争对手比较的核心竞争力（李天元，2017）。世界上很多地方发展旅游业的经验表明，在有些情况下，当地社会的好客精神甚至可以成为吸引游客来访的重要因素，从而成为该地区的无形旅游资源和旅游吸引物（马明，2008a；马明等，2016；Chen et al.，2015）。旅游地居民的好客精神甚至可以成为吸引游客来访的重要因素，从而成为该地独具特色的旅游吸引物（Chen et al.，2015；Lashley，2008）。

在定性研究方面，德国古典学家康德、法国哲学家维纳斯以及法国哲学家德里达等从哲学的角度对"好客"进行定义（Derrida，2005）。社会经济和商业的发展使得"好客"一词的含义更加丰富。目前，在英语国家，产生了专门款待客人的"好客业"（hospitality），如酒店业、餐饮业、酒吧经营等都被归为好客业的范畴（李天元等，2006）。好客业的产生意味着"好客"一词的内涵得到了极大的发展（李正欢，2009）。相关研究方面，有学者对接待业好客的含义、好客体验等进行了研究（Pijls et al.，2017；Prooijen et al.，2012）；也有学者（Chau et al.，2021）认为，作为一个旅游目的地，一个城市的好客行为是由该城市的居民和利益相关者提供的。

我国学者也对旅游目的地好客进行了初步探讨。王大悟（2001）较早关注旅游环境的"好客性"；黄崴（2013）提出了"好客软环境"营造的问题，认为高质量的旅游并非仅仅是高等级的景点，更应该是游客在目的地处处都能感受的好客人文环境。李天元等（2006）提出好客精神作为个体性的待客心态和社会性的友好氛围，最终需要由当事主体以某些方式加以反映和展现；李正欢（2009）探讨了西方旅游业"好客"研究问题，提出了现代旅游业"好客"研究的方向；王宁（2007）探讨了好客旅游互动中的旅游本真性，认为好客旅游就是一种游客参与建构互动本真性的形式；刘军林（2011）探讨了好客旅游开发中的旅游本真性以及互动本真与好客旅游开发的关系。此外，李春霞（2012）对中国传统"主 - 客"关系的文献进行梳理，从旅游人类学"主 - 客"范式的角度阐述了好客的内涵；韦小鹏（2012）认为中西方文化对"好客"有不同的理解，但是中西方文化的共同点是认为"好客"是人类共同遵守的一种道德法则；林敏霞（2012）探讨了现代旅游中好客边界问题，认为对好客"边界"的尊重和维系是旅游本真性得以持续的边界；葛荣玲（2012）探讨了亲属称谓在旅游开发中作为连接主客关系、进行旅游好客性表达的符号介质的问题；陈麦池（2018）、黄萍（2012）从好客的视角探讨了"好客中国"国家旅游形象的塑造。总的来说，从现代商业化的旅游目的地管理的视角对"好客"的研究才刚刚开始，相关的研究不多。

在影响旅游目的地好客的因素方面，先前的研究主要集中对个体好客行为的研究，即对旅游目的地居民好客度的研究（马明等，2016；Tasci et al.，2016）。当前，也有一些研究开始探索非人类因素的好客（Bell，2007a；Santos et al.，2016）。研究表明，无论是个体的行为、物质的提供、服务环境、设施等，还是接待游客所涉及的信息技术都可以成为游客是否感知到目的地好客的影响因素。例如，贝尔（Bell，2007a）和山特斯（Santos et al.，2016）分别研究了建筑环境和基础设施在欢迎游客，体现目的地好客程度方面的作用。

在如何衡量一个城市或旅游目的地的好客程度方面有不同的方法。一种是单一指标方法。例如，马红丽（2010）基于中国热点旅游城市入境游客对居民好客度评价的研究中，仅用了一个指标，即游客"对当地居民是否友善好客"进行评价。另一种是多指标方法，有学者（Prooijen et al.，2012；Chau et al.，2021）认为，一个旅游目的地好客行为的提供者包括当地居住的居民和相关利益者。一个旅游目的地的热情好客可以从社会和商业两个方面进行考察。社会层面关注的重点是社区或者说是城市内的社区居民的好客程度；商业层面是把城市看成是一个商业场所，关注当地居民和游客活动中共同创造的好客环境。作者采用由三个维度组成的旅游目的地的好客指标，即好客行为、设施和硬件好客、城市氛围这三个方面衡量目的地的好客度。并且指出旅游目的地好客行为维度涉及城市所有居民，不管他们的工作是否与旅游业和酒店业相关（Prooijen et al.，2012；Chau et al.，2021）。马明等（2016）就国内游客对山东居民的好客度评价进行初步研究，研究设计了好客和不好客行为方面的具体表现指标。其中好客方面的表现设计了微笑待人、讲诚信等 8 个指标；不好客方面的表现设计了态度不好、欺骗游客等 7 个指标（马明等，2016）。但是，目前相关的研究还十分有限。在应该如何构建科学的评价指标体系评估旅游目的地好客度方面缺少研究。

二、"好客山东"品牌

自从山东省 2007 年提出"好客山东"旅游品牌形象口号以来，有不少学者对"好客山东"这一品牌进行了研究。相关研究主要包括以下几个方面。

（1）对"好客山东"品牌的内涵和广告创意进行分析。例如：于冲（2008）从齐鲁文化的角度探讨了"好客山东"品牌的内涵；吴元芳（2009）探讨了运河文化对"好客山东"品牌的影响；杜金京（2009）、张萍（2012）分别对"好客山东"的广告创意和广告结构进行分析；李玉国（2013）、陈方英等（2020）对"好客山东"的品牌定位进行研究。

（2）对"好客山东"旅游形象口号进行研究。例如：马明等（2011b）、周琦（2015）探讨了国内游客对"好客山东"旅游品牌口号的评价，并对这一口号的特点进行评析；陈方英等（2011）研究了日本游客对"好客山东"旅游形象口号的认知和评价。

（3）对"好客山东"品牌建设营销进行研究。例如：吕翠芹（2012）对"好客山东"品牌评价指标体系进行研究；褚艳兵（2009）、李西香（2009）、于延华（2012）、王润珏等（2019）对"好客山东"品牌建设问题进行探讨；宋佳（2010）、陈刚（2011）、李紫娟（2012）、张慧（2013）、鞠玉梅（2020）探讨了"好客山东"品牌的传播和营销问题；贝广（2011）探讨了"好客山东"旅游商品的设计问题；许峰等（2020）探讨了"好客山东"品牌下的优质旅游问题；马明等（2020）研究了"好客山东"品牌的战略管理问题，提出基于品牌战略管理流程，从品牌定位、品牌传播、品牌绩效管理和品牌舆情管理等方面对"好客山东"品牌进行全方位打造的思路和对策。

总体上看，多数研究是从旅游地形象和品牌建设的角度来研究"好客山东"旅游品牌，研究也不够深入。前期研究中，有关"好客山东"精神培育方面，仅有马明（2011b）、马明等（2016）在"好客山东"旅游品牌形象口号提出后，对"好客山东"精神的内涵及山东居民好客的表现进行了初步探讨。

三、游客感知

游客感知起源于心理学上的感知概念。心理学家认为感知是人们对外界事物进行初步认知的一种必要的心理活动过程，是人们认识外界事物的基础（刘建国等，2017）。至于什么是游客感知，学者们从不同的角度进行了定义。一是从游客的动机、需求和心理活动的视角进行定义（黄颖华等，2007）；二是从游客的旅游体验活动结果视角进行定义（Agapito et al.，2014；Decrop et al.，2005；Lennon et al.，2001；Molina et al.，2015；Webb et al.，2000；陈永昶等，2011；吴小根等，2011）；三是从游客期望和实际满意度的差距进行定义（Chaudhary，2000；高军等，2010a，2010b）；四是从目的地管理的角度进行定义（Agapito et al.，2013）。学术界达成的共识是：游客感知是人们通过感官对旅游对象、旅游环境等各种信息进行综合，再将这些旅游信息转换为其自身内部思维的一种心理认知过程（刘建国等，2017）。

游客感知在游客消费决策过程中发挥了重要作用，是旅游目的地进行市场定位和竞争分析的参考指标，也是目的地市场营销的基础。因此一直是旅游研究的热点话题之一（黄潇婷，2011）。关注游客感知是大众旅游发展阶段的必然要求，也是目的地品牌提升的重要方向（戴斌等，2012）。国内外对旅游目的地游客感知的研究集中在感知形象、目的地吸引力和竞争力、感知服务质量、感知环境、危机感知与安全感知、对节庆活动的感知、对解说系统的感知等方面。

以往我国对游客感知的研究主要集中在国内游客（罗建基等，2009）。其中研究较多的是对旅游目的地形象的感知研究（甘露等，2013；李伟等，2020a，2020b；刘红梅等，2014；马明，2008a；秦柯棋，2019；王晓辉，2015；谢雪梅等，2010；徐小波等，2015；朱竑等，2005）；对旅游目的地旅游吸引力的感知研究（程乾等，2010；蒋长春，2013；尚凤标等，2012；宋振春等，2006；杨永波等，2007）；对旅游服务质量的感知研究（马耀峰等，2009；施秀梅，2013；谢礼珊等，2007）。

国内也有学者对与旅游相关的其他要素的国内游客感知进行研究。例如：对旅游形象口号的感知研究（马明等，2011b，2020；周琦，2015）；对旅游广告的感知研究（马明，2008b）；对旅游距离的感知研究（王瑞等，2021）；对旅游目的地竞争力的感知研究（史春云等，2008）；对旅游解说系统的感知研究（甘露等，2012）；对低碳旅游的感知研究（杨洋，2012；郑岩等，2011）；对空气质量和目的地气候的感知研究（彭建等，2019；吴普等，2010）；对传统节庆的感知研究（汪子文等，2014）；对目的地居民好客度的感知研究（马明，2016）等等。此外，近十年对旅游危机和安全的游客感知引起学者的关注，例如对旅游安全的感知研究（张咪等，2016）；对突发危机事件的感知研究（唐弘久等，2013）。中国举办 2008 年奥运会、2010 年世博会之后，对重大事件的国内游客感知研究引起学者关注。例如王朝辉等（2011a，2011b，2011c）对 2010 世博会游客感知的研究。与此同时，物联网和信息技术的发展，也使学者开始关注与网络、智慧旅游相关的旅游要素的游客感知研究。例如：游客对目的地智慧旅游的感知（陈方英，2017）；对电子旅游商务网站的感知研究（陈珊，2011）；对旅游微信公众号的感知（马明等，2020；姚丽芬等，2015）等等。

随着中国各个旅游目的地入境市场的开发，入境游客感知引起学者的关注。例如：吴剑等（2014）、汪秋菊等（2017）、邓宁等（2018）、张伟伟等（2019）探讨了入境游客感知形象构成要素；梁雪松等（2006）、肖健勇（2008）、何琼峰等（2014）、张佑印等（2016）探讨了入境游客感知服务质量；马秋芳等（2006，2008）探讨了入境游客感知满意度模型；白凯等（2005，2010）探讨了入境游客感知价值和行为；叶莉等（2020）、程德年等（2015）、高军等（2010a）探讨了入境游客感知风险和负面影响；陈方英等（2011）探讨了日本游客对山东旅游形象口号的感知；马红丽（2010）探讨了入境游客对中国热点旅游城市居民好客度的感知。

在入境游客感知影响机理探究方面，张坤等（2020）和黄丹等（2021）分别探讨了北京和新疆入境游客的形象感知和行为规律；陈楠等（2009）探讨了 2008 年奥运会前后入境游客感知北京旅游形象的变化规律；刘宏盈等（2008）探讨了昆明入境游客的气候感知对旅游决策的影响；李慧（2016）探讨了入境游客感知质量与忠诚度模型；李春晓等（2020）探讨了不同满意度入境游客群的体验感知差异；张显春（2018）以桂林市为例探讨了入境游客旅游环境感知差异；吴姗姗等（2015）探讨了国家旅游竞争力与入境游客感知的关系。

当然，在样本选择的过程中，也有学者将国内游客和入境游客的样本放在一起，对游客的感知进行研究。例如，谢丽佳等（2010）对会展旅游游客感知的研究，马凌等（2012）对目的地传统节庆游客感知的研究，以及刘妍等（2009）对2008年四川汶川地震后旅游资源吸引力游客感知的研究就是采用了这种方法。

在游客感知研究的应用上，国外学者将游客与经营管理者、社区居民等不同主体之间的感知进行主客横向对比研究，这项突破为旅游地的营销管理提供了更切实可靠的理论依据，应引起国内学者的关注（潘桂华等，2011）。国内也有学者开始关注这一方面的研究，例如，刘军胜等（2016）以北京市为例对入境游客与社区居民旅游供给感知评价以及差异进行研究，探讨旅游地不同群体所注重的关键因素的差异。

四、研究述评

通过以上对好客、旅游目的地好客精神、好客山东、游客感知的前期研究分析发现：游客感知的研究已经成为旅游研究的一个重要话题，目前国内外对旅游目的地游客感知的研究主要集中在感知形象、目的地吸引力和竞争力、感知环境、感知服务质量、感知价值、危机感知与安全感知、对节庆活动的感知等方面。但是，在旅游目的地好客方面的研究比较少，主要集中在好客的概念、内涵、边界、主客关系等方面的基础研究。虽然也有学者提出友好型目的地建设不能忽视游客的感知（王德刚，2014），但是很少有研究将游客感知与目的地的好客精神培育二者紧密结合在一起进行深入研究。长期以来，虽然人们对旅游目的地的好客资源有所意识，但时至今日，似乎难见较为详细的专题性研究，这或许在一定程度上暗示了这一课题的研究难度（李天元，2006）。

自从山东省提出"好客山东"旅游品牌形象以来，在学术期刊上检索到有学者探讨"好客山东"品牌的内涵和广告创意（于冲，2008；杜金京，2009），以及品牌建设营销（褚艳兵，2009；吴元芳，2009；李西香，2009；宋佳，2010；陈刚，2011；吕翠芹，2012；马明，2020）和商品设计（贝广，2011）方面的研究，但是关于如何从目的地好客的角度评价"好客山东"精神的文献很少，只有零星的几篇论文（马明，2011b）。

本书将对旅游目的地好客精神进行深入阐述，期望通过建立一套涉及经济、管理、认知等方面的综合指标体系对目的地的好客度进行全面的评估。在案例研究方面，将以省域目的地山东为例，以"好客山东"品牌为切入点，从对旅游目的地实施品牌管理的角度对"好客山东"品牌以及山东居民好客度进行全过程的、持续的、科学的管理，弘扬"好客山东"精神，实现"好客山东"品牌的国际化。

第三节　研究内容与方法

一、研究主要内容

（一）好客与目的地好客精神研究

1. 好客与好客精神研究

一是对中外"好客"文化的历史发展脉络进行梳理；二是基于旅游目的地视角对商业性"好客"进行分析；三是通过对"好客"文化的历史发展和现代延展的诠释，阐明好客精神产生机理。基于我国提高"文化软实力"的国家战略，以构筑"好客中国"的良好国家旅游形象品牌为目标，阐述旅游目的地好客精神的内涵。

2. "好客山东"精神研究

一是在梳理和分析了历史文献的基础上，对"好客山东"文化形成的历史背景和文化内涵进行深入分析。从儒家文化的角度，分析齐鲁文化的核心价值和精髓，挖掘"好客山东"文化的深厚底蕴，凸显山东儒学的地位。二是从新时期商业文化的视角对居民好客度以及"好客山东"精神的内涵进行研究，分析以"山东人"作为旅游资源进行开发，建立"好客山东"品牌，提升山东居民好客度，对山东旅游产业竞争力和山东省"软实力"提升的重要现实意义。三是从山东作为旅游目的地的视角，对新时期"好客山东"精神的含义进行全面论述。

（二）旅游目的地好客度评价指标体系及评价模型

游客对东道主社会好客文化的感知程度和满意程度大小可以用目的地好客度来衡量。就一个旅游目的地而言，游客对目的地好客文化的体验和感受发生于双方之间接触、交流与互动的全过程，涉及目的地接触的方方面面，"好客"的主体既涉及个体的旅游从业居民、非旅游业从业居民，也涉及作为群体的旅游组织、其他相关组织、政府和该地社区。因此，评价指标是比较复杂的。本书通过探索性研究和正式研究两个阶段，采用定性研究与定量研究相结合的方法，构建旅游目的地好客度评价指标体系和综合评价模型。

1. 探索性研究阶段

设计非结构性调查问卷，调查游客对旅游目的地"好客"和"不好客"具体表现的描述，采用内容分析法，利用高频词分析、关键词云图、语义网络图等总结归纳游客对旅游目的地"好客"和"不好客"具体表现的关键要素。基于非结构问卷的调查结果和前期相关文献的研究，经过课题组讨论，采用层次分析法初步构建"旅游目的地好客度评价指标体系"和模型。

2. 正式研究阶段

对初步构建的"旅游目的地好客度评价指标体系"和模型。采用德尔菲法进行多轮专家咨询，对指标和模型进行修改和完善，最终构建"旅游目的地好客度评价指标体系"和综合评价模型。

（三）基于游客感知的山东好客度评价研究方法与实证研究

以山东为旅游目的地案例，基于"旅游目的地好客度评价指标体系"，设计中文调查问卷，并译为英文、日文和韩文，分别对国内外游客进行市场调研，针对问卷调查数据分析中显示的山东好客度指数的分析结果，正确评价目前山东在"好客"表现方面的现状和存在的问题。主要包括以下几个方面的内容。

1. 国内游客对山东好客度的评价实证研究

对国内游客进行市场调研，对调查获得的数据进行处理，计算好客度指数，分析国内游客对山东好客度各个方面的具体评价。

2. 韩国游客对山东好客度的评价实证研究

对韩国游客进行市场调研，对调查获得的数据进行处理，计算好客度指数，分析韩国游客对山东好客度各个方面的具体评价。

3. 日本游客对山东好客度的评价实证研究

对日本游客进行市场调研，对调查获得的数据进行处理，计算好客度指数，分析日本游客对山东好客度各个方面的具体评价。

4. 欧美游客对山东好客度的评价实证研究

对欧美游客进行市场调研，对调查获得的数据进行处理，计算好客度指数，分析欧美游客对山东好客度各个方面的具体评价。

5. 不同细分市场对山东好客度的评价对比研究

对国内旅游市场和入境旅游的韩国客源市场、日本客源市场、欧美客源市场的数据进行对比研究，分析不同细分市场对山东好客度各个方面的具体评价的共同点和差异，为制定基于不同细分市场的山东好客度提升对策提供依据。

（四）"好客山东"精神的培育和维护

根据实地调研得出的结论以及发现的具体问题，提出"好客山东"精神培育和维护的战略和策略。一方面，从战略角度构建山东旅游业的好客文化模式；另一方面，从策略角度提出"好客山东"精神培育和维护的具体措施。

二、研究方法

总体上按照先理论分析后调查研究，再理论升华，最后实证检验的思路进行，通过理论到实践的多次反复得到研究成果。主要研究方法如下。

（一）资料收集方法

在一手资料收集方面，主要通过调查问卷、访谈、座谈、小型会议、社交媒体等各种形式对国内外游客、居民、旅游管理部门、旅游信息中心部门等进行调研和获得数据，保证研究资料和素材的真实可靠。在二手资料的收集方面，主要通过高校实体图书馆、网络图书馆、政府统计网站、旅游地官方网站、门户网站等途径获得研究需要的二手资料。

（二）数据分析方法

1. 定量分析法

主要是对结构性问卷调查获得的数据，采用 SPSS 进行数据的定量分析，同时采用 EXCEL 进行数据的可视化呈现。

2. 定性分析法

（1）德尔菲法。主要用于对构建的"旅游目的地好客度评价指标体系"和模型进行多轮专家咨询，对模型进行修改和完善，确保模型的科学性、普遍性和适用性。

（2）内容分析法。主要对问卷中非结构性的文本数据进行分析。例如，利用 ROST 软件对旅游目的地好客度评价的基本要素进行高频词特征分析、语义网络分析等，为旅游目的地好客度评价指标体系设计和旅游目的地好客度的提升提供参考依据。

3. 定性和定量相结合的方法

（1）层次分析法。旅游目的地好客度评价涉及目的地接触的方方面面，好客的主体既涉及个体（包括旅游从业居民和非从业居民），也涉及群体（包括政府、旅游管理部门、相关组织、社区等）；既包括人为性好客因素，也包括非人为性好客因素。因此采用层次分析法构建"旅游目的地好客度的评价指标体系"和模型。

（2）比较分析法。就国内、韩国、日本、欧美游客对山东好客度的评价进行对比分析，寻找其共性和差异性，为不同旅游细分市场山东好客度的提升提供依据。

三、技术路线

一是通过对国内外相关研究成果的总结与借鉴，以及探索性研究，建立旅游目的地好客度的评价指标体系和方法论；二是根据评价模型和评价指标体系设计调查问卷进行调查研究；三是运用评价模型对山东好客度指数进行计算，科学地评估国内外游客对山东好客度的评价；四是根据对山东好客度进行定性和定量的分析结果，从品牌管理的角度提出提升培育"好客山东"精神，实现"好客山东"品牌国际化的具体战略和策略。技术路线见图 1-3。

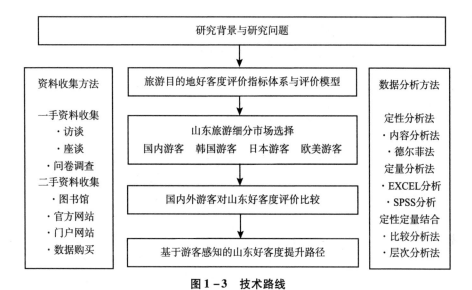

图 1-3 技术路线

|第二章|
好客与旅游目的地好客精神

第一节　好　　客

一、好客的早期含义

好客是人类的古老行为，也是所有社会的核心价值和方法（格拉本，2012）。它作为人类社会的普遍传统和社会规范，其目的是保护和尊重外来的陌生人（Blain et al.，2014）。但是从历史的角度看，在原始社会，当地人通常会对陌生人采取两种相反的态度和待遇，或者好客，或者敌视（李正欢，2009）。这会导致两种结果：一些人不采取任何庆典仪式就杀害、剥夺和虐待陌生人；另一些人则把陌生人看作是强有力的神秘人，或者是超自然生物的代表，害怕陌生人，照顾陌生人，或采取神秘的宗教仪式来防范陌生人（Bolchazy，1977）。因此，由于害怕陌生人，传统社会的当地人或者是敌视、回避或虐待陌生人，或者是款待陌生人。尽管如此，就大部分传统社会来说，都形成了针对陌生人的好客文化。其结果是，陌生人得到盛情款待。即使是对于众神之首宙斯来说，热情好客，款待客人也是一件神圣的事情，客人将受到众神的特殊保护，而好客的主人就可以得到上天的恩赐（梅克勒等，2007）。

（一）中国古代

"好客"文化在中国自古有之。人们在日常工作、生活的社会交往活动中，经常会用到"好客""热情好客""殷勤好客""淳朴好客"等词语。"好客"一词在现代汉语词典（第7版）中的解释是"乐于接待客人，对客人热情"。即以"好客"的方式表达当地人热情欢迎和接待客人的风俗习惯，这一点现代人和古人并没有多大区别（黄萍，2012）。

"好客"一词早在中国古代文献中就频繁出现。据不完全统计，有一百多首古诗词都用过"好客"一词，从词的属性看，主要是名词、动词两种词性。

作为名词属性，"好客"意指"嘉宾""贵客""君子""道友"等含义（黄萍，2012）。唐代的诗词中有不少这样的用法（见表2-1）。

表2-1　　　　　　　　　"好客"为名词词性的举例

作者	时间	文献出处	有关好客的描述
李白	唐代	《赠从孙义兴宰铭》	化洽一邦上，名驰三江外。 峻节贯云霄，通方堪远大。 能文变风俗，好客留轩盖。 他日一来游，因之严光濑。
王维	唐代	《登裴迪秀才小台作》	端居不出户，满目望云山。 落日鸟边下，秋原人外闲。 遥知远林际，不见此檐间。 好客多乘月，应门莫上关。
刘禹锡	唐代	《八月十五日夜半云开然后玩月因书一时之景寄呈乐天》	半夜碧云收，中天素月流。 开城邀好客，置酒赏清秋。
薛能	唐代	《好客》	好客连宵在醉乡，蜡烟红暖胜春光。 谁人肯信山僧语，寒雨唯煎治气汤。

续表

作者	时间	文献出处	有关好客的描述
陆游	宋代	《独游城西诸僧舍》	我是天公度外人，看山看水自由身。 薜崖直上飞双屐，云洞前头岸幅巾。 万里欲呼牛渚月，一生不受庾公尘。 非无好客堪招唤，独往飘然觉更真。

资料来源：黄萍（2012）。

作为动词属性，古代的文献用法中，"好客"则意指"款待客人""喜好留客""豪放待客"等多层意思（见表2-2）。

表2-2   **"好客"为动词词性的举例**

作者	时间	文献出处	有关好客的描述
李白	唐代	《赠别从甥高五》	贫家羞好客，语拙觉辞繁。 三朝空错莫，对饭却惭冤。
杜甫	唐代	《答郑十七郎一绝》	雨后过畦润，花残步屐迟。 把文惊小陆，好客见当时。
杨巨源	唐代	《胡姬词》	妍艳照江头，春风好客留。 当垆知妾惯，送酒为郎羞。 香渡传蕉扇，妆成上竹楼。 数钱怜皓腕，非是不能留。
冯梦龙	明代	《古今谭概·癖嗜·好客》	沈孟渊，性好客，每日设数筵酒食以待，若无客，则令人於溪上探望，惟恐不至。
王铎	明代	《兵部尚书节寰袁公夫人宋氏行状》	公好客，客至口舰尝匮，夫人有以佐之，恐以为公忧，或鬻之，或贷之，以舒公也。
苏轼	宋代	《减字木兰花·赠润守许仲涂》	郑庄好客。容我尊前先堕帻。
姚述尧	宋代	《减字木兰花》	郑庄好客。故遣红妆飞大白。

资料来源：黄萍（2012）。

汉语中还有一个成语"郑庄好客"。该成语来源于《史记·汲郑列传》。文章中讲述的是郑当时（字庄，汉朝陈县人）在汉武帝即位后，通过一步一步的努力担任了九卿中的右内史。他行侠仗义，热情好客，但还是担心对客人有所疏漏。在做右内史时，依然告诫属下官吏说："客至，无贵贱无留门者。"换句话说，就是要求自家和周围的人对所有的来访者，不论其地位是尊贵还是低贱，都应该一律平等的迎接客人，不得对客人置之不理，把客人拒之门外。再如，宋·姚述尧写的《减字木兰花》词："郑庄好客，故遣红妆飞大白"。以及宋·苏轼写的《减字木兰花·赠润守许仲涂》词："郑庄好客，容我尊前先堕帻"等等（刘华民，2018）。以上对"好客"一词的使用，也属于动词。

可见，中国历史上"好客"一词既是指交往对象，又是指交往态度和行为方式，并认为上好的酒食是款待客人最体面、最光彩的方式。这里既包含作为主方的"我"的主观意识和习惯，也包含作为客方的"我"对主方待客态度的评价。

在对待陌生人的态度上，中国人传统上都会采取敬重、欢迎的态度。如《周易》中"需卦"载："入于穴，有不速之客三人来，敬之，终吉"（金景芳等，2005）。说明对待不速之客要尊敬，以礼相待，以免引起不必要的麻烦。再如孔子提出的"有朋自远方来，不亦乐乎"则表达了一种来者都是客，并欢迎客人到来的喜悦心情。这种好客精神虽然不是作为社会义务而存在，但是在中国民间社会交往中，作为一种处世经验和社会交往礼仪代代相传，成为中国传统文化的一部分。

（二）西方古代

在西方国家，"好客"对应的英文单词是"hospitality"（名词）或"hospitable"（形容词）或"hospitably"（副词）。在英语中，"主人"是"host"，"客人"是"guest"，说明"hospitality"与主人和客人都密切相关（格拉本，2012）。《牛津英语词典》将"hospitality"定义为"热情友好的行动或实践，以慷慨和善意接待和款待客人、参观者或陌生人"。这里的"好客"对象被明确分成三种类型：一是认识或熟悉的客人；二是不认识的参观者；三是不知对方身份和意图的陌生人。

作为一种交往方式，好客这种人类共通的普世性精神在西方也并不是凭空产生的，它有其产生的社会根源（格拉本，2012；蒙爱军，2015）。早期的德国古典学家康德认为，人与人在自然状态实际上是战斗状态，按照"胜者为王，败者为寇"的历史规律，所谓正义并非自然存在（楚听，2020）。

人类在社会交往中为了避免冲突和取得永久和平就需要发扬好客的精神，但是这种"好客"是有条件的，即理性战胜自然，遵守公民法则。换句话说，我先要识别你，你遵守我们的规则，我们才"好客"（梅进文，2019）。法国哲学家列维纳斯正相反，他认为因为人与人之间存在不可避免的冲突，人类最后的和解必须发扬无条件的好客精神，即"无限好客"，不能区别对待陌生人（楚听，2020；林华敏等，2016；方向红，2006；翟淑平，2012）。在古希腊和古罗马，好客是受到宗教鼓励的（王宁，2007；Greifer，1945）。西方国家自古以来采取的"奉神性好客"也是这一思想的体现（王宁，2007）。即对客人敬重的背后都隐含着敬畏，原因在于陌生人联结着诸多不确定性因素，贸然到来会引起主人不安和恐惧的心理。从人类学的角度来看，好客在于通过淡化主人对陌生人的恐惧，以及减少由于客人对他人的好奇心导致的主人与客人相遇时的紧张情绪（Graburn，1983）。因此，西方文化强调对待包含陌生人在内的所有"来客"，一律用热情、善意、慷慨进行款待，并且表现出了很强的道德精神和社会义务。

旅行在早期被视为一种危险的活动，所以为旅行者提供一定程度的安全保障成为很多地区"好客"的一种道德规范，当地人身上承载着保障客人不遭受抢劫或身体不受到伤害的好客符号义务，同样客人也承担着不能伤害当地人的义务。甚至在某些地区，主人的义务不仅仅是保障客人安全，还应该为客人提供舒适、自在和欢迎（King，1995）。希尔（Heal，1990）对工业革命以前英格兰的"好客"进行研究发现，当地人作为主人，肩负着为旅行者、陌生人、无家可归者提供安全保护、食物和住宿的义务。希尔（Heal，1990）认为早期英格兰好客义务关系建立在五个基础原则上：第一，主人和客人之间的关系是自然的（natural）；第二，作为主人本质之一便是对客人神圣的尊重（the sacred natural of the guest），如客人到访可能给主人带来荣誉和地位；第三，好客是高尚的（noble）；第四，利他的赠予（altruistic giving）；第五，好客和由此产生的社会关系与社会交换至少与市场形成的规范同等重要。同时，希尔还指出，"好客"表现为一种社会仪式，如建筑中的墙、入户门、门廊和大门都可视作对客人欢迎仪式的一部分。如墙（wall）便分隔出了"里"（within）和"外"（without），可视为区分"我们"和"他们"的界限。在门口对到访者（visitors）光临所采取的仪式意味着客人从外面到里面的一种地位转换，从而变成了"我们"（us）中的一部分（李正欢，

2009）。有学者（Bruckner，1980）对法国的宫廷研究发现，好客体现了主人的优越地位和高尚道德。好客可以为主人带来"巨大的感谢"和"巨大的称赞"，稳定或提升主人的社会、政治、经济地位（Palmer，1992）。因此，伦理义务约定的"好客"在西方传统社会普遍存在，也是推动工业化之后西方国家商业性"好客业"兴起的重要基础。

从上述分析来看，尽管中西方对"好客"一词理解上有差异，但是基本都包含了四层含义：第一，指远道而来的客人。第二，指一种"主客关系"（彭兆荣，2012）。因为有客人（远道而来的人）的存在，才出现好客一词；如果没有"客人"，任何"好客"的善意和形式都是悬空的，因而是不存在的。第三，指主人对待客人应有的热情、慷慨等态度。第四，指一种仪式，即主人提供给客人可感知到的款待形式，如礼节、酒食、风俗等。

二、好客含义的近现代延展

（一）西方

在英文中，"好客"有"照顾"的意思，与"医院"（hospital）同源。因此在西方，"好客"通常还与相关的条件有关：一是相对应的配套设施，比如酒店、餐馆等待客设施和设备；二是相对的态度，比如以主人为核心的好客行为和方式等等。与之相属的"好客产业"（hospitality industry）也是基于以上因素产生的。因此，现代社会中的"hospitality"一词的含义已经更广泛，既包括个人之间的好客关系，也包括商业性的好客关系（格拉本，2012）。

在19世纪的欧美地区，无论是国内旅游还是国际旅游活动，都有了突破性的发展。特别是1845年，近代旅行社之父库克以商业的形式经营旅游业务，并在1865年成立"托马斯·库克父子公司"，此后，旅游业逐渐成为一项经济产业而独立存在（李天元，2017）。为旅行者提供餐饮、住宿、娱乐等的接待服务业被称为"好客业"。西方"好客业"的本质是商业性好客，即主客之间由传统基于主人内在情感或道德义务的好客关系变成了一种基于商业买卖的交换关系，即主人通过"好客"的表达和行为使客人满意，客人支付一定的经济报酬而使主人获得经济报酬。尽管有学者并不适应"好客"

这一文化被商品化，批判这是"伪好客"（Olesen，1994；Wood，1994），认为这种商业化的好客过于功利性。然而应该承认，西方的现代"好客"依然承继了传统好客的特征，而且还促使好客文化为现代经济发展带来了更多的商业价值。

有学者（Brotherton，1999；Brotherton et al.，2007）指出，好客有利于人与人在相处过程中实现社会控制（social control）和社会经济交换（socioeconomic exchange）。其中，社会控制是指，由于人类社会的流动性，人们会来到陌生的地方，这可能会导致陌生人在东道国（地）受到不同的待遇，比如：欢迎与不欢迎，包容与排斥，接受容忍与冲突等等（Kunwar，2017）。此时，东道主对外人的给予和热情款待是避免潜在有害冲突的有效方法，有利于调和主客关系。另外，伦理道德也在控制主客关系方面发挥着作用。即好客是主人的一种责任和义务，主人应该通过好客的行为方式尊敬客人，以确保客人获得幸福感。从哲学的角度，在康德和维纳斯研究的基础上，德里达于1996年阐述了他对"好客"的理解，并于1997年著书《论好客》（楚听，2020；王嘉军，2018）。德里达认为，在处理与不速之客的关系时，真正的"好客"应该是"友善地对待那些在已确立的承认结构内未命名的和无法命名的人"（德里达等，2008）。换句话说，虽然现实无条件的"绝对好客"有时候很困难，但是人们应该追求一种对待陌生人的"绝对责任"（易星同，2015）。

关于第二个方面，即社会经济交换方面，是指通过主客的交往互动，实现双方的互惠和交易。换句话说，当热情好客成为一种社会交换活动时，好客即意味着主人通过好客的方式与客人之间进行社会交易，并获得经济报酬的一种交换方式（Kunwar，2017）。这在商业高度发达、社会分工越来越精细的现代社会是不可或缺的。

学者荷普尔等（Hepple et al.，1990）总结了西方现代好客的四个特征：第一，是由主人对离家的客人赋予的好客；第二，具有互动性，涉及提供者和接受者；第三，包含有形要素和无形要素；第四，主人要为客人提供安全、心理和生理上的舒适。并指出好客业就是"让客人感到舒适如家"（Hepple et al.，1990）。西方"好客业"的出现，给旅游者提供了必需的服务，对推动西方旅游业自19世纪中期大规模兴起后并走向持久繁荣起到了显著作用，并在批评声中不断丰富了"好客"的内涵，有效促进了旅游业的持续发展

（王宁，2007）。如今在高新技术的推动下，智能化、智慧化的管理普遍运用于西方以"好客"为本质特征的旅游业中，更加赋予了好客在"舒适""安全"标准上全新的含义，亦充分反映出西方现代"好客"的含义有了明显延展与变迁，其更加强调主客之间的互动性、体现形式的多样性和好客标准的目的性（黄萍，2012）。

（二）中国

鸦片战争之后，中国的入境旅游在西方列强武力胁迫下逐步开放（宋振春，2004；马寅虎，2000）。最初无论是外国人的入境旅行还是中国人的出境旅行都必须仰仗国外的旅行社，外资企业基本上垄断了中国的旅游服务业务，并获取了大量高额利润（吕伟俊等，2002）。在此背景下，民族资本家陈光甫凭着与外国资本竞争的爱国之心以及敏锐的商业嗅觉，意识到旅游服务业对社会经济生活的重要作用（林菁，2014）。于是陈光甫1923年在其经营的上海商业储蓄银行（民国时期最大的民营银行）下设立了旅行部，1927年独立为中国旅行社，这标志着中国的近代旅游事业进入了一个新的历史阶段（黄江华，2019）。在陈光甫的努力经营下，中国旅行社的业务迅速发展，经营范围极为广泛，从代售国内外的火车、轮船和飞机客票，发展到组织国内外游览、接待会议、经营饭店、开发景区等众多方面（姚会元等，2002；郑焱等，2004）。新中国成立前，中国旅行社由此独占中国近代旅游业鳌头数十年之久，并且开始跻身于世界大旅行社之列（郑焱等，2004）。

在开办中国旅行社的经营宗旨方面，陈光甫除了提出发扬国光、便利旅行、阐扬名胜和提倡游览这四条外，还专门强调要"辅助工商、服务社会"（易伟新，2009）。特别是服务社会方面，陈光甫把经营上海商业储蓄银行的服务理念运用到经营旅行社中，提出了"服务顾客""顾客是衣食父母"等口号（薛念文，2006）。并要求旅行社在旅客服务中要做到以下几点：第一，笑脸迎人；第二，面手清洁，衣服整齐；第三，营造与顾客见面时的热烈气氛。这为中国旅行社等旅游企业的好客服务打下了思想基础。此外，他摒弃了一切以有用为标准的功利态度，超越了对短期利益的追求，十分倡导旅游企业的义务性好客服务（薛念文，2006）。他指出"现在旅社所招待者咸为头等、二等客人，而三等客人全未招待，殊觉失宜。三等客守候火车，餐风饮露，宿于车站者甚多，为服务社会计，为谋人群福利计，皆宜设一备有浴室、卧室之招待所，使风尘劳顿之旅客，得由安逸之卧房与温暖之浴水，以消灭其疲劳，恢复其精神"（吕伟俊等，2002）。由于对旅客服务的不遗余力，中国旅行社在国内外享有很高的口碑，在近代历史上树立了良好的好客服务形象。

然而，由于战乱等原因，具有西方商业性特征的"好客业"并没有一直持续下来。新中国成立之初的三十年，中国实施的是公有制主体下的计划经济，民营资本退出市场，商业发展几乎停滞。在这个阶段中国入境旅游发展中，政治动机超越了经济动机，接待服务主要是爱国责任驱动下的完成政治任务，因此并不存在非常鲜明的商业性好客文化。

1978 年改革开放后，社会主义市场经济体制逐步建立和完善，社会经济发展日新月异，商品经济发展逐步繁荣。作为创汇的重要途径，旅游业成为中国开放最早、国际化程度最先进的发展领域，因此"好客"的行为和表现也是最早在旅游行业中得到重视。不过，由于起步晚、人才匮乏等原因，故采取了学习、借鉴、模仿国外"好客业"成功经验的方式。在此情形下，旅游业遵循西方好客经营理念提出了"顾客是上帝"的思想，对从业人员进行专门的教育和培训，并对员工在从业过程中的具体的好客表现行为进行规范。以饭店业和餐饮业为例，借鉴西方的管理经验，在饭店或餐馆的门口设置门童，在餐厅入口设置迎宾员，有的甚至在电梯入口处设置电梯服务人员进行欢迎和主动服务，并规定员工在经营区域范围内遇见客人都要面带微笑、主动问好示意、进行站立式服务等，以表达对客人的热情欢迎和尊重。

但是由于商业化好客的模式从西方引进至今也不过四十几年，因此，西方学习的经验尚未被完全消化，也还来不及深入研究与本土好客文化的融合（黄萍，2012）。所以，中国旅游业现代"好客"的实际状况面临以下两个方面的问题。

一方面，存在一流硬件和二流软件的不匹配。经过四十多年的发展，当前大部分旅游目的地的基础设施、旅游设施的配套已经较为完善，但是服务质量与国外许多知名的旅游目的地相比还有一定的差距，游客满意度相对较低。究其原因主要是中国好客文化缺乏义务约束和规范，造成大多数旅游从业者，往往只注重眼前利益，并未从思想上真正认识"好客"带来的长远经济利益和社会价值。

另一方面，旅游目的地普通居民的好客观念并未内化成一种习惯。由于传统好客文化长期没有好客义务的约束，大多数中国普通居民的"好客"习惯仅限于被认同的有利益关系的好客对象，而对无利益相关的陌生游客一般不会主动承担好客义务。我国政府目前也意识到了这一问题。因此在国际性重大旅游事件的举办前就开始采取行动，极力倡导居民树立好客观念。如在中国举办 2008 年奥运会、2010 年世博会以及 2022 年冬奥会，分别号召首都市民要待人以礼，上海市民当好东道主，张家口全体市民争做文明使者等等。除了宣传外，在国际性重大旅游事件的举办前政府还会采取加强好客礼仪培训等措施提高普通居民的好客度。显然，如何提高包括从业人员在内的全体居民的好客度已经成为我国现代旅游业发展亟待解决的问题。

综上所述，虽然中西方商业化的好客文化形成发展过程有一定的差异，但是由于近现代世界经济、贸易和旅游业的迅速发展，使得旅游服务业的商业化好客特征越来越明显，"好客"成为中西方旅游服务业的重要价值特征，也是从业人员必须遵守的基本规则。

三、好客的内涵

基于以上对好客的发展历程和好客含义的理解，对好客的内涵进行总结。好客是人类社会中连接主客关系的一种共通性的表达，是人们在处理主客关系时表现出来的主人对客人友好的态度、行为和方式。好客的内涵可以从以下几个方面进行阐释（见表 2-3）。

表 2-3　　　　　　　　　　　好客的内涵

好客的主体	东道主
好客的客体	外来者
好客的动机	1. 社会动机：为了避免东道主与外来者的冲突，创造主客交往的和谐环境，提高东道主的社会声誉 2. 经济动机：为了获得经济利益
对好客的认识	1. 好客是一种社会交往的处事经验 2. 好客是一种社会责任和伦理义务 3. 好客是一种职业规范
好客的分类	1. 社会性好客 2. 商业性好客

第一，好客的主体是长期居住在某地的东道主，既可以是个人，也可以是某个群体或组织、社区或目的地。

第二，好客的客体是外来者，可能是曾经熟悉的人，也可能是陌生人。

第三，东道主的好客行为有一定的动机。从社会动机看，包括为了避免东道主与外来者的冲突，为了提高东道主的社会声誉，为了创造主客交往的和谐环境等等；从经济动机看，是为了获得经济利益。根据不同的情境，以上动机可能单独存在，也可能兼而有之。

第四，从不同主体基于个人的动机对好客的认识发展来看，好客被赋予了不同的内涵。好客是一种社会交往的处事经验；好客是一种社会责任和伦理义务；商业环境下好客是一种职业规范等等。

第五，基于不同主体的好客动机不同，好客可以分为商业性好客和社会性好客。其中，商业性好客是指基于经济利益动机的好客，而社会性好客是指基于非经济利益动机的其他动机的好客。

第六，随着现代社会经济的发展，无论是中文的"好客"，还是英文的"hospitality"一词，其含义已经更加广泛，既包括了个人之间的好客关系，也包括了商业性的好客关系，以及国家与国家之间的好客关系。

第二节 旅游目的地好客

一、旅游目的地好客的含义

游客在外出旅行的过程处在一个不熟悉的环境中，总是会面临吃饭和住宿等问题，这样就在旅游业中自然而然引申出旅游目的地是否好客的问题（Akhalaia et al.，2016）。

旅游目的地好客，是指在现代旅游活动中所表现出的好客的特定意义，即游客和东道主的关系，以及在此基础上的"好客"行为和方式（Mcnaughton，2006）。旅游目的地好客是商业性好客在旅游产业中的具体体现（格拉本，2012）。

根据传统"好客"文化的含义，旅游目的地好客包含了东道主的好客态度和各种好客仪式，也包含作为客人身份的游客进入东道国（地）在旅游体验过程中对目的地好客的感知反映。从以往对旅游目的地好客研究的发展历程看，对旅游目的地好客的认识经历了三个层次：一是旅游目的地从业居民的好客；二是旅游目的地居民的好客；三是旅游目的地好客。其含义逐渐扩展和丰富。

（一）旅游目的地从业居民好客

由于旅游目的地好客是商业性好客在旅游产业中的具体体现。因此，旅游目的地好客无论在从业前的职业教育、管理实践还是学者研究中，最初关注的都是旅游从业人员的好客表现和行为。首先，在学校的职业教育中，都会开设"服务礼貌礼节"或者"旅游接待礼仪"等课程针对旅游相关专业的学生进行好客礼仪方面的教育。其次，旅游企业在员工入职时也都会进行好客礼仪方面的培训，并对员工的好客表现和行为制定详细的规范，以便员工在工作中参照执行；很多旅游企业还会进行"微笑大使"的评选来激励员工的好客行为。最后，理论研究上最初关注的也是旅游从业人员的好客表现和行为，或者说是微观上某一个旅游企业的好客（Chau et al.，2021）。因此，旅游目的地从业居民的好客是旅游业好客的重要基础和保障。

（二）旅游目的地居民好客

随着旅游业的发展，人们开始认识到旅游目的地非从业人员的好客表现对游客感到的好客也有着十分重要的影响。这种情况在散客旅游中表现得更为突出，与团队游客比较，散客旅游行程安排自由随意，不受约束，当然也缺乏当地人的指引，在人生地不熟的地方，一般会主动加入旅游目的地的社区中，通过与当地居民的互动获得一种深度的文化体验。因此，除了旅游业从业居民外，游客与非从业居民接触也较多。有学者（Selwyn，1996）指出，在谈到旅游目的地的主人和客人的互动和交流的时候，必须注意主人概念的模糊性和广泛性。主人，即目的地居民，包括：土生土长的居民、永久性移民、外地短期从业人员，以及本地和外地的投资者等（王宁，2007）。换句话说，旅游目的地居民既包括从事旅游业工作的居民，也包括非旅游业从业居民。因为他们的表现都会影响游客对目的地好客度的感知。

(三) 旅游目的地好客

旅游目的地好客，是指把目的地看作一个整体的视角来评价目的地的好客行为和表现。与旅游企业或个人的好客比较，旅游目的地好客也可以理解为是一种宏观上的好客研究（Chau et al.，2021）。换句话说，旅游目的地好客含义是广泛的，可能涉及欢迎和接待游客的各个方面，包括商业环境、个人行为和社会环境等（Chau et al.，2021）。

旅游目的地从业居民好客、旅游目的地居民好客和旅游目的地好客，三者的关系见图 2 – 1。

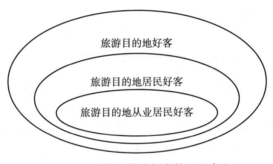

图 2 – 1　旅游目的地好客的三层含义

二、旅游目的地好客的影响因素

虽然传统观点认为好客是一种人类行为，主要体现在主客之间的交流、互动或关系上（Chau et al.，2021）。然而，研究也发现展示目的地好客的一些其他因素的作用。例如，游客虽然没有与东道主面对面接触和沟通，但是通过使用某些设施设备真实感知到目的地欢迎、友好、美观或安全等氛围，换句话说，目的地通过环境、设施等为游客创造了一种友好的氛围，增进了游客的幸福感（Brotherton，2017）。例如，在酒店中，游客感知到的好客体验主要是人员服务，但并不仅仅只有这些，还应包括非人员方面的整体服务环境，即酒店的设施、设备创造的好客氛围（Pijls et al.，2017）。这些设施设备创造的好客氛围除了独立存在以外，也是酒店服务人员提供好客服务的保障条件。

因此，旅游目的地好客可以用不同的方式进行表达。一方面，好客的行为是东道主对远道而来的游客的态度和行为，因此，旅游目的地居民的好客行为是影响游客对旅游目的地好客感知的第一要素；另一方面，好客的行为也可以通过许多有形的要素来反映，例如，通过有形设施的清洁、舒适、安全、温馨和方便等因素来判断东道主对游客的好客程度。旅游目的地好客的影响因素可以分为人为性好客因素和非人为性好客因素两个方面。

（一）人为性好客因素

人为性好客因素主要是指旅游目的地居民（包括旅游从业人员和非从业人员）的好客表现和行为，它是旅游目的地好客的重要组成部分。首先，旅游目的地居民好客表现在个体的言行举止方面，如愉快、礼貌、友好、善良、慷慨、热情、欢迎、关心、关注、照顾、宾至如归和乐于助人等都是好客的表现。其次，旅游目的地居民好客行为是目的地好客的本质体现（Tasci et al.，2016）。它是旅游目的地居民表现出来的一种由利他动机所构成的人格特质（Blain et al.，2014）。这些动机与履行热情好客的社会义务，满足客人受尊重的需求以及客人因为享受到热情好客的服务而产生的愉悦心理有关。塔森等（Tasci et al.，2016）指出，好客作为一种人格特质，包括态度和行为特征两个方面。游客感受到的好客因素包括受到欢迎、尊重、悉心照顾和获得安全感等，这些因素相互作用、相互影响，共同作用，影响游客对目的地是否好客的评价（Chau et al.，2021）。

虽然传统的好客研究方法侧重于对旅游行业从业人员好客行为的研究，也就是我们常说的商业性的好客。例如，在酒店和餐厅服务研究方面，认为反映是否好客的三个评分最高的特征是礼貌、乐于助人和尊重（Chau et al.，2021）。但是非商业性好客，即目的地居民的好客行为也应该包括其中（Causevic et al.，2009）。因为目的地居民不带商业利益的欢迎和好客行为会对到访者产生重要的影响，可以在目的地营销中发挥重要作用。有研究表明，在目的地背景下，游客最欣赏的是居民的友好态度、乐于助人和对客人欢迎的行为（Tasci et al.，2016）。

（二）非人为性好客因素

非人为性好客因素是与人为性好客因素相对而言的，是指旅游目的地借助其他的因素创造的好客环境和氛围。如果把人类的好客行为看作是好客的软件方面，那么，非人为的设施等物质因素创造的好客可视为好客的硬件方面（Chau et al.，2021）。

如前所述，有关旅游目的地好客的研究最初集中研究的是个体的行为。当前，也有一些研究开始探索非人类因素的好客（Bell，2007a；Santos et al.，2016）。研究表明，无论是个体的行为、物质的提供、服务环境、设施等，还是接待游客所涉及的信息技术都可以体现出游客是否感知到目的地的好客。

一直以来，好客与物质性产品有着天然的联系，因为除了言行举止外，旅游目的地东道主也通常需要通过物质的提供对象来表达好客（Lynch et al.，2011）。如特色美食、舒适的客房等都体现了东道主对游客需求的满足，体现了对游客的尊重，是东道主好客行为的具体表现。

此外，研究表明，从游客感知的角度，客人也可以在没有主人好客行为的情况下参与和体验好客（Brotherton et al.，2007）。旅游目的地的建筑环境和公共设施，如城市广场、休息亭、公共座位等，也提供了一种款待客人的无声方式。换句话说，无生命的空间和旅游目的地建筑及公共设施通过体现人文关怀的精心设计，一样可以传达对游客关心、照顾等的好客信息，从而把无生命的建筑设施变成了有生命、有温度的好客载体（Bell，2007a；Santos et al.，2016）

随着科技和信息技术的发展，自动化和自助服务技术构成了非个体好客服务的另一个方面。技术进步为东道主提供了更多与客人互动的方式（Lugosi，2016）。首先，自助服务技术已越来越多地被应用于目的地的服务行业，如机场自助服务亭、广场自动售货机和赌场老虎机等（Ritzer，2015）。其次，自助服务技术也被广泛应用于目的地旅游行业。如主题公园、旅行社、旅游信息中心、汽车租赁公司、博物馆、美术馆和重大事件活动场所、住宿业和餐饮业等（Ivanov et al.，2017）。最后，自助服务技术被应用于酒店业，挑战了传统的住宿业理念，这导致酒店业的员工在服务客人的方式上发生了很大的变化（Ritzer，2015）。因此，机器人在酒店中的应用不仅对酒店的硬件，例如整体设计和内部的设施布局等提出了新的要求；而且对酒店的软件，即员工的服务提出了更高的要求。例如，一些机器人类似于人类，能够移动、执行任务、与游客交流和社交（Murphy et al.，2017a，2017b）。还有一些机器人服务不仅可以为消费者带来便利，甚至可以为消费者带来乐趣，激发他们的好奇心（Kuo et al.，2017）。因此，这些非人为的好客服务也可以被游客接受和欢迎并给他们带来愉悦感。

当然，需要说明的是，非人为性好客与人为性好客，是根据游客感知到的好客是否为主客面对面交互中提供的好客行为来进行区分的。如果把主客面对面交互中提供的好客表现和行为称为人为性好客因素，那么不是主客面对面交互中提供的好客表现和行为则称为非人为性好客因素。但需要注意的是，即使是非人为性好客的一些有形设施、硬件创造的好客氛围，其最终的提供者也离不开设计、提供和维护这些设施设备的后台服务人员，只是游客并不知道他们具体是谁而已。

三、旅游目的地好客度及其衡量

（一）旅游目的地好客度

旅游目的地好客度，是指东道主对游客好客的程度大小。它是旅游目的地好客态度的具体表现，也是旅游目的地好客态度的重要特征之一。在通常情况下，东道主对游客好客态度，并非都是采取两种极端的态度，即"好客"或者"不好客"，往往有许多"中间"态度。诸如在肯定与否定态度之间，还有比较肯定和比较否定以及一般肯定和一般否定的态度，这是一个欢迎－不欢迎的连续体。即便是持基本相同的态度，这中间还存在着程度的差异。例如，游客甲和游客乙都认为在山东旅游过程中居民的表现是好客的，但是两个人的赞成程度未必相同，还可能有一般好客、比较好客、好客和非常好客的区别。一般来说，态度的强度跟与之相互关联的行为成正比。换句话说，如果游客对旅游目的地居民好客度评价越高，则游客越能感受到目的地居民表现出来的好客行为。

布瑞克（Broek et al.，2014）采用了市场（market）和堡垒（fortress）两个词来描述一个城市的好客之道。在古代，市场和堡垒是构成城市的原始元素。对这两个词的解释可以用中世纪城市形成的空间广场来比喻和分析城市的好客度（Chau et al.，2021）。一方面，城市作为一个交易的市场（market）包括了商业和社会交流的所有方面，东道主采取了欢迎陌生人的态度，这些积极的方面则代表了一个城市具备了好客精神；另一方面，把城市看作是堡垒（fortress）则相反，主人对陌生人或来访者的欢迎程度较低，限制了他们的行为，并由于缺乏相应的基础设施和服务设施而给来访者带来不便或不适，这些消极的方面则代表了一个城市缺乏好客精神（Chau et al.，2021）。在一项关于早期罗马的好客研究中，研究者波尔查济（Bolchazy，1977）列举了七类对待陌生人的态度：第一，回避或虐待陌生人；第二，辟邪性好客；第三，美迪亚（希腊神话中科尔喀斯国王之女，以巫术著称，曾帮助过伊阿宋取得金羊毛）类型的好客；第四，奉神性好客（把陌生人当作神的化身来款待）；第五，神赋的权利性好客；第六，契约性好客；第七，利他性好客（王宁，2007；李正欢，2009）

因此，从当地人的角度看，游客是陌生人。他们对待陌生人往往采取两种不同的态度：或者是好客，或者是敌视；或者是回避，或者是虐待。换言之，他们对待游客的好客，仅仅是对待陌生人态度中的一种（王宁，2007）。

（二）旅游目的地好客度的衡量指标

一个旅游目的地的好客提供者涉及目的地各行各业的当地居民或者利益相关者（Prooijen et al.，2012.）。旅游目的地的好客度可以从社会和商业层面进行考察（Chau et al.，2021）。社会层面是将目的地看成是一个社区，考察城市内社区或社区居民的好客程度。商业层面则是将目的地看成是一个商业交易场所，来考察目的地的好客程度。

有学者（Prooijen et al.，2012）提出了利用三个维度来测量目的地好客度。这三个维度包括：第一，好客的行为；第二，硬件和基础设施；第三，氛围。其中好客行为维度涉及城市的所有居民，而不管他们的工作是否与旅游业有关。因为游客在旅游地的旅游过程中，除了与旅游从业相关人员的正式接触外，还会与当地居民产生非正式的接触和交流，例如，问路、乘坐出租车或公共交通工具或者突然遇到困难等。在游客的期望中，旅游目的地居民应该是友好的、乐于助人的和开放的，他们期望在旅游目的地所到之处都能感受到当地居民的欢迎。

旅游目的地的基础设施多样。例如道路和停车场，景观和建筑物，以及在商业或非商业地区的休闲场所等都属于基础设施（Prooijen et al.，2012）。一个目的地的好客可以部分地反映在它为人们提供的食物和饮品等的场所中，这些好客空间的展示为游客提供了社交和游憩的场所，有时超越了经济利益的交换（Bell，2007b）。一个城市的小吃街和美食广场也有助于展示城市好客空间的多样性和活力（Mand et al.，2013）。这些空间可能是塑造一个城市游客所经历的好客的关键因素（Chau et al.，2021）。基础设施在塑造游客对城市好客的体验方面的作用，也可以通过由于缺乏基础设施所产生的游客负面体验来理解。例如，交通堵塞、交通工具不足、住宿设施缺乏、缺乏高质量的公共厕所、通信不畅等，都会影响游客在目的地的体验质量，降低游客对目的地好客度的评价。

氛围维度代表了一个目的地的整体氛围，换句话说是指目的地带给游客的整体感觉（Prooijen et al.，2012）。氛围包括目的地的建筑、色彩、气味和声音等元素（Chau et al.，2021）。旅游信息服务中心、实用的地图和街道路标可以增强目的地的友好氛围（Prooijen et al.，2012；Yan et al.，2014，2015）。此外，社会的整体和谐程度也有助于增强目的地友好氛围（Broek et al.，2014）。

在如何衡量一个城市或旅游目的地的好客程度方面，学术界有不同的方法。

一种是单一指标方法。例如，马红丽（2010）以北京、广州、上海、桂林、昆明、西安六大中国热点旅游城市为案例，探讨了外国游客在不同的时间断面上对这六个城市居民好客度的评价，仅用了一个指标，即游客"对当地居民是否友善好客"进行评价。该研究采用问卷调查方法对游客进行调查，在统计方面采用了李克特5点量表，即5分表示"非常友善好客"，1分表示"非常不友善好客"。

另一种是多指标方法。查尔等（Chau et al.，2021）通过三轮的焦点访谈咨询旅游管理专业的学者，建立了目的地好客衡量指标。该指标体系设计了由三个维度组成的目的地好客框架，即好客行为、设施和硬件好客、城市氛围。马明等（2016）就国内游客对山东居民的好客度评价进行初步研究，设计了不好客和好客方面的具体表现。但是，目前的相关研究还十分有限。

综上所述，旅游目的地好客度衡量指标见表2-4。

表 2－4　　　　　　　　　　旅游目的地好客度衡量指标

一级指标	二级指标	三级指标	作者	备注
旅游目的地好客度测量	对旅游目的地好客度的总体评价	无	马红丽（2010）	单一指标法，采用李克特5点量表进行测量
	好客的表现	1. 微笑待人	马明等（2016）	多指标法。2个二级指标，15个三级指标。采用二分选择法（选项为"是"或"否"）进行测量
		2. 慷慨大方		
		3. 举止和善		
		4. 沟通顺畅		
		5. 乐于帮助有困难的游客		
		6. 乐于介绍旅游目的地		
		7. 乐于指路		
		8. 讲诚信		
	不好客的表现	9. 态度不好		
		10. 交流有困难		
		11. 居民持地方方言，言谈粗鲁		
		12. 歧视游客		
		13. 对外来游客排外		
		14. 对游客的困难置之不理		
		15. 欺骗游客		
	好客行为	1. 友好的移民官员	查尔等（Chau et al.，2021）	多层次多指标法。3个二级指标，28个三级指标。采用李克特7点量表进行测量
		2. 诚实的出租车司机		
		3. 友好的公共交通人员		
		4. 高效和关爱的酒店员工		
		5. 礼貌的餐厅服务员		
		6. 友好的调酒师		
		7. 友好的导游		
		8. 友好的零售商，没有强迫购物或销售欺诈		
		9. 友好和乐于助人的居民		

续表

一级指标	二级指标	三级指标	作者	备注
旅游目的地好客度测量	基础设施和硬件	10. 官方旅游网站上信息的有用性	查尔等（Chau et al., 2021）	多层次多指标法。3 个二级指标，28 个三级指标。采用李克特 7 点量表进行测量
		11. 旅游信息中心的可用性		
		12. 有用的旅游地图		
		13. 有用的路标指示		
		14. 免费 Wi-Fi		
		15. 便捷的公共交通系统		
		16. 无障碍公园和娱乐设施		
		17. 足够的优质洗手间		
		18. 干净的城市环境		
		19. 有效和高效的投诉渠道		
	环境氛围	20. 免签证或简易的签证程序		
		21. 酒店内外环境舒适		
		22. 友好的城市空间		
		23. 良好的安全保障		
		24. 妇女的安全保障		
		25. 为残疾特殊人群提供的无障碍设施		
		26. 不歧视游客		
		27. 不公开抗议游客		
		28. 在大众/社交媒体上没有对游客的敌意言论		

资料来源：马红丽（2010）；马明等（2016）；查尔等（Chau et al., 2021）。

第三节　旅游目的地好客精神

一、精神

"精神"一词是一个具有多重含义的概念（余双好，2015；魏永安，

2017）。在心理学中认为精神与人的各种心理机制有关，是人的意识、思维活动和心理状态的表征。从历史和文化的宏观视野来看，精神是一种抽象的集体意识集合，是社会、民族、国家的思想凝练和升华；宗教唯心地认为精神是独立于人类之外的某种神秘力量的特殊存在。

在《辞海》中对精神的解释包括了五个方面：一是与物质相对应，是指人的意识、思维、情感意志和心理状态；二是指神志、心神的集中与指向程度，例如"精神恍惚"中的"精神"；三是指精力和活力，例如振作精神、精神振奋；四是指神采、韵味，例如方岳的《雪梅》诗中的句子"有雪无梅不精神"；五是指内容实质等，例如传达会议精神，领会文件精神（夏征农等，2010）。

有学者对中国人和西方人对精神的不同理解进行了专门研究，认为中国人对精神的理解主要表现为四个方面：一是人的本质和价值问题；二是人生理想和完美人格问题；三是人生准则和人生态度问题；四是人生修养和养生之道问题。可以看出，中国人对于精神的理解具有强烈的伦理色彩，侧重于从整体上把握精神的本质，主张精神对"物质"的超越。换句话说，精神在本质上是建立在现实实践基础上的社会意识形态（魏永安，2017）。

《哲学大辞典》对精神的定义划分了以下几层含义。一是从精神的内涵来看，它是与物质相对应的概念。人类社会的思想、观念、理论、学说、情绪、决心、干劲、政策、方针、计划、方法等都是精神的宠物（金炳华，2007）。二是从精神的本质和作用来看，精神的产生和发展受社会物质条件的制约，但是精神并不是简单直观地体现着物质属性（金炳华，2007）。一方面，精神作为社会实践的产物，其一经产生就具有相对的独立性，并反作用于社会实践，对社会发展起到能动的反作用，尤其在社会变革过程中，精神的变革往往发挥着先导和引领作用；另一方面，从社会意识层面来看，精神并不完全等同于社会意识，而是"社会意识"的价值抽象物，是"精选的意识"，即精神源于"意识"又高于"意识"，精神是意识的价值关系的实体形式，它统摄着意识关系，并能对其实施逻辑的抽象（秦在东，2010）。三是从精神与物质的关系来看，人的一切活动都是在精神的支配下进行的。秦在东（2010）认为，历史上所存在过的一切思想形态，都是"后精神"的东西。物质变精神，精神变物质是日常生活中经常发生的现象，两者在实践的基础上转化和统一（金炳华，2007）。

综上所述，精神的含义广泛，有广义和狭义之分。广义上看，精神是与物质相对应的人类的一切精神现象，与意识相等同，是社会存在的一种反应；从狭义上看，精神可以看成是意识中有积极作用的成分，也就是意识中具有积极内涵的思想因素（余双好，2015）。本书理解的精神主要是从狭义的角度来理解，也就是在意识中具有积极因素的思想成分，是一种把思想转化为物质，在社会实践发展中起着推动作用的因素。

二、好客精神

从"精神"的视角来理解"好客精神"，既能够明确"好客精神"产生的物质基础，又能掌握"好客精神"所具有的精神特征和精神属性。即，"始终站在现实历史的基础上，不是从观念出发来解释实践，而是从物质实践出发来解释观念的形成"①。

一方面，从好客精神概念的构成来看，好客精神包括了"好客"和"精神"两个词。从心理学的角度分析，人的意识，例如思想、观念、情绪、态度等，都包括积极的方面和消极的方面。人们在描述这些心理活动时经常会加上形容词，例如积极的思想，消极的思想；正确的观念和错误的观念；积极的情绪和消极的情绪；积极的态度和消极的态度等。而精神作为意识中的高级部分和精选的意识，体现的是意识中的积极因素。"好客"的反义词是"不好客"。好客是影响和推动社会发展的积极因素，不好客是影响和推动社会发展的消极因素。因此，好客精神是在人类处理主客关系实践活动过程中形成的一种思想、观念、情绪、态度的综合，并且是人类意识中具有积极内涵的思想因素。

另一方面，从好客态度的形成过程来看，好客精神本质上是一种内化的稳定的好客态度。心理学中，态度是个体对某一特定的事物、观念或他人稳定的持久的心理倾向（孙九霞等，2015）。一般来说，态度包括认知、情感和行为倾向三个要素（刘纯，2014）。因此，好客态度是指东道主（主人）针对外来的访客（客人）的评价以及用不好客或好客的方式连续表现出来的心理和行为倾向。包括对客人的认知、对客人的情感评价以及对客人好客的

---

① 马克思恩格斯选集：第1卷［M］. 北京：人民出版社，1995：92.

行为反应倾向（见图 2-2）。其中，对好客的认知是指据以往的知识和经验对外来的来访者（客人）的认识、了解和评价。例如，客人是谁？客人的需求是什么？客人会给主人带来什么样的利益？又会带来什么样的风险？应该如何对待客人等等。这包括了对客人的所有知识、思想和信念，是好客态度的基础。情感要素是根据以往的知识、经验和未来的预期，对客人表现出来的喜好或厌恶等内心体验，这是好客态度的核心成分。行为倾向要素又称意向要素，是指主客交往中，主人对客人准备作出的反应。它是好客行为的准备状态，而非好客行为本身。在好客态度的三种成分中，对客人的认知是好客态度形成的基础，对客人的情感评价是好客态度形成的核心，对客人是否应该好客的行为反应倾向即意志倾向是态度的最终表现形式并影响了最终外显的行为。

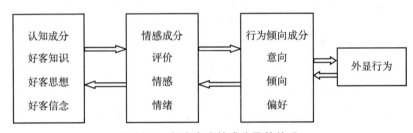

图 2-2　好客态度的成分及其关系

好客态度的形成是态度中的三种成分（对客人的认知、对客人的情感评价以及对客人好客的行为反应倾向）相互作用的结果，态度的稳定性与态度构成的三个要素是否相互协调一致有关系（甘朝有，2013）。一般来说，三种成分越一致，则态度越稳定，那么表现出来的行为也越持久。国外著名心理学家霍夫兰德、凯尔曼等提出，态度的形成包括三个阶段：一是依从阶段；二是同化阶段；三是内化阶段（沈默，2014）。根据这一理论，好客态度的形成发展包括三个层次（见图 2-3）。

第一个层次，依从阶段。依从也称为服从。依从阶段是指主人对与客人交往之间表现出来的好客的道德规范行为的必要性尚缺乏充分的认识，也缺乏情感体验，好客行为主要受控于外在压力（如奖惩），而不是内在的需要。这种好客行为具有盲目性、被动性、激励性、不稳定性，随着奖惩情境的变化而变化。例如，当好客行为被奖励而不好客行为被惩罚时，个体的好客行为会一直存在。当奖惩情况消失，即当好客行为不被奖励而不好客行为也不

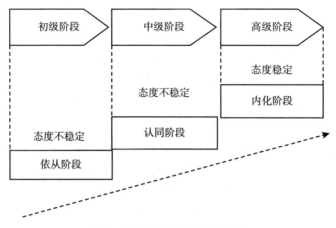

图 2 - 3 好客态度的形成过程

被惩罚时，好客行为就会消失。这是好客态度与好客品德建立的开端环节，也可以称为好客态度与好客品德建立的初级阶段。心理学家认为，在态度改变的三个阶段中，表面上的依从虽然是被迫进行的，但也是态度改变的必经阶段（沈默，2014）。

第二个层次，认同阶段。认同也就是同化的意思。认同是在思想、情感、态度和行为上主动接受他人的影响，使自己的态度和行为与他人相接近。认同实质上就是对榜样的模仿，其出发点就是试图与榜样的行为保持一致。这种好客行为具有情感性、被动性、激励性、榜样性、不稳定性，随着榜样的变化而变化。心理学认为，喜欢或者崇拜一个人时，就会下意识的模仿他（她）。例如，当个体在情感上喜欢、欣赏或崇敬另一个个体时，就会下意识采纳这个人的态度或行为并将这个人作为榜样来规范自己的言行。这个榜样可能是其领导、同事、身边的亲人、朋友，也可能是明星、社会名人等。如果这个榜样具有好客态度和行为，那么，个体为了与榜样的行为保持一致，也会在客我交往中表现出好客行为。因此，认同阶段的好客行为与榜样的好客行为有关，是个体与榜样保持一致的一种认同行为。当榜样存在时，个体的好客行为会一直存在，当榜样消失了，好客行为就会消失。这是好客态度与好客品德建立的中级阶段。在管理工作中，组织的好客文化会起到同化的作用，如果员工认同管理者的价值观，遵守某一种纪律，认为对待客人应该持欢迎和好客的态度，那么员工在客我交往中可能就会自觉做出好客的行为。

但是，对于管理者来说，仅仅停留在依从和同化阶段的好客行为是远远不够的。因为奖惩或者榜样不存在时，好客行为就会消失。

第三个层次，内化阶段。内化是指思想观点上与他人的思想观点一致，将外界成文或不成文的规则作为自己的规则和内在标准，并将自己所认同的思想和自己原有的观点、信念融为一体，构成一个完整的价值体系。内化阶段是个体真正在思想上认识到好客态度的重要性和价值，使之纳入自己的价值体系，并进一步用这种好客思想和态度来指导实际行动。内化阶段个体的行为具有高度的自觉性、主动性，并具有坚定性。此时，稳定的态度和品德也就形成了。这是好客态度与好客品德建立的高级阶段。

综上所述，好客精神是在人类处理主客关系实践活动过程中形成的一种思想、观念、情绪和态度的综合，是好客态度中具有稳定倾向的优良品德，是一种自觉自愿把好客思想转变为好客行动的过程，是对社会发展起积极推动作用的因素。

三、旅游目的地好客精神

根据好客主体的不同，好客可以指区域或国家层面的好客，也可以指某一群体、组织或企业以及个体层面的好客。因此，好客精神，既具有宏观性，也有微观性。从宏观性的区域或国家层面而言，好客精神与一个国家（或地区）的历史、传统的好客文化相关联，是一个国家（或地区）在历史发展和文化认同基础上形成的好客思想和行为；从微观性的群体、组织或企业以及个人层面而言，好客精神与一个组织在形成和发展中的组织文化相关联，是组织在历史发展和文化认同基础上形成的好客思想和行为。

旅游目的地好客精神是随着旅游业的快速发展而产生和发展的，是从宏观层面来研究好客精神。旅游目的地，在英文文献中为 "tourism destination"，"一定地理空间上的旅游资源同旅游专用设施、旅游基础设施以及相关的其他条件有机地结合起来，就成为旅游者停留和活动的目的地，即旅游地"（保继刚等，2009）。旅游目的地在不同情况下，有时又被称为旅游地或旅游胜地（魏小安，2002）。从地域范围上看，旅游目的地可以是一个具体的风景名胜地，或者是一个城镇，一个国家内的某个地区，整个国家，甚至是地球上一片更大的地方，旅游地的共同特征是吸引力、舒适性（设施）和可进入性（霍洛韦，1997；梁明珠，2006；王晨光，2005）。该定义是从经济地理导向对旅游地进行解释（崔凤军，2009）。也有学者（Saraniemi et al.，2011）提出旅游目的地的文化概念，认为旅游目的地是存在于现实或虚拟空间的一系列的组织和行动者（包括游客、当地居民、旅游经营批发商、旅游代理商、公共组织、旅游地相关企业等），在那里与市场营销相关的交易和活动会发生。作者指出，旅游目的地边界很难确定，对于不同的组织和行动者，旅游目的地呈现不同的边界、内容和关系，是一个松散和开放的系统（马明等，2020）。

根据以上对旅游目的地的阐述，旅游目的地好客精神可以理解为，在旅游业发展过程中，将某一区域看作是一个游客前往旅行游览的目的地，目的地的主人在与游客处理主客关系的旅游实践活动过程中形成的一种好客思想，以及自觉自愿把好客思想转变为好客行动的过程，是影响游客对目的地评价的精神因素，是旅游目的地"软实力"的集中体现。

旅游目的地可大可小，因此，旅游目的地的好客精神也分为不同的层次（见图2-4）。有学者认为对待陌生人的好客可以分为两个层级：一是国家层级的好客，二是个体层级的好客（O'Gorman，2006）。在实际操作中，建议可以根据目的地的大小划分不同层级的好客（见图2-4）。例如，"好客中国"属于国家层面的，"好客山东"属于省域层面的。除此之外，城市、乡镇、村庄、景区（点）也可以根据各自的理念提出好客精神。例如"好客龙岩"属于福建省下属的地区级城市的好客精神品牌（黄端等，2017）。另外，从区域划分的不同级别来看，一个国家由下属的省域组成，省域由下属的城市组成，城市由下属的乡镇组成，而乡镇又是由下属的乡村组成的。下一级区域的好客精神是上一级区域好客精神的有机组成部分。国家好客精神是下属区域好客精神的集中体现。但就某一个目的地来说，旅游目的地是一系列的组织和行动者（包括游客、当地居民、旅游经营批发商、旅游代理商、公共组织、旅游地相关企业等）的集合，因此，旅游目的地的好客精神是目的地所有利益相关者共同塑造的结果。

从好客作为旅游目的地的一种旅游资源来分析，"好客精神"是旅游目的地以好客文化为内核的旅游吸引力。那么，目的地的这种"好客精神"应该如何作为目的地的一种符号传递给游客，并被游客感知呢？环境感知理论认为，人的感知是"对于环境的一种感受、认知和信息处理过程"（葛荣玲，

2011）。游客的感知既与个体的过去经验有关，也与现实所处的环境以及个体的当前需求有关"（俞国良等，2000）。

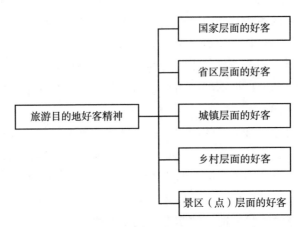

图2-4　旅游目的地好客精神的不同层次

　　马凌（2009）从社会学的角度探讨了旅游吸引物的重构方案，社会学视角下的旅游吸引物建构的过程实质上是意义和价值建构的过程，同时也是旅游吸引物的符号化过程。从社会建构的角度看，关于旅游目的地好客精神的符号化过程，一般而言包括以下三个阶段。

　　第一，好客精神的传播阶段。即通过各种传统的途径和现代大众媒体进行传播和展示，让公众了解旅游目的地的好客精神，并把这种好客精神转化成为目的地中神圣的旅游吸引物符号。

　　第二，好客精神转化为旅游产品阶段。旅游开发者设计基于"好客"意义的旅游产品和旅游空间，借助市场营销手段树立旅游目的地的好客形象，提升旅游产品的好客价值，赋予其神圣意义。

　　第三，好客精神的体验阶段。将目的地的好客精神融入游客的体验中，通过一系列的游客体验仪式，例如，朝拜仪式、凝视仪式、摄影仪式、购物仪式、欢迎仪式等，将目的地的好客精神主观化、情感化，并在游客内心产生移情作用。因此，旅游目的地好客精神的符号建构过程实质上是好客文化的意义和价值在旅游吸引物要素体系和游客之间逐层转移和重构的过程。

旅游目的地好客精神的符号构建模式见图2－5。

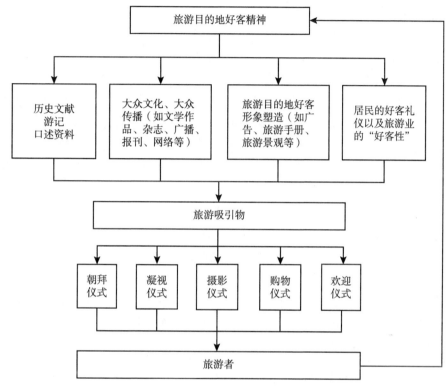

图2－5 旅游目的地好客精神的符号构建模式

第四节 "好客山东"精神

一、"好客山东"精神的历史文化渊源

(一)齐鲁文化

齐鲁文化在中国传统文化中占有很重要的地位。"齐鲁"有两个方面的含义。第一,从空间区域来看,古代早期(大约从西周时期到东周时期)在

现在的山东地盘上存在两个最大的诸侯国，即齐国和鲁国，"齐鲁"由此成为"山东"的代名词。第二，从时间维度来看，齐国大约从公元前1046到公元前221年，鲁国大约从公元前11世纪至公元前256年。这两个国家历时800年左右，并在长期的社会发展中产生了大量灿烂的文化和文明成果，"齐鲁文化"由此成为"山东文化"的代名词（王修智，2008）。

有学者认为，齐鲁文化是指"以齐、鲁两国文化为内核和主干，以两国文化的渊源发生和延续展现为主要描述对象的文化"（杨向奎，1994；曹丙燕等，2011）。春秋战国时期，鲁国和齐国先后成为中国文化的中心，许多先哲自成体系，创立各自的学术派别，形成百家争鸣的繁荣局面，创造了中国文化的第一个高峰，因而成为现代中国文化的根基和重要组成部分，代表性的有：一是儒家学说代表人物孔子、孟子；二是墨家学说代表人物墨子；三是兵家学说代表人物孙子；四是阴阳家学说代表人物邹衍；五是纵横家学说代表人物淳于髡等（曹丙燕等，2011）。西汉以后，儒家学说得到统治者的进一步推崇和发扬光大，成为治理国家的政治学说，以儒家思想为代表的齐鲁文化逐步上升为中国社会的主流文化（班若川，2009）。因此，齐鲁文化作为中国文化的主流，在中华民族文化的形成发展进程中发挥着基石和主导作用（王志明等，2005）。植根于山东文化的山东人则是"最有做中国标准人的资格"（钱穆，2012）。

（二）齐鲁文化与"好客山东"精神

山东是中华文明的发祥地之一，也是齐鲁文化的发源地，因此山东人受齐鲁文化的熏陶最深。齐鲁文化内涵是山东人热情好客的文化根基和内核（王润珏等，2019）。在齐鲁文化的影响下，山东人继承"周孔遗风"，坚持"孔颜人格"。这造就了山东人大多彬彬有礼、勤俭节约、喜好读书、知识渊博、贤良忠厚、扶贫济困的人格形象。齐鲁文化加上山东特殊的地理环境条件，造就了山东人特殊的气质（马波，2002）。在山东人的内心世界和为人处事的价值体系中，一直受到两大人物的影响和熏陶：一个以孔子、孟子为代表，崇尚好客礼仪；另一个以《水浒传》的梁山泊英雄人物为代表，崇尚侠义助人（宋佳，2010）。齐鲁文化体现在山东人的为人处世上，即好客和乐于助人。因此，山东人在数千年儒学思想影响下形成的"好客"性格，既是山东人的行为特征，也是山东人形成的文化印象或者是文化表征（王润珏等，2019）。

换句话说，山东人具有很高的辨识性，无论走到哪里，都很容易通过其言谈举止和待人接物被辨认出来（王修智，2008）。山东是"礼仪之邦"。孔子思想以"仁"为核心，以"礼"为准则，尊崇"礼尚往来"。这造就了山东人在思想上注重宽厚待人，行为上注重礼貌礼节和乐于助人，体现了最朴素的待客之道。孟子的"老吾老以及人之老，幼吾幼以及人之幼"的思想，体现了山东人推己及人的博大情怀，奠定了山东好客文化的品德基础（于冲，2008）。而水浒英雄遵循的"有福同享，有难同当"和"路见不平，拔刀相助"的为人处事之道又为山东人的好客增添了几分侠义和豪迈。"公、信、仁、和"是山东精神的具体体现（杨朝明，2012），好客文化在山东根深蒂固（钱穆，2012）。

二、"好客山东"精神的现代旅游诠释

（一）"好客山东"精神的旅游品牌呈现

为了借助山东旅游业的发展促进山东经济和文化的全面繁荣，从旅游目的地营销的角度来推广山东，山东省经过多番论证，最终把山东旅游品牌定位提炼为"好客山东"，并设计旅游品牌形象标识和旅游口号，对外进行统一宣传（王雷亭，2009）。"好客山东"LOGO 视觉形象见图 2 - 6。

图 2 - 6 "好客山东"品牌的 LOGO 设计

注：LOGO 为彩色的。

好客山东 LOGO 视觉形象具有以下特点。

第一，好客山东 LOGO 视觉形象的设计体现了旅游目的地定位简洁、精准和突出特色的特点。旅游口号是旅游目的地定位的广告语，只有同时具备精准、独特和简洁这三个特征，才能真正起到有效的推广作用。首先，相对于以往基于山东具体有形的旅游资源的定位，"好客山东"口号突破常规思维，重点强调了对山东无形旅游资源即山东人的"好客"精神的定位，精准提炼了山东旅游体验的本质，而"文化圣地，度假天堂"又进一步高度概括了山东作为省域旅游目的地其下属地域旅游资源的共有特征。其次，在 2007年提出"好客"定位的创意时，虽然国外有旅游地采用了类似的营销策略，但是在中国还没有旅游地使用"好客"作为旅游地的品牌定位，"好客山东"提炼了"山东、山东人"的"好客之道"，个性鲜明，避免了与其他旅游地的品牌定位口号的雷同，做到了与众不同，因而与竞争对手形成了明显的差异化，形成了核心竞争力。最后，"好客山东"这四个字传达的信息简洁明了，精准简约，无论是中文还是外语表达都通俗易懂，朗朗上口，易读易记，非常容易被旅游者辨识和记忆，具有很强的传播力和市场影响力（于日美等，2009a）。

第二，好客山东 LOGO 视觉形象的设计实现了旅游品牌形象外在的视觉美感与内在精神诠释的高度融合（于日美等，2009b）。一是在字体设计上，"好客山东"通过使用篆书、行书等多种字体，以便通过字体的变化传递旅游形象内在的多重含义；二是在颜色处理上，"好客山东"采用了五彩形象标识，色彩绚丽，造型动感；三是注重了颜色和字体的高度融合，做到传统元素与现代元素结合，中国特色与国际视野结合，从而传递旅游地品牌形象的内在神韵。例如，中文"好客"使用了红色的篆体朱文印章，传递山东自古以来一贯秉承的好客文化优良传统，同时与中文"好客"对应的英文"Friendly"也使用了同样的红色字体与中文的"好客"遥相呼应，暗含现代商业社会山东"好客"精神的一脉相承和国际传播。再如中文的"山东"采用了黑颜色的行书，显得古朴庄重，而与中文"山东"对应的英文"Shandong"则采用了富有动感的现代英文字体，同时采用了红、黄、蓝、绿、青等八种不同颜色的形象标识，品牌视觉形象五彩缤纷，动感十足，活力四射，激情昂扬，完美诠释了山东传统的"好客"文化和现代社会的"好客"精神，做到了形神兼备（于日美等，2009b）。

（二）"好客山东"精神的旅游品牌内涵

1. "好客山东"是山东精神的现代诠释

"好客"在现代社交场合一般指热诚接待和款待客人或陌生人（吴元芳，2009）。因此，"好客"是一种待人接物的态度和行为规范，它在遵循礼仪、尊重对方的基础上，在与他人交往过程中表现出来的主动、热情、和善、友好的性格特征。从好客指向的客体来看，好客的对象不仅是亲朋好友，还包括来访的陌生人，特别是顾客（马明等，2016）。现代山东人继承了古人好客的优良品德，即注重诚信、质朴好客和乐于助人。概括地说，现代社会山东人在与外人交往中的一个最鲜明的特征就是"热情好客"（宋佳，2010）。表现之一是，不论是重大的宴席、聚会、节假日还是日常的一般接待；不论自己家中条件是贫穷、一般还是富裕，山东人对待客人在款待方式、客人的座次顺序、菜品数量和质量搭配、行酒礼仪等各个方面都有一整套严格的程序和规范，以便使客人真正体会到"客人胜似亲人"和"宾至如归"的感觉。表现之二是，即使出门在外，山东人对待陌生人也是非常讲究礼仪、热情、诚信、豪情仗义和乐于助人。因此，在现代社会，"好客山东"是山东从古到今一直传承的"好客文化"的高度凝练，是新时代充满仁爱的山东精神的具体表现（王忠武，2003；蓝海等，2008），它已经演变为山东人品行合一的山东民俗（吴元芳，2009）。

2. "好客山东"是主客体互动构建的省域旅游品牌形象

山东省旅游品牌定位曾先后出现过"一山一水一圣人""走近孔子，扬帆青岛""齐鲁神韵，山水豪情"等（周琦，2015）。这些定位大多是对旅游地的有形资源，即"物"的定位，还没有深入到旅游地的无形资源，即旅游文化的深层次中，缺乏文化内涵和深度（于冲，2008），缺乏对"人"的定位，是一种对旅游目的地静态的定位。因此，推广后效果并不是很显著，使用的时间并不是很长。"好客山东"则突破了以往对旅游目的地现有吸引物静态定位的思维，采用了一种动态定位的方式，重点强调了主客之间的互动，即旅游目的地的主人应该对到访的客人好客，并且客人能够感受到主人的好客。

另外，主客之间的好客评价是在东道主与客人之间的活动中完成的。许多目的地旅游发展经验也显示，无论是旅游目的地东道主对游客（包括国内游客和人境游客）的好客心理和行为方式，还是客源地居民在出境旅游中表现的文明行为，都会不同程度地影响"客人"对旅游目的地形象的认知和体验印象，对旅游目的地的吸引力亦产生了深刻影响（黄萍，2012）。塑造"好客山东"旅游品牌形象，会在游客头脑中输入新的山东旅游品牌形象观念，对方会把这种观念作为主客交往互动的新起点，并在不同形式的旅游交往中通过亲身旅游体验加以验证和获得感知，由此强化了对"好客山东"旅游品牌形象的认同，更加关注了游客的精神需求。

3. 山东居民好客度是"好客山东"品牌价值的具体体现

随着社会经济的发展，交通方式的不断进步，以及社会结构的变迁，人们进行外出旅游以及休闲社交的活动越来越多，如何利用硬件的设施和软件的服务来款待外来游客，并让游客满意，成为旅游业发展中亟待解决的问题。

从山东作为旅游目的地来说，从游客的角度出发，"好客山东"品牌是指山东居民在与来访游客接触时所表现出来的热情、友好的心理状态和言行举止，以及在此基础上形成的社会氛围（马明等，2016）。也就是说，对游客而言，目的地的好客也能成为吸引游客来访的重要因素，是旅游目的地竞争力的重要体现。

旅游地的服务质量包括硬件和软件两个方面。其中硬件是基础，软件是灵魂。"好客山东"品牌的价值本质就是，把山东看作是一个旅游目的地，使游客在山东旅游时，感知到其提供的服务质量和价格是真正有机结合的整体。价值不仅体现了游客到目的地体验到的产品和服务的使用价值，同时还体验到旅游地所具有的独特的文化价值。物有所值，物超所值是"好客山东"品牌价值的追求目标，是山东旅游服务质量的价值体现。因此，山东居民好客度是"好客山东"品牌价值的具体体现。好客山东品牌既是主人的款待也是客人的真实感受（戴斌，2012）。

第三章

旅游目的地好客度的评价
指标体系及模型

    从游客的角度来看，旅游目的地好客精神具体体现为游客到目的地旅游之后对目的地总体好客现状的评价。游客对东道主社会好客文化的感知程度大小可以用居民好客度来衡量。就一个旅游目的地而言，游客对目的地好客文化的体验和感受发生于双方之间接触、交流与互动的全过程，涉及目的地接触的方方面面，"好客"的主体既涉及个体的旅游从业居民、非旅游业从业居民，也涉及作为群体的旅游组织、其他相关组织、政府和该地社会。因此，评价指标是比较复杂的。本书在通过非结构性调查问卷进行探索性研究的基础上，对旅游目的地好客度评价指标进行初步研究，然后采用多层次综合评价法，初步构建旅游目的地好客度的 4 个层次的 4 级叠加，逐级收敛的基于游客感知的"旅游目的地好客度评估指标体系"和综合评价模型。最后，通过德尔菲法专家咨询，最终构建"旅游目的地好客度评估指标体系"和综合评价模型。该模型不仅能科学评估旅游目的地的总体好客度，而且能够十分清晰地计算出影响旅游目的地总体好客度指数的下属各分级子项目的指数,有利于从建设旅游目的地"好客"品牌和旅游目的地"好客"精神培育的角度提出针对性措施,提高旅游目的地好客度,弘扬旅游目的地的"好客"精神。

第一节　旅游目的地好客度评价指标体系建立的原则

为了客观、全面、科学地衡量旅游目的地好客度,在研究和确定旅游目的地好客度评价指标体系及其评价方法时,要遵循以下原则。

一、综合性

旅游目的地好客度评价系统是一个复合的系统,涉及旅游目的地的方方面面。因此,要求设置的指标体系既能反映旅游目的地好客度局部、当前和单项的特征,又能反映全面、未来和综合的特征,具有综合性。

二、普遍性

要求指标既能够全面集中地反映旅游目的地好客度的各个方面的特征和状况,又要各指标间内涵不重复,相互独立。同时,设计的"旅游目的地好客度评价指标体系"能够被各个目的地普遍使用。

三、适用性

旅游目的地好客度评估是为了对旅游目的地的好客程度以及目的地的服务质量管理的效果进行科学评估,是一个应用性非常强的课题。因此,指标体系的可操作性十分重要。在旅游目的地好客度评估指标体系建立过程中,对于一些理论上具有一定意义,但在实践上难以实际操作的指标,要给予适当的取舍,以便于资料数据的收集和评估指标的操作运行,增强指标体系的适用性。

四、科学性

设置的指标体系要客观地反映旅游目的地好客度的具体情况，能够真实地反映旅游目的地好客度的客观状态。因此，旅游目的地好客度评价指标体系设立的各个环节，都必须建立在科学的基础上，做到程序科学、指标选取科学、模型建立科学等。

五、可比性

旅游目的地好客度评价指标评估体系要考虑到结果的可比性。一是区域之间旅游目的地好客度的横向比较；二是同一区域旅游目的地好客度的纵向比较。只有通过横向（与竞争对手的比较）和纵向（与旅游目的地过去的比较）的全面对比，才可以发现旅游目的地在好客管理方面存在的问题，明确下一步的战略任务，及时对目前的管理策略做出调整（吕帅，2007；马明等，2020）。

综上所述，只有建立综合性、普遍性、适用性、科学性和可比性都较强的"旅游目的地好客度评价指标体系"，才能确保本项目的最终研究结果能够真正被相关部门采用，在旅游目的地得到推广，提高各级政府、组织和相关企业的管理效率，通过旅游目的地"好客精神"的培育，弘扬"好客文化"，提高游客的满意度和忠诚度，塑造旅游目的地"好客"旅游形象品牌，实现科学研究为提升旅游目的地和国家文化软实力、为建设旅游强国服务的目标。

第二节　旅游目的地好客度评价指标
体系建立的工作程序

旅游目的地好客度评估是一个涉及面比较广的复杂系统。科学的评估程序有利于提高评估工作的权威性，保证评估工作的有序开展。其评估程序如下。

一、设立专门的评估机构

由于旅游目的地好客度评估工作比较复杂，因此必须设立专门的旅游目的地好客度评估机构来负责这项工作。评估小组成员包括目的地旅游管理部门相关领导和旅游行业相关专家代表等。需要特别指出的是，除了专家外，旅游管理部门直接领导参与这项工作十分重要。因为有旅游管理部门领导层的参与和支持，才能保证评估工作方向的正确和资金到位，也有利于评估结果对管理决策参考和指导作用的有效发挥。

二、建立科学的旅游目的地好客度评价指标体系

建立科学的评估指标体系是旅游目的地好客度评估的首要依据。本书主要采用两种方法进行：一是采用结构性测量方法；二是非结构性测量方法。其中，结构性测量方法，是研究者根据自己的调查目的和意向，设计与旅游目的地好客度相关的具体问题，研究者通过统计软件对问卷内容进行分析和统计，这是目前普遍采用的方法。这一方法具有可控性、直观性强和结论易于统计处理的优点。但是，这种方法的明显不足在于：第一，大部分问题是研究者自己设计好的，不一定能够全面反映游客真实的看法，也不一定是游客的实际感知；第二，设计的问卷一般事先限定了与旅游目的地好客度问题的评价项目，被调查者对旅游地的评价难以反映出其个性特质；另外，虽然就体现目的地的独特性和整体构成而言，非结构性测量方法实际更为有效（Pike，2002），但是如何对游客采用非结构性测量方法进行调查却存在一定的难度，需要设计合适的问题已获得游客的真实想法。非结构性测量方法的优势在于可以充分反映目的地社会化的特征和游客对目的地好客度感知的显著属性，但是由于提问的问题和游客回答的问题都十分有限，很难获得全面真实的信息。

本书首先采用非结构性调查问卷对游客进行调查，初步了解影响旅游目的地好客度评价的主要因素；然后采用结构性问卷进行德尔菲法专家咨询，建立旅游目的地好客度评估指标体系；最后，评估小组需要在全面讨论的基础上综合相关专家意见，保证指标体系的客观性、科学性、适用性和可操作

性，为旅游目的地好客度评估工作的顺利进行奠定基础。当然，评估指标体系的建立也是一个循序渐进的过程，需要通过探索性研究和正式研究的多次反复才能确定，需要在多次的实践检验中发现不足，不断的修正和完善，最终建立比较科学的旅游目的地好客度评估指标体系。

三、做好调查研究工作

旅游目的地好客度评估依赖于对旅游目的地实施管理情况的全面调查。科学模型确立之后，调查方法就成为决定旅游目的地好客度评价工作成功与否的关键因素。只有进行深入的调查研究，才能全面了解旅游目的地好客度的现状，发现问题。数据的收集关系到评估结果的客观性和准确性，是评估工作中的一项十分重要的基础工作。应根据评估指标体系相关要求，针对目的地旅游管理部门、相关旅游企业、景区景点以及游客进行调查研究。资料收集方法包括：一是一手资料收集，如访谈调查、实地问卷调查、网络问卷调查等；二是二手资料收集，如通过查阅官方统计资料、官方网站、大众社交媒体等。另外，某些数据的收集（例如某一具体时间段游客对旅游目的地好客度的评价）具有一定的时效性，需要在规定的时间完成调研工作，以免错过时间影响数据的科学性和有效性。

四、数据的整理分析与总结

数据整理主要指将获得的资料、数据进行分类和统计。在整理过程中，应采用较为科学的分类方法和统计方法，利用相关软件对数据进行整理和分析，使计算结果客观、可靠。在数据分析过程中，要注意利用比较分析方法。一方面，可以进行纵向比较，即将当前（例如，某一年、某一季度、某一个节庆或假日）旅游目的地好客度与有关历史数据进行比较，分析当前旅游目的地好客度的状况。另一方面，也可以进行横向比较，即在某一时间点将旅游目的地好客度与竞争对手好客度进行对比，在与竞争对手的比较中发现问题，对现有旅游目的地管理战略和策略进行重新审视，制订下一步的行动计划和具体方案。

五、研究报告的反馈

根据旅游目的地好客度指数的计算，分析目的地在管理过程中的成绩和不足，并提出旅游目的地好客度提升的战略和具体策略，将评估报告提交给区域旅游品牌管理部门，为管理部门进行旅游目的地好客精神培育提出建设性建议。

六、研究成果的使用和推广

将成果公开发表，并进行成果的推广。在旅游目的地以及下属各区域、城镇、乡村和旅游地相关企业中，进行成果宣传和推介，将成果作为员工培训的教材，提升旅游从业人员的好客度。同时，成果作为在社区和学校中进行"全民好客"教育的文化宣传和推广资料。旅游目的地好客精神的塑造需要全社会的共同努力。在社区中通过公益讲堂和公益活动，促使学校和社区对好客文化的重要性形成正确认识，培养居民的好客观念，最终形成"全民好客"的文化氛围。

第三节　旅游目的地好客度评价指标初步研究

一、研究设计

（一）问卷设计

如前所述，从游客的角度来看，旅游目的地好客精神具体体现为游客到目的地旅游之后对旅游目的地总体好客现状的评价。那么，游客具体会用哪一些词汇来表达目的地的好客度，目前相关的研究不多。

本书首先采用非结构性问卷进行调查。非结构问卷又称开放式问卷。这种问卷只提出问题，不列答案，由被调查者根据自己的情况自由回答。非结构式问卷有利于发挥被调查者的主动性，被调查者在回答问题的过程中，可以畅所欲言，充分表达自己的观点、想法，研究者从而得到比较真实的答案。它比较适合于探索性研究。非结构性问卷调查在旅游研究中使用也比较广泛。例如在游客对旅游目的地形象感知研究中，经常使用非结构性调查问卷方法（Pike，2004）。国内外不少学者也都有使用这种研究方法了解游客对旅游目的地感知形象的要素构成（Echtner et al.，1993；Andersen et al.，1997；李玺等，2011；柴寿升等，2016；马明，2008a，2009；杨永德等，2007）。

本书设计了以下两个问题进行研究。设计的问题如下：第一，当您评价某一旅游目的地"好客"时，会用哪一些词汇？写出五个；第二，当您评价某一个旅游目的地"不好客"时，会用哪一些词汇？写出五个。

（二）调查实施

由于本次调查主要了解游客评价某一旅游目的地"好客"或"不好客"时会用哪一些词汇，并不针对某一个具体的目的地。根据方便性原则，在山东省泰安市旅游景区（点）、高校随机对被访者进行调查。发放问卷200份，回收问卷130份，有效问卷130份，回收率65%，有效率65%。

（三）数据分析方法

采用内容分析法对文本数据进行分析。内容分析法（content analysis、textual analysis）最早运用于18世纪的瑞典，自1930年随着宣传分析和传播研究的发展而兴起。此方法最先被用在对报纸进行内容分析的研究中（刘毅，2006）。

内容分析法是客观系统并量化地描述显性的传播内容的一种研究方法（Berelson，1952）。该定义经常被人们引用，它概括了内容分析法处理信息内容的过程，客观系统地以量化的方式处理文本，以及要聚焦于文本内容的显性（或者外延的，或共享的）意义（其反面是隐含的，或潜在的意义）的重要规范（里夫等，2010）。系统性、客观性和量化性是内容分析法的三大基本特征。也就是说，内容分析法透过量化的技巧和质的分析，以客观和系统的态度对文件内容进行研究和分析，分析信息传播内容中各种语言和特性，从无关冗余的数据中提炼出有意义的部分。不仅分析信息传播内容的讯息，而且分析信息传播内容对于整个信息传播过程所发生的影响，借以推论产生该项内容的环境背景和意义的一种研究。因此，作为一种全新的研究方法，内容分析法在很多方面都不同于传统方法，例如，从方法属性看，它虽然被列为社会科学研究方法，但明显受到自然科学研究方法的渗透影响，例如，对文本的量化分析、计算机软件的使用等；从方法特点看，它既有独特的个性，又处处显示出交叉性、边缘性、多样性（邹菲，2004）。

对本次调查的文本数据的内容分析包括以下几个步骤：

第一步，对文本进行预处理，减少信息冗余，提高分析的准确性和效率。一是过滤文本中没有实际意义的词汇，例如叹词"啊""哦""呀""啦"等属于停用词，是噪声数据，会干扰数据分析的准确性，给予删除处理。二是替换意义相近的词汇，由于中文词汇中，一个意思会有多种不同的表达词汇，通过词汇替换可以使得文本的表达更清晰，含义指向更加集中精练。

第二步，文本高频词分析。一是使用 ROST 内容挖掘软件（ROST content mining，以下简称"ROST"），对预处理的文本进行高频词分析，快速提取旅游目的地好客与不好客描述的高频特征词和频数，初步了解游客对旅游目的地好客与不好客评价的基本特征。二是使用词云生成器制作词云图，将文本数据进行可视化呈现。词云图，也叫文字云，就是指一些随机排列的关键词，按一定的排列方式组合成一张图，使得画面更加的有趣，而关键词在词云图中的大小占比，就反映了这个关键词的重要程度。换句话说，词云图是对文本中出现频率较高的"关键词"予以视觉化的展现，形成"关键词云层"或"关键词渲染"，从而过滤掉大量的非关键词文本信息，通过词云图快速了解文本隐含的关键意义。

第三步，文本语义网络分析。使用 ROST 内容挖掘软件，对预处理的文本进行语义网络分析。语义网络分析是指筛选统计出高频词以后，以高频词两两之间的共现关系为基础，将词与词之间的关系进行数值化处理，再以图形化的方式揭示词与词之间的结构关系，以便进一步了解关键词具体内容之间的关系。换句话说，基于这样一个语义网络结构图，可以直观地对高频词的层级关系、亲疏程度以及对好客评价影响的重要程度等进行分析。

二、旅游目的地"好客"感知要素分析

（一）旅游目的地"好客"感知的文本预处理

将有效问卷样本复制到文本文档，在仔细阅读文本的基础上，进行文本预处理。

第一步，删除无关词汇。例如"哎呀""哦""了"等没有实际意义属于停用词的词汇给予删除。"有礼貌""有爱心"的"有"字删除。另外由于本次调查选择在山东省泰安市进行，样本中也出现了少数"山东"（2次）以及"好客山东"（3次）的描述，这可能与山东是我国第一个以"好客"作为品牌定位进行宣传的旅游地有关。这两个词属于与本次调研目标无关的名词，给予删除。

第二步，对意义相近的词汇进行替换。为了保证词频数据能够相对集中，避免由于不同游客对同一问题表达上的差异造成词频过分分散，对文本进行预先替换处理。基本原则是，意义明显相近的，尽量保留游客描述频次比较多的词汇，将描述频次比较少的词汇进行替换。方法是，使用 Word 文本文档中的替换功能进行。例如，将"接待"替换为"服务"；将"不讲方言"替换为"讲普通话"；将"坦诚相待""诚心诚意""厚道""诚恳""诚实"替换为"诚信"；将"和蔼可亲""亲和""亲和力""人情味"替换为"亲切"；将"友爱""有爱心""善良""友好"等表达统一替换为"友善"；将"热忱""满腔热忱""好热情""热情洋溢""热情奔放""盛情难却"等表达统一替换为"热情"。另外，如果一个词语虽然与其他词汇意思相近，但是出现的频次超过 5 次，也不进行替换，目的是尽量保留样本的原始描述词汇。例如，"热心""热心肠"与"热情"意思接近，但由于这两个词的频次都超过 5 次，也不进行替换。对修正后的文档另存为另一个文件，用于进一步分析。

（二）旅游目的地"好客"感知要素高频词分析

采用 ROST 软件对修正后的文档进行内容分析。旅游目的地"好客"感知的要素高频词见表 3-1。表 3-1 中根据频次数由高到低排序最终选取了

频次大于 5 的前 21 个关键词作为分析的变量，用以提炼旅游目的地"好客"感知的要素高频关键词，初步了解游客对旅游目的地"好客"感知各要素的重视程度。从表 3-1 可以看出，前 21 个高频词中，大致可以分为以下几类。一是态度和行为上的好客，占了大部分的描述，包括热情（149 次）、友善（38 次）、服务（30 次）、诚信（23 次）、无微不至（23 次）、亲切（20 次）、大方（19 次）、热心（16 次）、朴实（16 次）、主动（15 次）、周到（13 次）、礼貌（11 次）、态度（9 次）等；二是语言上的好客，包括讲普通话（10 次）；三是表情上的好客，包括微笑（9 次）；四是基础设施方面的好客，包括完善（10 次）、基础设施（7 次）、环境（7 次）；五是目的地好客导致的结果，也就是游客的感知结果评价，包括宾至如归（25 次）、好客（14 次）、流连忘返（5 次）。以上前三项与当地人的好客表现有关，第四项则与目的地的整体环境氛围有关。

表 3-1　　　　　　旅游目的地"好客"感知要素高频词分析

排序	特征词	频次	游客的具体描述
1	热情	149	热情、热忱、满腔热忱、热情洋溢、好热情、热情奔放、盛情难却
2	友善	38	友善、善良、友爱、爱心、友好、互帮、互助、接纳、关怀
3	服务	30	服务、接待、招待、款待
4	宾至如归	25	宾至如归
5	诚信	23	诚信、真诚、厚道、诚恳、诚实、坦诚相待、诚心诚意、情深义重、实在、憨厚、真实
6	无微不至	23	无微不至、细心、耐心、关怀备至、贴心
7	亲切	20	亲切、和蔼可亲、温暖、温馨
8	大方	19	大方、豪迈、慷慨、豪爽、大度、爽快
9	热心	16	热心、热心肠、乐于助人、帮助
10	朴实	16	朴实、淳朴、质朴、朴素
11	主动	15	主动、有求必应、积极
12	好客	14	好客
13	周到	13	周到
14	礼貌	11	礼貌、彬彬有礼、涵养、客气

排序	特征词	频次	游客的具体描述
15	完善	10	完善
16	普通话	10	讲普通话、不讲方言、交流、交际
17	微笑	9	微笑
18	态度	9	态度
19	基础设施	7	基础设施
20	环境	7	环境、民风
21	流连忘返	5	流连忘返、以后还来、我还要再去

为了将"好客"感知要素的文本数据进行可视化呈现，使用词云生成器制作词云图，通过词云图对文本中游客有关"好客"描述词汇出现频率较高的"关键词"予以视觉化的展现。从图3-1的视觉渲染呈现云图可以看出，对旅游目的地"好客"感知的要素中，第一关键词是热情，其视觉大小排在第一位，表3-1中149频次的出现率（排在第一位）也说明了这一点。第二关键词是宾至如归，其视觉大小排在第二位，表3-1中频次较高（25次，排在第四位），说明目的地的好客达到的最终结果，会使客人体会到一种"宾至如归"的感觉。视觉大小排在第三位的关键词较多，包括无微不至、友善、友好、服务周到、亲切、微笑、诚信、善良、好客、大方、讲普通话、热心等，涵盖了目的地居民个体好客表达的具体表现方式。视觉大小排在第四位的关键词分为两类：一类是目的地居民个体好客表达的具体表现方式，例如，真诚、诚信、主动、态度好、朴实等；另一类是目的地社会环境好客表达的具体表现方式，例如，基础设施完善。

（三）旅游目的地"好客"感知要素语义网络分析

语义网络分析是以旅游目的地"好客"感知要素词汇的两两之间的共现关系为基础，将词与词之间的关系数值化处理，再以图形化的方式揭示词与词之间的结构关系，以便进一步了解旅游目的地"好客"感知要素具体内容之间的关系。旅游目的地"好客"感知要素语义网络图见图3-2。

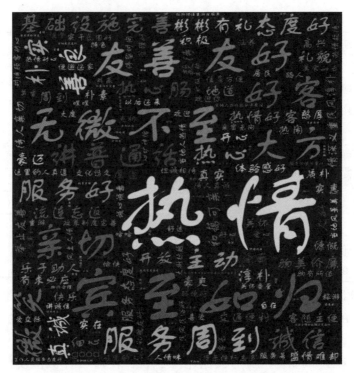

图 3－1　旅游目的地"好客"感知要素词云图

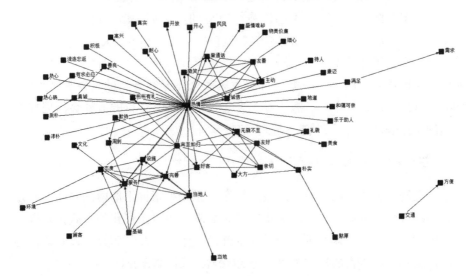

图 3－2　旅游目的地"好客"感知要素语义网络图

首先，旅游目的地"好客"感知要素中，"热情"一词的中心度最高，图 3-2 显示，除了有一组词即"交通—方便"与"热情"没有关联外，其他绝大部分词汇均是以"热情"这个词为中心展开的，也说明游客的"热情"感知是评价旅游目的地"好客"的核心要素。

其次，图 3-2 显示，大部分词汇与"热情"是直接关联，例如，图中的"宾至如归""彬彬有礼""微笑""善良""耐心""积极""真实""开放"等。说明目的地表现出来的这些词汇与游客感知到的"热情"要素直接相关，另外还有少量的词汇（如憨厚、当地、基础、环境、顾客、需求）与"热情"是间接关联，具体表现为"热情—态度—环境""热情—设施—服务—顾客""热情—设施—基础""热情—完善—基础""热情—当地人—当地""热情—无微不至—友好—朴实—憨厚""热情—诚信—满足—需求"等关联关系，这说明，当地人是否憨厚和朴实、目的地基础设施是否完善、目的地是否满足顾客需求等并不直接与游客的"热情"感知相关，但是会通过其他因素间接影响游客的感知。

再次，通过语义网络聚类可以看出，除了与"热情"关联的第一核心中心集群外，与"宾至如归"关联的词汇形成了第二核心中心集群。说明"宾至如归"既是游客感知目的地是否"热情"的要素，也是游客感知目的地是否"好客"的结果评价。另外，"宾至如归"内部又形成了更小的语义网络圈。例如，词汇"好客—宾至如归—无微不至—友好—亲切"形成语义网络圈，可以推断认为，目的地居民表现出来的"无微不至"与亲切友好的好客行为与"宾至如归"密切关联。再如，以"宾至如归"为中心，词汇"彬彬有礼—款待—周到—服务—当地人—好客—无微不至—热情"形成语义网络圈，可以推断认为，目的地居民表现出来的对客人的款待、周到服务、彬彬有礼与"宾至如归"密切关联。又如，以"服务"为中心，词汇"基础—设施—完善—服务—当地人—态度—环境"形成语义网络圈，可以推断认为，目的地居民表现出来的服务态度，以及目的地社会的基础设施完善程度等同时体现了目的地的整体好客环境和氛围，是游客体验目的地好客的重要因素。这也进一步暗示，目的地的好客除了以当地人表现出来的好客为主要因素外，目的地的基础设施、环境氛围也是游客感知好客的另一个方面。

最后，词汇"微笑—普通话—友善—主动—诚信"形成语义网络圈，可以推断认为，目的地居民表现出来的微笑表情，以及使用游客能够理解和便于沟通的语言①，这些都能够使游客感知到目的地居民的主动和友善，是一种诚信的表现，与游客感知到的热情好客密切关联。

三、旅游目的地"不好客"感知要素分析

（一）旅游目的地"不好客"感知的文本预处理

将有效问卷样本复制到文本文档。在仔细阅读文本的基础上，进行文本预处理。

第一步，删除无关词汇。例如"啦""了""无""一般""我"等没有实际意义属于停用词的词汇给予删除。删除"很差"的"很"字，"比较冷漠"的"比较"二字。

第二步，对意义相近的词汇进行替换。为了保证词频数据能够相对集中，避免由于不同游客对同一问题表达上的差异造成词频过分分散，对文本进行预先替换处理。基本原则是，意义明显相近的，尽量保留游客描述频次比较多的词汇，将描述频次比较少的词汇进行替换。方法是，使用 Word 文本文档中的替换功能。例如，将"坑消费者"替换为"欺骗"；将"葛朗台""小气""抠门""斤斤计较"替换为"吝啬"；将"物价高""物价很贵""价格很贵""昂贵""超贵"等表达统一替换为"物价贵"。另外，ROST 软件内容分析会经常自动过滤否定词"不"字，因此在尽量保持原有意思的基础上将带有"不""没"字的形容词进行同义词的替换。例如将"素质不高"替换为"素质差"；"态度不好"替换为"态度差"；"治安不好"替换为"治安差"；"不诚信"替换为"欺骗"；"没礼貌"替换为"粗鲁"；"设施不完善""设施不完备""设施匮乏""设施不全面"替换为"设施缺乏"。

另外，如果一个词语虽然与其他词汇意思相近，但是频次超过 5 次，也不进行替换，目的是尽量保留样本的原始描述词汇。例如，"冷淡"与"冷漠"意思接近，但由于两个词的频次超过 5 次，也不进行替换，其他频次低于 5 次且这两个词意思相近的词汇则根据体现出来的"冷淡"程度的不同分别归入这两个词汇，例如，把"不和蔼""不亲切""不欢迎""不热情"

---

① 本次调查为国内游客，所以文本中有"讲普通话""不讲方言"的词汇。

"不热心""无视""无感""不乐于助人""不冷不热""冷落""没有笑容"等表达统一替换为"冷淡";例如,把"冷酷""冷脸""淡漠""漠然置之""拒人千里""冷若冰霜""目中无人""漠不关心""冷酷无情""不互帮""不互助""没有人情味"等表达统一替换为"冷漠"。对修正后的文档另存为另一个文件,用于进一步分析。

(二)旅游目的地"不好客"感知要素高频词分析

采用 ROST 软件对修正后的文档进行内容分析。旅游目的地"不好客"感知的要素高频词见表 3-2。表 3-2 中根据频次数由高到低排序,最终选取了频次大于 5 次的前 22 个关键词作为分析的变量,用以提炼旅游目的地"不好客"感知的要素高频关键词,初步了解游客对旅游目的地"不好客"感知各要素的重视程度。从表 3-2 可以看出,前 22 个高频词中,大致可以分为以下几类。一是态度和行为上的不好客,占了大部分的描述,包括冷漠(89 次)、冷淡(42 次)、态度(27 次)、排外(23 次)、服务(21 次)、不理(20 次)、宰客(20 次)、歧视(17 次)、欺骗(13 次)、粗鲁(12 次)、敷衍(11 次)、恶劣(8 次)、野蛮(8 次)、不周(5 次)等;二是基础设施方面的不好客也占了一部分,包括设施(11 次)、缺乏(10 次)、基础(6 次)、环境(6 次);三是表情上的不好客,包括嘲笑(1 次)和没有笑容(1 次),分别被归纳到特征词"歧视"和"冷淡";四是语言上的不好客,包括冷嘲热讽(1 次)被归纳到特征词"歧视"中;五是不好客导致的结果,即游客会"不来"(6 次);六是清晰指出了好客的主体和客体,其中主体"当地人"被提及 9 次,客体"游客"被提及 5 次。通过以上高频词分析可以看出,游客不好客的感知主要表现为当地人的不好客的态度和行为。另外,目的地的基础设施缺乏、整体环境氛围差也影响游客对目的地不好客的感知。旅游目的地不好客导致的结果是游客的满意度、忠诚度降低,会不再重游或者传播负面口碑,劝说别的游客"别去"(1 次)。

表 3-2   旅游目的地"不好客"感知要素高频词分析

排序	特征词	频次	游客的具体描述
1	冷漠	89	冷漠、冷酷、冷脸、淡漠、不互帮、不互助、没有人情味、漠然置之、拒人千里、冷若冰霜、目中无人、漠不关心、冷酷无情

排序	特征词	频次	游客的具体描述
2	冷淡	42	冷淡、不和蔼、不亲切、不欢迎、不热情、不热心、无视、无感、不乐于助人、不冷不热、冷落、没有笑容
3	态度	27	态度差、态度坏、态度不好、态度恶劣
4	排外	23	排外、排斥、不友善、不善良、不搭理外来者、欺生、欺客、冷眼相对、接纳性不强
5	服务	21	服务、服务不周到、服务不热情、服务不好、服务态度差、服务态度恶劣、服务欠缺、服务差、不注重游后服务
6	不理	20	爱答不理、爱理不理、待理不理
7	宰客	20	宰客、黑、黑心、黑车、黑店、黑导游、黑商、黑名单、敲诈、坑人
8	歧视	17	歧视、冷嘲热讽、高傲、另眼相看、嘲笑
9	欺骗	13	欺骗、不诚实、坑蒙拐骗
10	粗鲁	12	粗鲁、没礼貌、不礼貌
11	敷衍	11	敷衍、敷衍搪塞、敷衍了事、草草了事
12	设施	11	设施、基础设施、游玩设施、娱乐设施、服务设施
13	吝啬	11	吝啬、葛朗台、小气、抠门、斤斤计较
14	缺乏	10	缺乏
15	当地人	9	当地人、人、居民
16	恶劣	8	恶劣
17	野蛮	8	野蛮、蛮横、粗暴、跋扈、强硬
18	环境	6	环境不好、环境差、环境有待改善、污染环境、环境低迷
19	基础	6	基础设施
20	不来	6	再也不来、再也不去、不想再来、别去、不再重游
21	不周	5	不周到、服务不周、服务不周到、服务人员不周到
22	游客	5	游客

制作词云图，对文本中出现频率较高的与"不好客"有关的"关键词"予以视觉化的展现。从图3-3的视觉渲染呈现云图可以看出，对旅游目的地"不好客"感知的要素中，第一关键词是冷漠，其视觉大小排在第一

位，表 3－2 中 89 频次的出现率（排在第一位）也说明了这一点。第二关键词是冷淡，其视觉大小排在第二位，表 3－2 中频次较高（42 次，排在第二位）。以上说明当地人在态度和行为中表现出来的冷淡、冷漠是游客感知的目的地不好客的主要因素。视觉大小排在第三位的关键词较多，包括宰客、排外、歧视、吝啬、欺骗、敷衍、爱答不理等，涵盖了目的地居民个体好客表达的具体表现方式。视觉大小排在第四位的关键词分为三类：一是目的地居民个体不好客的具体表现方式，如野蛮、粗鲁、服务态度差（态度恶劣）、歧视游客、价格贵等；二是环境不好客的具体表现方式，如基础设施缺乏；三是不好客导致的结果，即再也不来。

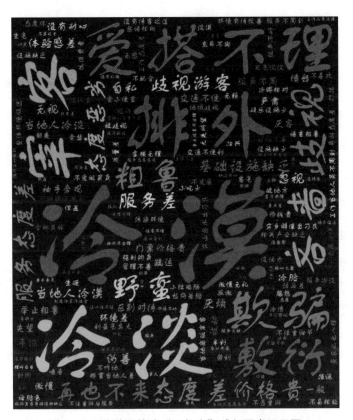

图 3－3 旅游目的地"不好客"感知要素词云图

（三）旅游目的地"不好客"感知要素语义网络分析

旅游目的地"不好客"感知要素语义网络图见图 3 - 4。

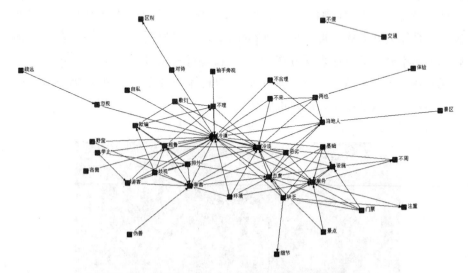

图 3 - 4　旅游目的地"不好客"感知要素语义网络图

首先，旅游目的地"不好客"感知要素中，"冷漠"和"冷淡"这两个词的中心度最高，图 3 - 4 显示，除了有一组词即"交通—不便"与"冷漠"和"冷淡"没有关联外，其他绝大部分词汇均以"冷漠"和"冷淡"这两个词为中心展开，呈现直接关联或者间接关联的关系，也说明游客的"冷漠"和"冷淡"感知是评价旅游目的地"好客"的核心要素。

其次，图 3 - 4 显示的语义网络聚类可以看出，旅游目的地"不好客"感知要素语义网络纵横交织，不同词汇既相互关联又各自形成新的语义网络圈。除了与"冷漠""冷淡"关联的第一核心中心集群外，词汇欺骗、粗鲁、歧视、排外、宰客、服务、态度、设施、缺乏等又形成了第二核心中心集群，并且词与词之间关系复杂，节点较多，错综复杂。这说明，旅游目的地这些"不好客"词汇互相关联、互相作用、互相影响，导致了旅游目的地"不好客"的整体感知。总体上看，旅游目的地"不好客"感知的要素中，目的地居民表现出来的"不好客"的服务态度和行为，以及目的地社会的基础设施缺乏等互相影响，同时反映了目的地整体的"不好客"环境。这也进一步暗示，目的地的不好客除了主要以当地人表现出来的不好客为主以外，目的地基础设施缺乏、环境氛围差也是游客感知不好客的另一个重要因素。

四、旅游目的地好客度评价指标的初步确定

通过以上非结构性问卷调查和分析，可以看出，从游客感知的角度来看，旅游目的地"好客"或"不好客"的影响因素可以大致分为以下两大类。

一是目的地居民表现出来的个体性"好客"或"不好客"行为，这是主要因素。其中与"好客"相关的高频关键词，如热情、友善、服务、诚信、无微不至、亲切、大方、热心、朴实、主动、周到、礼貌、态度、普通话和微笑等；与"不好客"相关的高频关键词，如冷漠、冷淡、态度、排外、服务、不理、宰客、歧视、欺骗、粗鲁、敷衍、恶劣、野蛮、不周、嘲笑和没有笑容等。

二是目的地整体环境表现出来的社会性"好客"或"不好客"氛围。这也是目的地不可忽视的因素。其中与"好客"相关的高频关键词，如基础设施、完善、环境等。

因此，对旅游目的地好客指标进行初步确定。旅游目的地好客指标包括个体性的待客心态和社会性的友好氛围两个方面，它由当事主体（东道主）以某些方式加以反映和展现，并由游客对在旅游目的地整个旅游活动过程中的具体体验评价来衡量。

（一）个体性好客的行为表现

个体性好客的行为表现，是指当地人（包括旅游从业人员和非从业人员）面对面接触游客的过程中所表现出来的好客行为。归纳为以下几个方面。

1. 主动服务

服务就是满足别人期望和需求的行动、过程及结果。主动服务是指个体在为他人服务时表现出来的热情、周到、耐心、细致的服务欲望。旅游从业人员的主动服务意识则体现在为游客提供服务的所有旅游业员工与游客的交往中。主动服务意识是一种良好的职业习惯，具有服务意识的人，能够把个

人利益的实现建立在为他人服务的基础之上，能够把利己和利他行为有机协调起来，常常表现出"以别人为中心"的倾向，急别人之所急，想别人之所想。游客到旅游目的地旅游，能否体会目的地居民主动为客人服务的这种态度是十分重要的，它是游客对目的地好客精神评价的基础。

2. 微笑待人

微笑是在人与人之间，表示愉悦、欢乐、幸福或乐趣的一种方式；它体现了人类最真诚的相互尊重与亲近。由于微笑不分文化、种族或宗教，每个人都能理解，因此成为国际通用的礼仪。跨文化研究表明，面带微笑是世界各地情感沟通的最重要手段之一。在旅游业中，服务过程都是服务人员与游客当面接触的过程。在面对面传递信息方面，表情往往会先于语言，善意的微笑是最直观的友好示意。因此，服务人员的微笑很大程度上直接影响游客对该地的印象与评价，微笑待人是很重要的环节。

3. 态度亲切

态度和善不仅有助于主客双方的交流，而且有助于避免有可能产生的误解。和善的举止和言谈带给游客愉快的旅行经历。面对游客的疑问，要热情回应并且要主动帮助解决问题，游客在遇到问题时就不会那么束手无措。更进一步，游客在旅游过程中总会遇到一些意想不到的问题，此时与游客接触的人员如果主动出谋划策，热情帮助客人解决疑难问题，游客在旅行过程中的经历就会更加难忘。

4. 肢体语言友善

肢体语言（又称身体语言）是指通过面部、肢体等人体各部位的协调活动来与游客进行沟通，传达思想（孙素等，2010）。一直以来，非语言沟通被认为是有效沟通的重要维度（Ingram et al.，2008）。如果说语言沟通涉及信息自身的语义，那么非语言沟通则要求人们还要注意更为抽象的信息传递方式。一般情况下，肢体语言是伴随着语言中相关的词语和符号一起出现的，是人们有意识和无意识的反应、动作的集合（Ingram et al.，2008）。有研究表明，个体向他人传递信息时，语言只占7%，声调占38%，其他55%的信息都需要由非语言的体态语言来传达，肢体语言所包含的信息超过语言所提供的信息，正所谓的"无声胜有声"（楚听，2020；张华，2017）。因此，在对客服务中，是否运用了正确的肢体语言来表示对客人的欢迎也是游客评价当地居民好客度的重要因素之一。

5. 使用标准语言

方言是一种独特的民族文化，每一个地方都有自己独特的方言，它传承千年，有着丰厚的文化底蕴，每个目的地一般也会有自己的方言。方言作为文化艺术，蕴含着浓厚的民族特色，也应被保护，但是从居民为游客服务的角度来看，如果游客听不懂方言就会和当地的居民之间产生沟通障碍，影响服务效率和效果。因此，从旅游目的地的角度出发，普通话作为人与人之间交流沟通的工具，应该得到大力普及，以方便双方之间的交流。另外，对于外国游客来说，能够使用客人的母语进行交流无疑更有利于主客双方的自由交流和沟通，为游客提供更好的服务。

6. 诚实无欺

"诚"是儒家为人之道的中心思想，是做人的基本准则。诚实无欺，也就是真实无欺，既不自欺也不欺人的意思。从商业经营的角度来看，"诚实无欺"主要有以诚待客、货真价实、公平买卖、信守合同、偿还借贷、不做假账等。商家只有以诚待客，方能赢得顾客盈门。现代社会急功近利，物欲横流，现代人虽利用科技创造了物质财富，但自己反被物质财富所奴役。有些人甚至认为见利忘义比中国传统美德如诚信无欺更为重要。当游客来到一个人生地不熟的环境，有的商家也往往为了一己私利损人利己、投机取巧，将道德规范、承诺信誉置之度外，做出欺骗游客的行为，损害游客的利益。因此，商家在面对利益诱惑时，是否做到诚实无欺也是好客精神的重要体现。

（二）社会性好客的氛围表现

社会性好客的氛围表现，是指游客在旅游目的地旅游活动过程中，除了主客面对面接触以外的其他环境因素创造的好客氛围的表现。例如完善的基础设施和公共设施等创造的好客氛围。归纳为以下几个方面。

1. 公共厕所

公共厕所指供城市居民和流动人口共同使用的厕所，包括公共建筑（如车站、医院、影院、超市、展览馆、博物馆、办公楼、广场等）附设的厕所，也包括城市道路上专门建设的厕所，还有景区专门为游客设计的旅游厕所。公共厕所满足了游客外出旅游过程中必需的生理需求，是旅游目的地建设的基础要件，也是体现当地社会公共服务和文明程度的窗口（郭安禧等，2016）。历年的游客满意度调查显示，旅游厕所一直是游客抱怨的焦点。戴斌

(2015) 研究指出，2014 年度旅游景区的各项抱怨指标中，游客对旅游厕所的抱怨排在第二位（23.30%），仅次于对景区门票性价比的抱怨（26.42%）。因此，公共厕所是我国旅游业最突出的薄弱环节，公共厕所问题不仅关乎游客的切身利益，而且关乎目的地的长远发展（郭安禧等，2017）。公共厕所体现的好客程度是游客感知目的地是否好客的因素之一。

2. 公共通信设施

公共通信设施是用于双方之间传话的一种设备。20 世纪公用电话产业在我国发展迅速，遍布全国各主要城市的机场、车站、码头、酒店、商业中心、景区等公共场所及主要繁华街道，极大地方便了当地居民和游客使用，特别是报警急救电话，在保障游客外出安全急救方面做出了巨大的贡献。随着科技的进步，手机的普及以及手机资费的不断降低，特别是智能手机的普及以及网络 Wi-Fi 无线局域网的使用，公用电话使用开始日益减少。但人们也意识到，公用电话亭并不是城市的鸡肋，而应该越来越多地去承担应急通话、投诉举报、紧急报警等诸多公共服务的职能。另外，遇到手机没电、被盗等突发情况时，公共电话亭也可以发挥其作用。因此，旅游目的地的各种通信设施，例如，公用电话、手机充电器、网络覆盖情况等公共通信设施体现的好客程度是游客感知目的地是否好客的因素之一。

3. 旅游咨询中心

旅游咨询中心也称为游客服务中心或游客中心，是旅游景区或城市中为游客（特别是散客）和市民提供诸如信息咨询、旅游投诉、紧急救援等服务的一种旅游设施。旅游咨询中心提供的服务包括：旅游形象宣传展示、旅游资料展示及发放、旅游问讯和投诉接待（电话及来访）、旅游紧急救援的上报等服务项目，旨在通过"一站式"服务帮助游客做出旅游决策，提供帮助，为游客出行提供便利。随着大众旅游时代的到来，游客身份、旅游空间、旅游活动的不断泛化和旅游产业的不断综合化，需要旅游目的地提供更完善的旅游公共服务体系支持，旅游咨询中心是旅游公共服务体系的重要组成部分（许忠伟，2014）。它对当地的旅游发展起到了至关重要的作用，也是成熟旅游目的地的重要标志之一（黄瑾等，2008）。因此，游客咨询中心体现的好客程度是游客感知目的地是否好客的因素之一。

第四节　旅游目的地好客度评价指标设计及模型确立

一、研究设计

为了客观、全面、科学地衡量旅游目的地好客度，基于层次分析法从游客感知的角度，建立旅游目的地好客度评价具体指标体系和模型，并采用德尔菲法最终确立旅游目的地好客度评价模型。

（一）层次分析法及步骤

旅游目的地好客度评价指标设计及模型最终确立采用层次分析法进行。层次分析法（analytic hierarchy process，AHP）是一种比较有效的定性与定量分析相结合的多目标评价决策分析方法（李一智，2003）。它是一种定性和定量相结合的、系统化、层次化的分析方法。这种方法的特点是在对复杂的决策问题的本质、影响因素及其内在关系等进行深入分析的基础上，利用较少的定量信息使决策的思维过程数学化，从而为多目标、多准则或无结构特性的复杂决策问题提供简便的决策方法，尤其适合于对决策结果难以直接准确计量的场合（张广海等，2012）。

使用层次分析法分为以下几个步骤：第一，对某一复杂的决策问题的具体表现进行深入和详细的分析，概括这一问题的本质特征。第二，对某一复杂的决策问题的影响因素、相互作用及其内在联系等进行深入分析。第三，建立层次分析的结构模型。要将有关的各个因素按照不同属性自上而下地分解成若干层次，并且需要详细厘清目标层下面同一个层次之间因素的独立性以及上下层次之间因素的从属关系。第四，对模型中各层次的指标的重要性进行评价，确立各指标的权重。第五，对模型中各层次的指标进行定量的数据化处理，使某一复杂决策问题的思维过程数字化（马明等，2020）。

（二）德尔菲法及步骤

德尔菲法（Delphi method）是一种系统地收集专家意见的方法（Dalkey

et al.，1963）。为了避免集体讨论存在的个人屈从于权威或少数盲目服从多数的缺陷，提高专家预测和判断的准确性，美国兰德公司的戈登（Gordon）、海尔默（Helmer）和达尔基（Dalkey）从 1950 年到 1963 年，主持了 14 次对专家预测方式的实验，专门研究"如何最好利用专家的意见"和"如何产生最可靠的预测"。试验命名为"德尔菲实验"（Project Delphi）。"德尔菲"一词来自古希腊的一个圣地，这里的神庙是人们为预知未来请求"神谕"的地方。德尔菲法用"德尔菲"一词，就有得到关于未来预测的意思（曾忠禄，2018）。

德尔菲法是面对高度不确定、复杂性的环境做预测和判断的最好方法（田军等，2004）。德尔菲法本质是以一种问卷的形式，采用背对背的通信方式对专家进行一种匿名反馈函的征询方法。这种方法的最大特点是匿名性、反馈性、多轮反复性和统计性（曾忠禄，2018）。该方法兰德公司最早是为军事目的而开发，现在已经进入企业、智库、政府机构、教育部门、医疗部门、研究部门等，被广泛应用于技术预见、研发决策、战略规划、企业管理和寻求共识等领域（曾忠禄，2018）。在旅游领域相关研究中，也有不少学者采用这一方法进行相关旅游现象的研究。例如：旷雄杰（2011）对中国漂流旅游发展影响因素的研究；韩国纲等（2015）对滑雪旅游目的地竞争力的影响因素的研究；陈平等（2012）对农家乐餐饮评级指标体系的研究；吕臣等（2015）对中国产品海外形象评价体系的研究等。

德尔菲法的大致流程如下：一是建立研究工作小组；二是根据研究问题设计调查表；三是根据研究问题选择专家；四是组织调查实施进行专家咨询；五是对专家意见进行整理、归纳和统计，重新设计调查表，并再次反馈给专家。然后根据专家意见情况重复上述流程进行再次反馈，直至得到一致的意见为止。一般根据问题的复杂情况，可以采取两轮或多轮不等的专家征询，直到最后获得统一意见为止。具体工作步骤见图 3-5。

二、基于游客感知的旅游目的地好客度评价模型建立

（一）探索性研究阶段

这一阶段主要工作是，根据前期的相关文献研究以及对游客的非结构性问

卷调查分析结果，初步确立基于游客感知的目的地好客度评价指标体系。

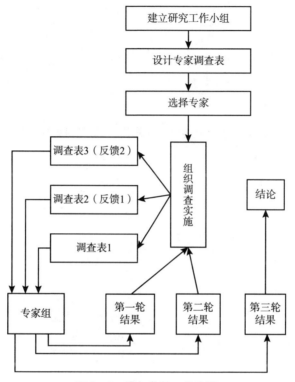

图3-5 德尔菲法工作步骤

1. 旅游目的地好客度评价二级指标的初步确定

在旅游目的地好客度评价二级指标的确定方面，根据前期研究（龚锐，2012；李天元，2006）以及本次研究的非结构性调查问卷的游客调查，初步确立两个二级指标：一是个体性好客行为；二是社会性好客氛围（见表3-3）。

2. 三级和四级指标的初步确定

一是个体性好客的行为表现的三级指标方面，主要根据游客在目的地旅游活动中可能接触到的各行各业的从业人员情况，分为7个方面，包括导游服务人员、景区服务人员、住宿服务人员、餐饮服务人员、购物服务人员、娱乐服务人员、交通服务人员等。四级指标方面，根据前期研究以及本次研究的非结构性调查问卷的游客调查，初步确立主动服务、面带微笑等6个指标（见表3-4）。

表3-3　　　　　旅游目的地好客度评价指标体系二级指标构成

一级指标	二级指标	参考来源
旅游目的地好客度评价指标	个体性好客行为	龚锐（2012）；李天元（2006）；本次研究
	社会性好客氛围	龚锐（2012）；李天元（2006）；本次研究

表3-4　　　　二级指标个体性好客的行为表现的三级和四级指标构成

二级指标	三级指标	参考来源	四级指标	参考来源
个体性好客行为	导游服务人员	李天元（2017）	主动服务	龚锐（2012）；李天元（2006）；马明等（2016）；本次研究
			面带微笑	
			态度亲切	
			肢体语言友善	
			诚实无欺	龚锐（2012）；李天元（2006）；马明等（2016）；本次研究
			使用标准语言	
	景区服务人员	李天元（2017）	主动服务	
			面带微笑	
			态度亲切	龚锐（2012）；李天元（2006）；马明等（2016）；本次研究
			肢体语言友善	
			诚实无欺	
			使用标准语言	
	住宿服务人员	李天元（2017）	主动服务	
			面带微笑	
			态度亲切	龚锐（2012）；李天元（2006）；马明等（2016）；本次研究
			肢体语言友善	
			诚实无欺	
			使用标准语言	

二级指标	三级指标	参考来源	四级指标	参考来源
个体性好客行为	餐饮服务人员	李天元（2017）	主动服务	龚锐（2012）；李天元（2006）；马明等（2016）；本次研究
			面带微笑	
			态度亲切	
			肢体语言友善	
			诚实无欺	
			使用标准语言	
	购物服务人员	李天元（2017）	主动服务	龚锐（2012）；李天元（2006）；马明等（2016）；本次研究
			面带微笑	
			态度亲切	
			肢体语言友善	
			诚实无欺	
			使用标准语言	
	娱乐服务人员	李天元（2017）	主动服务	龚锐（2012）；李天元（2006）；马明等（2016）；本次研究
			面带微笑	
			态度亲切	
			肢体语言友善	
			诚实无欺	
			使用标准语言	
	交通服务人员	李天元（2017）	主动服务	龚锐（2012）；李天元（2006）；马明等（2016）；本次研究
			面带微笑	
			态度亲切	
			肢体语言友善	
			诚实无欺	
			使用标准语言	

二是社会性好客的氛围表现的三级指标和四级指标方面。主要根据游客在目的地旅游活动中可能频繁接触到的，但是又并不是由从业人员或当地居民直接提供的一些场所营造的好客氛围。根据前期研究（马国亮，2015；郭

安禧等，2016；方世敏等，2016；许忠伟，2014；林涛，2007），以及本次研究的非结构性调查问卷的游客调查，初步确立社会性好客的氛围表现的三级指标和四级指标（见表3-5）。

表3-5　　　　二级指标社会性好客的氛围表现的三级和四级指标构成

二级指标	三级指标	参考来源	四级指标	参考来源
社会性好客氛围	公共厕所	本次研究	易于寻找	马国亮（2015）；郭安禧等（2016）；方世敏等（2016）；蒋婷等（2019）；本次研究
			舒适便捷	
			管理状况	
			环境清洁	
			是否免费	
	公用电话（手机充电器）	本次研究	设施完好	本次研究
			使用便利	
			价格公道	
			提示信息清晰易懂	
	旅游咨询中心	李天元（2006）	资料完善	许忠伟（2014）；林涛（2007）
			资料新颖	
			资料使用价值高	
			资料获取的便利程度	
			咨询热线便于知晓	

（二）正式研究阶段

这一阶段主要工作是根据德尔菲专家咨询，对指标进行修改和完善。专家咨询共有11位旅游方面的专家参与，包括景区从业人员（2人）、旅游部门管理者（2人）、旅游企业管理者（2人）、高校旅游管理专业教师（3人）、旅游管理专业研究生（2人）。

与探索性研究比较，大部分指标没有变化，少部分指标有了一些变化。

第一，二级指标方面。二级指标没有变化，有2位（18%）专家提出二级指标要把"基础设施好客"加入，经过讨论，认为二级指标"社会性好客的氛围表现"中，已经有了这方面的指标，本着指标简洁、独立的原则，没有增加。

第二，三级指标方面。一是二级指标"个体性好客的行为表现"的三级指标中，有6位（55%）专家提出建议，应该增加了"当地居民"这一指标，并指出，三级指标中的"当地居民"是狭义上的当地居民，主要指游客随意遇到的，并且是以非经营者身份出现的当地居民，应该增加到其中。因此增加了这一指标。二是二级指标"社会性好客的氛围表现"中的三级指标，有8位（73%）专家提出建议，即"公用电话（手机充电器）"描述不合理，网络发展后公用电话的存在虽然十分重要，但是增加了很多新的通信途径和方式（例如免费Wi-Fi），最后将这一指标改为含义较广的"公共通信设施"。

第三，四级指标方面。一是二级指标"个体性好客的行为表现"下属的8个要素的四级指标，"使用标准语言"描述改为"语言沟通顺畅"更贴切。二是二级指标"社会性好客的氛围表现"下属的三级指标"公共厕所"中的四级指标，有2位（18%）专家提出建议，即"管理状况"描述不合适，改为了"管理有序"；还有"是否免费"不合适，改为了"免费使用"。三是二级指标"社会性好客的氛围表现"下属三级指标"旅游咨询中心"中的四级指标"资料获取的便利程度"改为"资料获取便利"。

通过两轮德尔菲专家咨询，大家的意见基本一致后，最终确立基于游客感知的目的地好客度评价指标体系和模型（见表3-6）。该模型首先将旅游目的地好客度评价指标分解为两大方面：一是个体性好客的行为表现，即游客对在旅游过程中接触到的旅游目的地居民（包括旅游从业人员和非从业人员）的好客表现的感知；二是社会性好客的氛围表现，即游客对在旅游目的地旅游过程中接触到的社会环境中体现的好客氛围感知。然后，再将二级指标分解为三级指标。其中，个体性好客的行为表现，根据旅游活动过程的六大要素，行、食、住、游、购、娱，将游客接触比较频繁的人员分解为导游服务人员、景区服务人员、住宿服务人员、餐饮服务人员、购物服务人员、娱乐服务人员、交通服务人员、当地居民8个要素的好客程度进行评价；社会性好客的氛围表现，根据游客在旅游活动中使用频率较高的公共设施，将其分解为公共厕所、公共通信设施、旅游咨询中心3个要素的好客程度进行评价。最后，再将三级指标分解为可以具体操作和测量的四级指标。其中，有关个体性好客的行为表现的 8 个要素，即导游服务人员、景区服务人员、住宿服务人员、餐饮服务人员、娱乐服务人员、购物服务人员、交通服务人员、当地居民的好客表现主要从主动服务、面带微笑、态度亲切、肢体语言友善、诚实无欺、语言沟通顺畅 6 个方面进行测量。社会性好客的氛围表现的公共厕所好客程度方面，从易于寻找、舒适便捷、管理有序、环境清洁、免费使用 5 个方面进行测量；公共通信设施的好客程度方面，从设施完好、使用便利、价格公道、提示信息清晰易懂 4 个方面进行测量；旅游咨询中心的好客程度方面，从资料完善、资料新颖、资料的使用价值高、资料获取便利、咨询热线便于知晓 5 个方面进行测量。

因此，基于游客感知的旅游目的地好客度评价指标模型由 1 个一级指标，2 个二级指标，11 个三级指标，62 个四级指标构成，形成一个 4 个层次的 4 级叠加、逐级收敛的"旅游目的地好客度评价指标体系"和综合评价模型。

表 3-6　　　　　　　　旅游目的地好客度评价指标体系构成

一级指标	二级指标	三级指标	四级指标
居民好客度评价指标 H	个体性好客行为 H_1	导游服务人员 H_{11}	H_{111} 主动服务
			H_{112} 面带微笑
			H_{113} 态度亲切
			H_{114} 肢体语言友善
			H_{115} 诚实无欺
			H_{116} 语言沟通顺畅
		景区服务人员 H_{12}	H_{121} 主动服务
			H_{122} 面带微笑
			H_{123} 态度亲切
			H_{124} 肢体语言友善
			H_{125} 诚实无欺
			H_{126} 语言沟通顺畅
		住宿服务人员 H_{13}	H_{131} 主动服务
			H_{132} 面带微笑
			H_{133} 态度亲切

一级指标	二级指标	三级指标	四级指标
居民好客度评价指标 H	个体性好客行为 H_1	住宿服务人员 H_{13}	H_{134} 肢体语言友善
			H_{135} 诚实无欺
			H_{136} 语言沟通顺畅
		餐饮服务人员 H_{14}	H_{141} 主动服务
			H_{142} 面带微笑
			H_{143} 态度亲切
			H_{144} 肢体语言友善
			H_{145} 诚实无欺
			H_{146} 语言沟通顺畅
		购物服务人员 H_{15}	H_{151} 主动服务
			H_{152} 面带微笑
			H_{153} 态度亲切
			H_{154} 肢体语言友善
			H_{155} 诚实无欺
			H_{156} 语言沟通顺畅
		娱乐服务人员 H_{16}	H_{161} 主动服务
			H_{162} 面带微笑
			H_{163} 态度亲切
			H_{164} 肢体语言友善
			H_{165} 诚实无欺
			H_{166} 语言沟通顺畅
		交通服务人员 H_{17}	H_{171} 主动服务
			H_{172} 面带微笑
			H_{173} 态度亲切
			H_{174} 肢体语言友善
			H_{175} 诚实无欺
			H_{176} 语言沟通顺畅

一级指标	二级指标	三级指标	四级指标
居民好客度评价指标 H	个体性好客行为 H₁	当地居民 H₁₈	H₁₈₁ 主动服务
			H₁₈₂ 面带微笑
			H₁₈₃ 态度亲切
			H₁₈₄ 肢体语言友善
			H₁₈₅ 诚实无欺
			H₁₈₆ 语言沟通顺畅
	社会性好客氛围 H₂	公共厕所 H₂₁	H₂₁₁ 易于寻找
			H₂₁₂ 舒适便捷
			H₂₁₃ 管理有序
			H₂₁₄ 环境清洁
			H₂₁₅ 免费使用
		公共通信设施 H₂₂	H₂₂₁ 设施完好
			H₂₂₂ 使用便利
			H₂₂₃ 价格公道
			H₂₂₄ 提示信息清晰易懂
		旅游咨询中心 H₂₃	H₂₃₁ 资料完善
			H₂₃₂ 资料新颖
			H₂₃₃ 资料使用价值高
			H₂₃₄ 资料获取便利
			H₂₃₅ 咨询热线便于知晓

三、具体指标权重确定

确定指标权重就是对各指标的重要性进行评价，指标越重要，其权重就越大。权重一般要进行归一化处理，使之介于 0～1 之间，各指标权重之和等于 1。另外，对于权重而言，权重值越大，则表明其在所有指标中的相对重要性越大。

一般地，根据原始数据的来源不同，确定指标权重的方法分为主观赋权法和客观赋权法两类。主观赋权法是指根据人们主观上的判断来决定权重，主要有两两评分法、德尔菲法等。客观赋权法是根据各个指标的数据进行标准化处理，然后按照一定的规则进行权重的自动赋值，主要有主成分分析法、熵值法等。

本书最初采用结合层次分析法和德尔菲法的方法来确定指标的权重（杨忠全等，1995）。主要包括以下几个步骤：第一步，在专家咨询的基础上设计指标体系；第二步，根据指标体系设计调查问卷；第三步，请专家对调查问卷的指标进行权重打分，并征询专家对指标设计的具体意见；第四步，综合专家的具体意见与专家打分，最终确定权重（马明等，2020；马明等，2011a；徐蔼婷，2006；杨忠全等，1995）。

第一轮专家咨询共有11位旅游方面的专家参与。在收集问卷之后，发现有超过2/3的专家（8位，73%）提出了以下建议：第一，个体性好客的8个方面（导游服务人员、景区服务人员、住宿服务人员、餐饮服务人员、购物服务人员、娱乐服务人员、交通服务人员、当地居民）的四级指标相同，均为主动服务、面带微笑、态度亲切、肢体语言友善、诚实无欺、沟通顺畅6个四级指标，并且这6个方面对于构成人员的好客表现都非常重要，如果使用权重，建议这6个四级指标权重相等比较合适，也便于后续不同岗位从业人员之间的对比。第二，随着人们对好客内涵理解的延展和社会经济科技的发展，游客需求的变化，人们对原有模型中同一指标的重要程度认知会发生变化，而且模型在未来可能会增加新的指标，或者有可能删除一些原有的指标。因此本次权重的确定只适用于当前的研究。但是也有少数不同的看法，有3位（27%）专家提出基础性的二级指标，即个体性好客行为和社会性好客氛围应该确立不同的权重。因此，根据以上建议，本次研究设定各指标的权重是相等的。

四、旅游目的地好客度指数划分

根据对游客进行问卷调查和各种途径收集的资料，可以获得游客对旅游目的地好客度的评价，由此计算旅游目的地好客度指数。本研究主要采用李克特7点量表法（"1" = "非常不同意"，"7" = "非常同意"）对游客进行问卷调查获得数据，因此，直接采用原始数据对旅游目的地好客度进行等级划分。

计算的结果越接近于7，好客度指数越高；结果越接近于0，好客度指数越低。实际进行旅游目的地好客度评估时，将上述旅游目的地好客度指数划分为5个级别，具体的判别可参照表3-7的标准进行。

表3-7　　　　　　　　旅游目的地好客度指数划分

等级	绩效评估	指标特征
[0~2)	非常差	各项指标游客评价非常差，或者与竞争对手比较处于严重劣势状态，需要花费非常大的努力加强旅游目的地好客度的管理
[2~4)	较差	各项指标游客评价较差，或者与竞争对手比较处于劣势状态，需要花费很大的努力加强旅游目的地好客度的管理
[4~5)	中等	各项指标游客评价一般，或者与竞争对手比较处于中等状态，需要在原有基础上继续进一步努力，加强旅游目的地好客度的管理
[5~6)	良好	各项指标游客评价较好，或者与竞争对手比较处于良好状态，需要继续保持绩效，加强旅游目的地好客度的管理
[6~7)	优秀	各项指标游客评价非常好，或者与竞争对手比较处于优势状态，目前旅游目的地好客度的管理工作非常成功

第四章

基于游客感知的山东好客度评价研究方法

第一节　问卷设计与翻译

一、问卷设计

根据研究目的，结合表3－6建立的《旅游目的地好客度评价指标》及模型，进行问卷设计。问卷设计中主要包括了以下几个方面。

（一）游客的个人基本信息

问卷的第一部分是游客的个人基本信息部分。

表4－1是国内游客的个人信息调查表。主要包括性别、年龄、学历、职业、家庭平均月收入、来自哪里等。其中，性别、年龄、学历、职业、家庭平均月收入，要求被调查者在符合情况的选项后打"√"。"来自哪里"这一项，中文问卷要求被调查者填写省份。

表4-1　　　　　游客个人基本信息调查问卷（中文问卷）

性别：男 □　　女 □　　来自哪里：＿＿＿＿＿＿＿省

年龄	学历	职业		家庭平均月收入
20岁以下 □	初中或以下 □	公务员 □	农业工作者 □	3000元以下 □
20~29岁 □	高中或中专 □	科技/技术人员 □	离退休人员 □	3001~6000元 □
30~39岁 □	专科 □	经商/商务工作者 □	军人 □	6001~9000元 □
40~49岁 □	本科 □	教师 □	家庭主妇 □	9001~1.2万元 □
50岁及以上 □	研究生或以上 □	学生 □	其他职业 □	1.2万元以上 □
		企业/公司职员 □		

表4-2是国外游客的个人信息调查表。内容基本相同，区别是，外文问卷"来自哪里"这一项，问卷的问题为"来自哪个国家"，要求被调查者填写国籍。

表4-2　　　　　游客个人基本信息调查问卷（外文问卷）

性别：男 □　　女 □　　来自哪个国家：＿＿＿＿＿＿＿

年龄	学历	职业		家庭平均月收入
20岁以下 □	初中或以下 □	公务员 □	农业工作者 □	8000美元以下 □
20~29岁 □	高中或中专 □	科研/技术人员 □	离退休人员 □	8000~15999美元 □
30~39岁 □	专科 □	经商/商务工作者 □	军人 □	16000~23999美元 □
40~49岁 □	本科 □	教师 □	家庭主妇 □	24000~31999美元 □
50岁及以上 □	研究生或以上 □	学生 □	其他职业 □	32000美元及以上 □
		企业/公司职员 □		

具体问题设计时，年龄、学历和职业设计的选项分别是5项、5项和11项。年龄设计了5个选项，分别是20岁以下、20~29岁、30~39岁、40~49岁和50岁及以上；学历设计了5个选项，分别是初中或以下、高中或中专、专科、本科、研究生或以上；职业方面，设计了11个选项，分别是公务员、科研/技术人员、经商/商务工作者、教师、学生、企业/公司职员、农业工作者、离退休人员、军人、家庭主妇和其他职业。

在平均月收入选项方面，共设计了5个选项。中文与外文问卷的区别是，在收入一栏不一样，根据不同国家平均收入水平不同，中文问卷设计了5个档次，采用人民币，分别是3000元以下、3001~6000元、6001~9000元、9001~1.2万元和1.2万元以上。外文问卷设计了5个档次，采用美元，分别是 8000 美元以下、8000~15999 美元、16000~23999 美元、24000~31999 美元、32000 美元及以上。在问卷预调查过程中，也有被调查者提出：（1）日本、韩国和欧美游客的平均收入水平也不一样，收入一项采取一个标准的选项不合适；（2）是否日文问卷"收入"改为日元显示，韩文问卷"收入"改为韩文显示，这样被调查者填写时比较方便。最终经过课题组讨论，考虑到"美元"作为国际通用货币外出旅游时使用频率较高，以及为了研究时方便进行国外不同客源市场的比较研究，国外问卷的"收入"一项外文问卷均用美元显示，采用了一个标准的选项。

（二）游客的旅游相关信息

问卷的第二部分是游客的旅游相关信息部分。表 4-3 是游客旅游相关信息调查表。主要包括旅游山东的经历和旅游目的，要求被调查者在符合情况的选项后打"√"。其中，旅游山东的次数设计了 2 个选项，分别是第一次旅游和重复旅游。旅游目的设计了 4 个选项，分别是商务、休闲度假、探亲访友和其他目的。中文和外文问卷内容一致。

表 4-3   **游客旅游相关信息调查表**

旅游山东的次数	第一次旅游 ☐		重复旅游 ☐	
旅游目的	商务 休闲度假	☐ ☐	探亲访友 其他目的	☐ ☐

（三）"好客山东"品牌知名度以及传播途径

问卷的第三部分是"好客山东"品牌知名度以及传播途径。"好客山东"品牌知名度主要询问游客在本次调查之前是否知道"好客山东"品牌，设计了 2 个选项，即"是"和"否"这两个选项。"好客山东"品牌的传播途径参考前期研究（马明，2008b），则主要询问客人从哪些途径了解"好客山东"品牌。中文问卷设计了 9 个选项，包括旅行社介绍、亲朋好友介绍、电视广告、广播广告、报纸/杂志、旅游宣传册、网络、航空公司和其他途径（见表 4-4）。外文问卷除了以上 9 个途径外，还增加了一个途径，即海外办事处，共 10 个选项（见表 4-5）。

表 4-4　　　　"好客山东"品牌知名度即传播途径（中文问卷）

是否知道"好客山东"品牌	是 □	否 □
获取信息的途径（多选题）	旅行社介绍 □ 亲朋好友介绍 □ 电视广告 □ 广播广告 □ 报纸/杂志 □	旅游宣传册 □ 网络 □ 航空公司 □ 其他途径 □

表 4-5　　　　"好客山东"品牌知名度即传播途径（外文问卷）

是否知道"好客山东"品牌	是 □	否 □
获取信息的途径（多选题）	旅行社介绍 □ 亲朋好友介绍 □ 电视广告 □ 广播广告 □ 报纸/杂志 □	旅游宣传册 □ 网络 □ 航空公司 □ 海外办事处 □ 其他途径 □

（四）游客对山东居民"好客"与"不好客"方面的具体评价

在主客交往过程中，旅游目的地居民的好客度是游客在旅游过程中感知最主要也是最直接的部分，为了了解游客对山东居民好客程度方面更详细的感知，设计了这两个方面的问题（见表 4-6）。

表 4-6　　游客对山东居民好客与不好客方面的具体评价（中文问卷）

山东居民在好客方面的具体表现（多选题）	山东居民在不好客方面的具体表现（多选题）
微笑待人 □	在交流中态度不好 □
慷慨大方 □	交流中言谈粗鲁 □
交流时举止和善 □	居民带有地方歧视心理 □
交流时使用普通话 □	居民持地方方言，交流有困难 □
乐于为外来游客介绍山东及景点 □	对于游客的困难置之不理 □
乐于为游客指路 □	对外来游客表现得十分排外 □
乐于帮助有困难的游客 □	涉及有欺骗游客的行为 □
讲诚信 □	

在游客认为居民"好客"方面的具体表现时，设计了 8 个选项，中文问卷包括"微笑待人""慷慨大方""交流时举止和善""交流时使用普通话"

"乐于为外来游客介绍山东及景点""乐于为游客指路""愿意帮助有困难的游客""讲诚信"这8个方面。外文问卷与中文问卷的区别是"交流时使用普通话"改为了"交流时沟通顺畅"(见表4-6、表4-7)。

表4-7　　游客对山东居民好客与不好客方面的具体评价（外文问卷）

山东居民在好客方面的具体表现（多选题）		山东居民在不好客方面的具体表现（多选题）	
微笑待人	☐	在交流中态度不好	☐
慷慨大方	☐	交流中言谈粗鲁	☐
交流时举止和善	☐	居民带有地方歧视心理	☐
交流时沟通顺畅	☐	居民持地方方言，交流有困难	☐
乐于为外来游客介绍山东及景点	☐	对于游客的困难置之不理	☐
乐于为游客指路	☐	对外来游客表现得十分排外	☐
乐于帮助有困难的游客	☐	涉及有欺骗游客的行为	☐
讲诚信	☐		

在游客认为居民"不好客"方面的具体表现时，设计了7个选项，包括"在交流中态度不好""交流中言谈粗鲁""居民带有地方歧视心理""居民持地方方言交流有困难""对于游客的困难置之不理""对外来游客表现得十分排外""涉及有欺骗游客的行为"这7个方面。中文和外文问卷没有区别。

（五）游客对山东好客度的具体指标的详细评价

1. 对个体性好客行为表现的具体评价，即游客对在旅游过程中接触到的山东人的好客表现的感知。包括8个要素，即从导游服务人员、景区服务人员、住宿服务人员、餐饮服务人员、娱乐服务人员、购物服务人员、交通服务人员、当地居民这8个方面的三级指标测量旅游目的地的个体性好客行为，每个三级指标的具体四级指标相同，主要从主动服务、面带微笑、态度亲切、肢体语言友善、诚实无欺、语言沟通顺畅这6个方面进行测量。中文与外文问卷的区别是，中文问卷对于国内游客进行调查，在问卷调查中，采用"使用普通话"一词代替"语言沟通顺畅"。以导游服务人员为例，中文和外文问卷的设计分别见表4-8和表4-9。问卷采用李克特7点量表进行测量，"1"表示"非常不同意"，"7"表示"非常同意"，数字越大，游客的评价越高。

表 4 - 8 导游服务人员好客度测量表（中文问卷）

导游服务人员的好客程度	请从"1"到"7"之间选择一个数字表明您的评价，数字越大越积极						
主动服务	1	2	3	4	5	6	7
面带微笑	1	2	3	4	5	6	7
态度亲切	1	2	3	4	5	6	7
肢体语言友善	1	2	3	4	5	6	7
诚实无欺	1	2	3	4	5	6	7
使用普通话	1	2	3	4	5	6	7

表 4 - 9 导游服务人员好客度测量表（外文问卷）

导游服务人员的好客程度	请从"1"到"7"之间选择一个数字表明您的评价，数字越大越积极						
主动服务	1	2	3	4	5	6	7
面带微笑	1	2	3	4	5	6	7
态度亲切	1	2	3	4	5	6	7
肢体语言友善	1	2	3	4	5	6	7
诚实无欺	1	2	3	4	5	6	7
语言沟通顺畅	1	2	3	4	5	6	7

2. 对社会性好客氛围表现的具体评价，即游客对在山东旅游过程中接触到的社会环境中体现的好客氛围感知。包括3个要素，即从公共厕所、公共通信设施、游客咨询中心这3个方面的三级指标测量旅游目的地的社会性好客氛围，每个三级指标的具体四级指标见表4-10、表4-11和表4-12。问卷也是采用李克特7点量表进行测量，"1"表示"非常不同意"，"7"表示"非常同意"，数字越大，游客的评价越高。

表 4 - 10 公共厕所好客度测量表

公共厕所好客程度	请从"1"到"7"之间选择一个数字表明您的评价，数字越大越积极						
易于寻找	1	2	3	4	5	6	7
舒适便捷	1	2	3	4	5	6	7

续表

公共厕所好客程度	请从"1"到"7"之间选择一个数字表明您的评价,数字越大越积极					
管理有序	1	2	3	4	5	6	7
环境清洁	1	2	3	4	5	6	7
免费使用	1	2	3	4	5	6	7

表 4 – 11　　　　　　　　　公共通信设施好客度测量表

公共通信设施的好客程度	请从"1"到"7"之间选择一个数字表明您的评价,数字越大越积极					
设施完好	1	2	3	4	5	6	7
使用便利	1	2	3	4	5	6	7
价格公道	1	2	3	4	5	6	7
提示信息清晰易懂	1	2	3	4	5	6	7

表 4 – 12　　　　　　　　　游客咨询中心测量表

游客咨询中心的好客程度	请从"1"到"7"之间选择一个数字表明您的评价,数字越大越积极					
资料完善	1	2	3	4	5	6	7
资料新颖	1	2	3	4	5	6	7
资料使用价值高	1	2	3	4	5	6	7
资料获取便利	1	2	3	4	5	6	7
咨询热线便于知晓	1	2	3	4	5	6	7

二、问卷翻译

首先设计中文问卷,然后根据调查对象,将中文问卷分别翻译成英文、韩文和日文问卷。然后对问卷进行专家咨询和修改,在此基础上,每一种问卷选择了5位游客进行样本的初检验和修改,最终确立调查问卷。

第二节 调查对象选择

一、国内游客选择

按照我国一般的界定，一个居民只要离开自己的惯常环境，距离超过 10 公里以上，出游时间超过 6 小时以上，就可以被视为是游客（李天元，2017）。因此，理论上山东人离开惯常环境到山东省内别的城市（或景区、景点等）旅游，只要符合以上条件就可以界定为游客。由于本书是以"山东"作为一个旅游目的地来看待，考虑到山东本地人与外省游客对山东好客度的评价可能会有较大的差异。山东人可能对自己的家乡评价会更高（也可能更低）。因此，本书研究主要选择了外省的游客进行调查。

二、国外游客选择

根据山东省 2016～2018 年入境游客分布数据（见表 4－13），山东省的入境游客中，按地区分，亚洲是最主要的客源地市场，2016 年、2017 年和 2018 年的比重分别是 71.15%、70.29% 和 69.85%，占入境客源地市场的比重在 70% 左右；排在第二的是欧洲，2016 年、2017 年和 2018 年的比重分别是 13.85%、14.62% 和 14.62%，占入境客源地市场的比重在 13%～15% 之间；排在第三位的是美洲，2016 年、2017 年和 2018 年的比重分别是 8.41%、8.90% 和 8.85%，占入境客源地市场的比重在 8%～9% 之间。按国别分，排在前五位的国家从高到低依次是韩国、日本、美国、俄罗斯和新加坡。其中，排在第一位的是韩国，2016～2018 年占入境客源地市场的比重在 44%～48% 之间；排在第二位的是日本，2016～2018 年占入境客源地市场的比重在 10%～12% 之间；排在第三位的是美国，2016～2018 年占入境客源地市场的比重在 5%～7% 之间。因此，对海外游客的选择上，主要选择韩国、日本和以英语为母语的欧美游客进行实证研究。

表4-13 **2016～2018 年山东入境游客分布**

客源地		2016 年		2017 年		2018 年	
		人数（万人次）	比重（%）	人数（万人次）	比重（%）	人数（万人次）	比重（%）
按地区	亚洲	250.93	71.15	248.17	70.29	255.75	69.85
	欧洲	48.85	13.85	51.6	14.62	53.53	14.62
	美洲	29.65	8.41	31.4	8.90	32.39	8.85
	大洋洲	10.02	2.84	10.42	2.95	11.24	3.07
	非洲	7.80	2.21	4.93	1.40	5.61	1.53
	其他	4.25	1.21	7.01	1.99	7.10	1.94
按国家	韩国	168.42	47.76	160.67	45.51	164.31	44.88
	日本	37.54	10.64	39.12	11.08	40.91	11.17
	美国	21.13	5.99	22.17	6.28	21.94	5.99
	俄罗斯	10.91	3.09	12.11	3.43	13.19	3.6
	新加坡	9.94	2.82	10.29	2.91	10.88	2.97
	其他	104.70	29.7	108.68	30.79	114.88	31.39

资料来源：《山东旅游统计便览》。

第三节 调研方案实施情况

一、调查实施过程

本次调查主要选择在山东省内有过旅游经历的游客进行调查。其中，国内游客选择外省游客进行调查，国外游客主要选择韩国、日本和熟悉英语的欧美游客进行调查。调查的地点选择在山东境内济南、青岛、泰安、淄博、烟台、临沂、聊城、济宁、东营、威海、日照等地市级城市，以及山东省境内的 A 级以上旅游景点。此外，还包括山东省外的京九、京福、京广、京昆、京川藏青等沿线主要旅游城市、机场、火车站（高铁站）等对游客进行实地调查和访谈。

调查采用随机抽样调查方法。调查者事先会与游客进行沟通，询问是否长期居住在山东，是否在最近两年内去过山东旅游，如果判断为符合条件的游客，则继续，并告知被访者问卷结束后会送一个具有山东特色的旅游纪念品，同时还会根据天气和客人需求情况赠送一瓶矿泉水。调查方式采用调查者面对面发放问卷给游客，等待游客填写完毕后及时收回的方式，同时，调查者会根据游客的感兴趣程度辅以短暂的访谈。

二、问卷发放与回收概况

国内游客调查方面，发放中文问卷 500 份，回收问卷 460 分，回收率 92.0%。国外游客调查方面，英文、日文、韩文问卷各发放 300 份。其中韩文问卷回收 240 份，回收率 80.0%；日文问卷回收 235 份，回收率 78.3%；英文问卷回收 241 份，回收率 80.3%。对回收的问卷进行预处理，删除信息不全、答案自相矛盾等的不合格问卷，最终获得有效问卷 1058 份，问卷有效率 75.6%。其中中文有效问卷 405 分，有效率 81.0%；韩文有效问卷 232 份，问卷有效率 77.3%；日文有效问卷 215 份，问卷有效率 71.7%；英文有效问卷 206 份，问卷有效率 68.7%。问卷发放与回收概况见表 4 – 14。

表 4 – 14　　　　　　　　　　问卷发放与回收概况

问卷类型	中文	韩文	日文	英文	合计
发放（份）	500	300	300	300	1400
回收（份）	460	240	235	241	1176
回收率（%）	92.0	80.0	78.3	80.3	84.0
有效（份）	405	232	215	206	1058
有效率（%）	81.0	77.3	71.7	68.7	75.6

下面的第五章、第六章、第七章和第八章将根据调研数据分别就国内、韩国、日本和欧美四个旅游客源地市场对山东好客度评价进行详细分析，第九章则就不同旅游客源地细分市场对山东好客度评价进行比较研究。

| 第五章 |

国内游客对山东好客度评价实证研究

第一节　样本基本概况

一、国内样本个人基本信息概况

游客个人基本信息概况分别从被调查者的性别、年龄、学历、职业、收入这 5 个方面进行了频次的统计，有效样本的具体数据分析结果见表5-1。

从性别看，男性稍多，占 53.8%，女性为 46.2%，比例稍微偏低，总体上相差 7 个百分点，还不算差别非常明显，这也说明样本基本遵循了随机抽样原则。

从年龄看，20~29 岁最多（41.0%），其次是 30~39 岁（27.7%），排在第三位和第四位的分别是 40~49 岁的群体（12.8%）和 50 岁及以上的群体（12.1%），也超过 10%，四者之和占了 94%，排在第五位的是 20 岁以下的群体，占了 6.4%。说明山东的国内外省游客年龄分布比较广泛，符合正态分布。

表5-1 国内样本的个人基本信息概况

基本情况		频数（人）	百分数（%）
性别	男	218	53.8
	女	187	46.2
年龄	20 岁以下	26	6.4
	20~29 岁	166	41.0
	30~39 岁	112	27.7
	40~49 岁	52	12.8
	50 岁及以上	49	12.1
学历	初中及以下	7	1.7
	高中及中专	61	15.1
	专科	149	36.8
	本科	125	30.9
	研究生或以上	63	15.6
职业	公务员	39	9.6
	科研或技术人员	33	8.1
	经商人员	90	22.2
	教师	33	8.1
	学生	82	20.2
	公司职员	93	23.0
	农业工作者	18	4.4
	退休人员	5	1.2
	军人	4	1.0
	家庭主妇	5	1.2
	其他	3	0.7
家庭月收入	3000 元以下	26	6.4
	3001~6000 元	113	27.9
	6001~9000 元	155	38.3

续表

基本情况		频数（人）	百分数（%）
家庭月收入	9001～1.2万元	73	18.0
	1.2万元以上	38	9.4

从学历看，专科和本科最多，分别占了36.8%和30.9%，两者之和占67.7%，研究生或以上占15.6%，高中及中专也占了15.1%，这两项比例均超过10%，初中及以下占了1.7%。说明山东的国内外省游客教育层次分布比较广泛，基本符合正态分布。

从收入看，游客家庭月收入在6001～9000之间的群体最多，占了38.3%，其次是收入在3001～6000元之间的群体，占了27.9%，9001～1.2万元的排在第三占了18%，1.2万元以上的也占了9.4%，接近10%，比例最少的是3000元以下的群体占6.4%。总体上看，山东的国内外省游客的收入分布比较广泛，符合正态分布。

游客职业广泛，包括公务员、企事业单位人员、经商人员、学生、农业工作者、家庭主妇、军人等，涉及社会各个领域。总体上看，样本分布比较全面合理，符合本次调研要求。

二、国内样本旅游相关信息概况

本次调查的国内样本旅游相关信息概况见表5-2。

表5-2　　　　　　　　　　国内样本旅游相关特征

基本情况		频数（人）	百分数（%）
旅游山东的经历	第一次游	217	53.6
	重复游	188	46.4
旅游目的	商务出差	86	21.2
	休闲度假	154	38.0
	探亲访友	91	22.5
	其他	74	18.3

从旅游经历看（见图5-1），第一次到山东旅游的游客稍微偏多，占53.6%，重复游的游客稍微少一些，占46.4%。也说明本次调查的国内样本比较全面，初次出游和重复出游的游客都占了较大的比例。

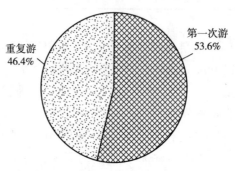

图5-1　国内样本旅游山东的次数

从旅游目的来看（见图5-2），休闲度假最多，占38.0%；排在第二位的是探亲访友，占了22.5%；商务出差排在第三位，占了21.2%；其他目的（例如，短期学习/培训、医疗/康养等）占了18.3%。由此看出，国内样本中，游客的旅游目的多样，除了主要以传统的度假休闲、探亲访友和商务出差为主外，其他旅游目的的游客也较多，占了18.3%。

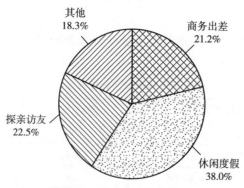

图5-2　国内样本旅游目的

三、国内游客对"好客山东"品牌的认知度和认知途径

(一) 国内游客对"好客山东"品牌的认知度

表5-3和图5-3的数据表明,有效问卷405人中,有370人即91.4%的外省游客在做本次问卷之前知道"好客山东"旅游形象口号,不知道该口号的人数比例低于9%,这说明"好客山东"旅游形象在外省游客中的认知度是非常高的,也说明近十多年来山东省对该口号在国内的营销推广还是非常成功的。

表5-3   国内游客对"好客山东"认知情况

问卷调查前是否知道"好客山东"旅游品牌	频数(人)	百分数(%)
是	370	91.4
否	35	8.6

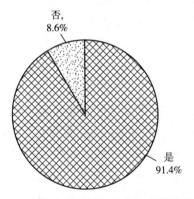

图5-3 国内样本对"好客山东"品牌的认知情况

(二) 国内游客了解"好客山东"品牌的途径

游客了解"好客山东"旅游品牌口号的途径见图5-4。由图5-4可以看出,国内游客了解"好客山东"旅游品牌口号的途径较多,涵盖了问卷设

计中的旅行社介绍、亲朋好友介绍、电视、广播、报纸/杂志、旅游宣传册、网络、航空公司等各种途径。

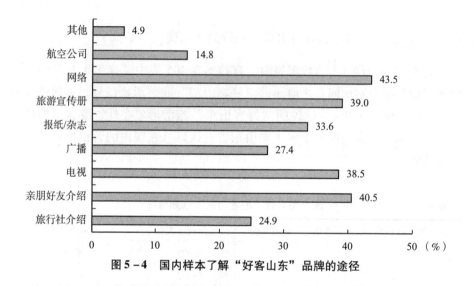

图5-4 国内样本了解"好客山东"品牌的途径

从排序来看，表5-4的结果显示，在获取信息途径方面，比例超过40%的有两项，排在第一位的是网络（43.5%），排在第二位的是亲朋好友介绍（40.5%），说明随着计算机及手机移动技术的发展，网络已经成为游客获取目的地信息的主要途径之一，其比例甚至超过了亲朋好友的介绍。比例在30%～40%之间的从高到低依次是旅游宣传册（39.0%）、电视（38.5%）和报纸/杂志（33.6%），分别排在第三位、第四位和第五位。这说明纸质媒介方面，旅游管理部门从"好客山东"品牌推广以来，通过借助旅行社、景区（景点）和酒店的旅游宣传册，以及报纸/杂志等纸质媒体进行持续宣传是十分有效的。当然，电视排在第四位也说明管理部门借助在中央电视台等各大电视媒介，利用"联合推介、捆绑营销"这一集群式区域品牌传播营销模式进行"好客山东"品牌形象的持续传播，也取得了较好的营销效果。此外，广播（27.4%）、旅行社介绍（24.9%）的比例超过20%，航空公司的比例超过10%（14.8%）。

表5-4　　　国内游客了解"好客山东"旅游品牌的途径（多选题）

了解"好客山东"旅游口号的途径	频数（人）	百分数（%）	排序
旅行社介绍	101	24.9	7
亲朋好友介绍	164	40.5	2
电视	156	38.5	4
广播	111	27.4	6
报纸/杂志	136	33.6	5
旅游宣传册	158	39.0	3
网络	176	43.5	1
航空公司	60	14.8	8
其他	20	4.9	9

通过以上数据可以看出，在获取旅游目的地相关信息方面，虽然目前网络和亲朋好友占了大多数，但是国内游客获取信息的途径是十分广泛，不同的媒介例如网络、亲朋好友介绍、电视广告、广播广告、报纸/杂志、旅游宣传册、旅行社介绍、航空公司等都有各自不同的特点和优势，也被游客广为使用。当然，以上数据也说明山东省管理部门通过以上媒介对国内市场进行"好客山东"品牌的宣传是十分有效的。

四、国内游客对山东居民"好客"与"不好客"表现的认知

（一）对山东居民"好客"具体表现的认知

从好客的具体表现来看（见表5-5和图5-5），国内游客评价最高的前三位从高到低依次是"交流时举止和善（35.6%）""慷慨大方（33.3%）""乐于为游客指路（32.3%）"，这三项均超过30%。其他5项，即"为外来游客介绍山东及景点（29.4%）""微笑待人（28.1%）""讲诚信（25.4%）""交流时使用普通话（24.9%）""愿意帮助有困难的客人（19.8%）"，游客积极评价的比例在19%~30%之间。说明山东人在对待游客方面表现出的礼貌待客、慷慨大方、乐于助人、微笑待人、乐于介绍山东、讲究诚信是国内

游客认为山东人好客的主要方面。

表5-5 国内游客对山东居民"好客"的具体认知（多选题）

居民好客的主要表现	频数（人）	百分数（%）	排序
微笑待人	114	28.1	5
慷慨大方	135	33.3	2
交流时举止和善	144	35.6	1
交流时使用普通话	101	24.9	7
为外来游客介绍山东及景点	119	29.4	4
乐于为游客指路	131	32.3	3
愿意帮助有困难的游客	80	19.8	8
讲诚信	103	25.4	6

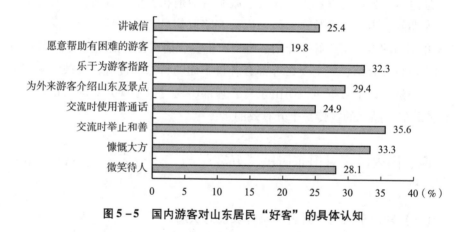

图5-5 国内游客对山东居民"好客"的具体认知

（二）对山东居民"不好客"具体表现的认知

表5-6和图5-6是国内游客对山东居民"不好客"方面的具体评价。首先，认为"居民持地方方言，交流有困难"的比例最高，占了43.2%，说明超过2/5的游客认为，由于居民习惯持方言与游客交流，导致部分游客听不懂，交流有困难是外省游客在山东旅游中遇到的最大困扰，也是游客认为居民不好客的最主要原因。其次，认为"居民带有歧视游客的心理"排在第

二位，占了19.3%。再次，"对游客的困难置之不理（18.3%）""对外来游客表现得十分排外（17.0%）""交流时态度不好（15.8%）""交流时言语粗鲁（14.3%）"这四项排在第三到第六位，比例在10%～20%之间，说明居民对游客冷漠置之不理、排外，在语言和态度上不礼貌，也是游客认为居民不好客的主要方面之一。另外，这可能也是导致游客认为"居民带有歧视游客的心理"（排在第二位）的主要原因。最后，排在第七位的是"涉及有欺骗游客的行为"占13.3%，说明超过10%的国内游客认为居民存在欺骗游客和不讲诚信情况。总之，以上游客认为不好客的具体因素中，各项指标的比例都超过了10%，这说明山东居民在不好客的这7个方面的问题亟待解决和改善，以提高游客的感知。

表5-6　　　国内游客对山东居民"不好客"的具体认知（多选题）

居民好客的主要表现	频数（人）	百分数（%）	排序
交流时态度不好	64	15.8	5
交流时言语粗鲁	58	14.3	6
居民带有歧视游客的心理	78	19.3	2
居民持地方方言，交流有困难	175	43.2	1
对游客的困难置之不理	74	18.3	3
对外来游客表现得十分排外	69	17.0	4
涉及有欺骗游客的行为	54	13.3	7

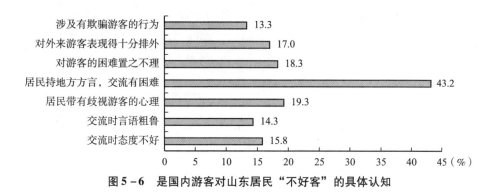

图5-6　是国内游客对山东居民"不好客"的具体认知

第二节　国内游客对山东好客度各项指标的评价

一、个体性好客行为

个体性好客行为的表现，即游客对在旅游过程中接触到的山东人的好客表现的感知。如前所述，个体性好客行为表现二级指标，包括导游服务人员、景区服务人员、住宿服务人员、餐饮服务人员、购物服务人员、娱乐服务人员、交通服务人员、当地居民这 8 个三级指标。另外，每个三级指标的好客表现主要从主动服务、面带微笑、态度亲切、肢体语言友善、诚实无欺、使用普通话这 6 个方面的四级指标进行测量。具体数值见表 5 - 7。

表 5 - 7　　　　　　　国内游客对个体性好客行为的评价

三级指标	三级指标平均值（M）	四级指标	四级指标平均值（M）
导游服务人员 H_{11}	5.15	H_{111} 主动服务	5.00
		H_{112} 面带微笑	5.17
		H_{113} 态度亲切	5.33
		H_{114} 肢体语言友善	5.07
		H_{115} 诚实无欺	5.13
		H_{116} 使用普通话	5.19
景区服务人员 H_{12}	5.17	H_{121} 主动服务	5.21
		H_{122} 面带微笑	5.04
		H_{123} 态度亲切	5.22
		H_{124} 肢体语言友善	5.28
		H_{125} 诚实无欺	5.13
		H_{126} 使用普通话	5.15
住宿服务人员 H_{13}	5.16	H_{131} 主动服务	5.20
		H_{132} 面带微笑	5.16

续表

三级指标	三级指标平均值（M）	四级指标	四级指标平均值（M）
住宿服务人员 H_{13}	5.16	H_{133} 态度亲切	5.10
		H_{134} 肢体语言友善	5.17
		H_{135} 诚实无欺	5.15
		H_{136} 使用普通话	5.20
餐饮服务人员 H_{14}	5.15	H_{141} 主动服务	5.15
		H_{142} 面带微笑	5.14
		H_{143} 态度亲切	5.11
		H_{144} 肢体语言友善	5.13
		H_{145} 诚实无欺	5.17
		H_{146} 使用普通话	5.18
购物服务人员 H_{15}	5.11	H_{151} 主动服务	5.15
		H_{152} 面带微笑	5.17
		H_{153} 态度亲切	5.09
		H_{154} 肢体语言友善	5.07
		H_{155} 诚实无欺	5.00
		H_{156} 使用普通话	5.20
娱乐服务人员 H_{16}	5.17	H_{161} 主动服务	5.20
		H_{162} 面带微笑	5.22
		H_{163} 态度亲切	5.14
		H_{164} 肢体语言友善	5.15
		H_{165} 诚实无欺	5.02
		H_{166} 使用普通话	5.28
交通服务人员 H_{17}	5.13	H_{171} 主动服务	5.03
		H_{172} 面带微笑	5.12
		H_{173} 态度亲切	5.10
		H_{174} 肢体语言友善	5.06
		H_{175} 诚实无欺	5.21
		H_{176} 使用普通话	5.27

三级指标	三级指标平均值（M）	四级指标	四级指标平均值（M）
当地居民 H_{18}	4.98	H_{181} 主动服务	5.06
		H_{182} 面带微笑	4.63
		H_{183} 态度亲切	5.18
		H_{184} 肢体语言友善	5.20
		H_{185} 诚实无欺	4.72
		H_{186} 使用普通话	5.06
个体性好客行为 H_1	5.13	—	—

注：平均值采用李克特 7 点量表，1 = "非常不同意"，7 = "非常同意"。好客度等级分类见第三章，其中 0~2 表示"非常差"，2~4 表示"较差"，4~5 表示"中等"，5~6 表示"良好"，6~7 表示"优秀"。

从整体平均值看，个体好客行为的 8 个主要方面，平均值由高到低依次是景区服务人员（M = 5.17）、娱乐服务人员（M = 5.17）、住宿服务人员（M = 5.16）、餐饮服务人员（M = 5.15）、导游服务人员（M = 5.15）、交通服务人员（M = 5.13）、购物服务人员（M = 5.11）。其中，游客评价最高的是景区服务人员和娱乐服务人员，两者的平均值均为 5.17，评价最低的是当地居民（M = 4.98）。

个体好客行为的 8 个方面中，旅游相关从业人员，即导游服务人员、景区服务人员、住宿服务人员、餐饮服务人员、娱乐服务人员、购物服务人员、交通服务人员的好客度平均值范围在 5~6 之间，游客的好客度评价在"良好"区间。说明国内游客对山东旅游从业人员在个体性好客的行为表现的这 7 个方面评价是肯定的态度，达到了满意水平。当然，也应该看到，个体好客行为中的非从业人员，即当地居民的好客度平均值范围在 4~5 之间，游客的好客度评价在"中等"区间。说明国内游客对山东非从业人员在个体性好客的行为表现持中等态度，只达到基本满意水平。总体上看，国内游客认为山东旅游相关从业人员的好客度高于非从业人员即当地居民的好客度。

下面进一步对个体性好客的行为表现的 8 个方面要素进行比较分析。

在主动服务方面（见图 5 - 7），平均值从高到低依次是景区服务人员（M = 5.21）、住宿服务人员（M = 5.20）、娱乐服务人员（M = 5.20）、购物服务人员（M=5.15）、餐饮服务人员（M=5.15）、当地居民（M=5.06）、交通服务人员（M=5.03）、导游服务人员（M=5.00）。其中，游客评价最高的是景区服务人员，最低的是导游服务人员。总体上看，好客度平均值范围在5~6之间，游客的好客度评价在"良好"区间。说明国内游客对山东人在"主动服务"方面的好客行为表现评价是持肯定的态度，达到了满意水平。

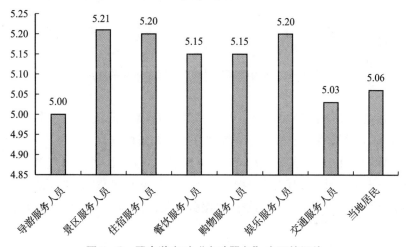

图5-7　国内游客对"主动服务"方面的评价

在面带微笑方面（见图5-8），平均值从高到低依次是娱乐服务人员（M=5.22）、导游服务人员（M=5.17）、购物服务人员（M=5.17）、住宿服务人员（M=5.16）、餐饮服务人员（M=5.14）、交通服务人员（M=5.12）、景区服务人员（M=5.04）、当地居民（M=4.63）。其中，游客评价最高的是娱乐服务人员，最低的是当地居民。总体上看，当地居民在"面带微笑"这一项的评价平均值范围在4~5之间，平均值较低，游客的好客度评价在"中等"区间，只达到基本满意水平。除此之外，其他岗位的人员好客度平均值范围在5~6之间，游客的好客度评价在"良好"区间，说明国内游客对大部分山东旅游相关从业人员在"面带微笑"方面的好客行为表现评价是持肯定的态度，达到了满意水平。

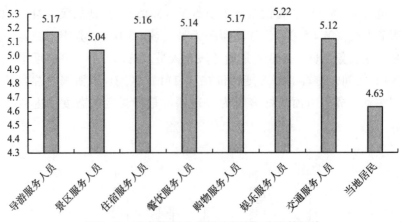

图 5 - 8　国内游客对"面对微笑"方面的评价

在态度亲切方面（见图 5 - 9），平均值从高到低依次是导游服务人员（M = 5.33）、景区服务人员（M = 5.22）、当地居民（M = 5.18）、娱乐服务人员（M = 5.14）、餐饮服务人员（M = 5.11）、住宿服务人员（M = 5.10）、交通服务人员（M = 5.10）、购物服务人员（M = 5.09）。其中，游客评价最高的是导游服务人员，最低的是购物服务人员。总体上看，个体性好客行为

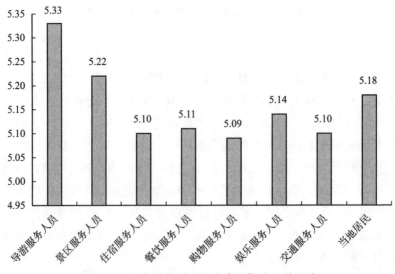

图 5 - 9　国内游客对"态度亲切"方面的评价

表现的 8 个方面, 好客度平均值范围在 5 ~ 6 之间, 游客的好客度评价在 "良好" 区间。说明国内游客对山东人在 "态度亲切" 方面的好客行为表现评价是持肯定的态度, 达到了满意水平。

在肢体语言友善方面 (见图 5 – 10), 平均值从高到低依次是景区服务人员 (M = 5.28)、当地居民 (M = 5.20)、住宿服务人员 (M = 5.17)、娱乐服务人员 (M = 5.15)、餐饮服务人员 (M = 5.13)、导游服务人员 (M = 5.07)、购物服务人员 (M = 5.07)、交通服务人员 (M = 5.06)。其中, 游客评价最高的是景区服务人员, 最低的是交通服务人员。总体上看, 个体性好客行为表现的 8 个方面, 好客度平均值范围在 5 ~ 6 之间, 游客的好客度评价在 "良好" 区间。说明国内游客对山东人在 "肢体语言友善" 方面的好客行为表现评价是持肯定的态度, 达到了满意水平。

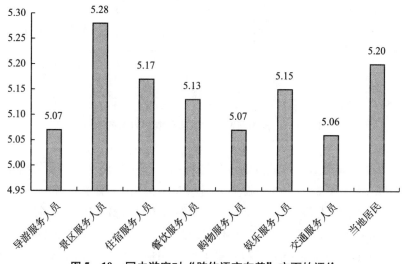

图 5 – 10 国内游客对 "肢体语言友善" 方面的评价

在诚实无欺方面 (见图 5 – 11), 平均值从高到低依次是交通服务人员 (M = 5.21)、餐饮服务人员 (M = 5.17)、住宿服务人员 (M = 5.15)、导游服务人员 (M = 5.13)、景区服务人员 (M = 5.13)、娱乐服务人员 (M = 5.02)、购物服务人员 (M = 5.00)、当地居民 (M = 4.72)。其中, 游客评价最高的是交通服务人员, 最低的是当地居民。总体上看, 当地居民在 "诚实

无欺"这一项的评价平均值范围在 4~5 之间，平均值较低，游客的好客度在
"中等"区间，只达到基本满意水平。除此之外，其他岗位即旅游相关从业
人员的好客度平均值范围在 5~6 之间，游客的好客度评价在"良好"区间，
说明国内游客对山东旅游相关从业人员在"诚实无欺"方面的好客行为表现
评价是持肯定的态度，达到了满意水平。

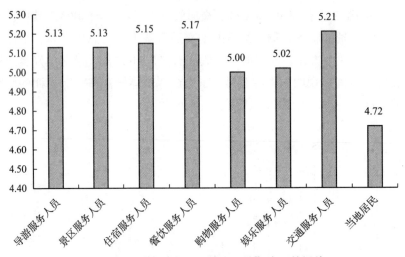

图 5-11　国内游客对"诚实无欺"方面的评价

在"使用普通话"沟通方面（见图 5-12），平均值从高到低依次是娱乐
服务人员（M = 5.28）、交通服务人员（M = 5.27）、住宿服务人员（M =
5.20）、购物服务人员（M = 5.20）、导游服务人员（M = 5.19）、餐饮服务人
员（M = 5.18）、景区服务人员（M = 5.15）、当地居民（M = 5.09）。其中，
游客评价最高的是娱乐服务人员，最低的是当地居民。总体上看，个体性好
客行为表现的 8 个方面，好客度平均值范围在 5~6 之间，游客的好客度评价
在"良好"区间。说明国内游客对山东人在"使用普通话"沟通方面的好客
行为表现评价是持肯定的态度，达到了满意水平。

二、社会性好客氛围

社会性好客氛围的表现，是指游客对在山东旅游过程中接触到的社会环

境中体现的好客氛围的感知。社会性好客氛围的表现，根据游客在旅游活动中使用频率较高的公共设施，分解为公共厕所、公共通信设施、免费咨询中心3个要素的好客程度进行评价。最后，再将三级指标分解为可以具体操作和测量的四级指标（见表5–8）。

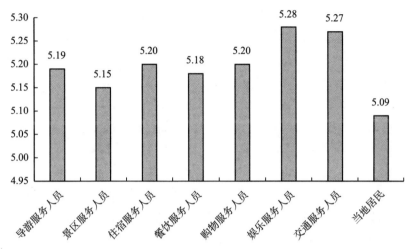

图5–12 国内游客对"使用普通话"方面的评价

表5–8　　　　　　　　　国内游客对社会性好客氛围的评价

三级指标	三级指标平均值（M）	四级指标	四级指标平均值（M）
公共厕所 H_{21}	5.07	H_{211} 易于寻找	5.09
		H_{212} 舒适便捷	5.01
		H_{213} 管理有序	4.98
		H_{214} 环境清洁	4.91
		H_{215} 免费使用	5.38
公共通信设施 H_{22}	4.62	H_{221} 设施完好	4.59
		H_{222} 使用便利	4.61
		H_{223} 价格公道	4.66
		H_{224} 提示信息清晰易懂	4.63
旅游咨询中心 H_{23}	4.98	H_{231} 资料完善	4.84
		H_{232} 资料新颖	4.94

三级指标	三级指标平均值（M）	四级指标	四级指标平均值（M）
旅游咨询中心 H_{23}	4.98	H_{233}资料使用价值高	4.92
		H_{234}资料获取便利	4.98
		H_{235}咨询热线便于知晓	5.24
社会性好客氛围 H_2	4.89	—	—

注：平均值采用李克特7点量表，1＝"非常不同意"，7＝"非常同意"。好客度等级分类见第三章，其中0~2表示"非常差"，2~4表示"较差"，4~5表示"中等"，5~6表示"良好"，6~7表示"优秀"。

从整体平均值看，社会性好客的氛围表现的3个方面，平均值由高到低依次是公共厕所（M＝5.07）、旅游咨询中心（M＝4.98）、公共通信设施（M＝4.62）。其中，公共厕所评价平均值在5~6之间，游客的好客度评价在"良好"区间。说明国内游客对"公共厕所"方面的好客氛围表现评价是持肯定的态度，达到了满意水平。另外两项即旅游咨询中心和公共通信设施平均值在4~5之间，游客的好客度评价在"中等"区间。说明国内游客对"旅游咨询中心"和"公共通信设施"方面的好客氛围表现评价是持中等的态度，只达到了基本满意水平。

下面进一步对社会性好客氛围表现的四级指标进行分析。

在公共厕所好客度方面（见图5-13），平均值从高到低依次是免费使用（M＝5.38）、易于寻找（M＝5.09）、舒适便捷（M＝5.01）、管理有序（M＝4.98）、环境清洁（M＝4.91）。其中，游客评价最高的是公共厕所的免费使用情况，评价最低的是环境清洁状况。总体上看，公共厕所好客度的5个四级指标中，有三项指标，即免费使用、易于寻找、舒适便捷这三项国内游客的评价平均值范围在5~6之间，其好客度评价在"良好"区间，达到满意水平，另外两个指标，即管理有序和环境清洁这两项，国内游客的评价平均值范围在4~5之间，其好客度评价在"中等"区间，只达到了基本满意水平。

在公共通信设施好客度方面（见图5-14），平均值从高到低依次是价格公道（M＝4.66）、提示信息清晰易懂（M＝4.63）、使用便利（M＝4.61）、设施完好（M＝4.59）。其中，游客评价最高的是公共通信设施的价格公道，评价最低的是公共通信设施的完好。总体上看，公共通信设施好客度的 4 个四级指标，国内游客的评价平均值范围均在 4 ~ 5 之间，其好客度评价在"中等"区间，只达到了基本满意水平。

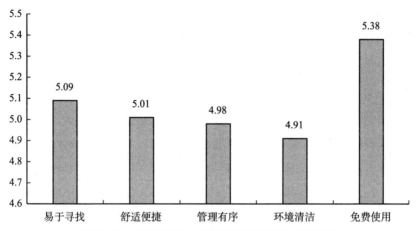

图 5 - 13 国内游客对"公共厕所"好客度的评价

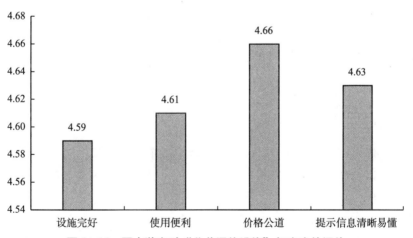

图 5 - 14 国内游客对"公共通信设施"好客度的评价

在旅游咨询中心好客度方面（见图 5 - 15），平均值从高到低依次是咨询热线便于知晓（M = 5.24）、资料获取便利（M = 4.98）、资料新颖（M = 4.94）、资料使用价值高（M = 4.92）、资料完善（M = 4.84）。其中，游客评

价最高的是咨询热线便于知晓，评价最低的是资料完善程度。总体上看，旅
游咨询中心好客度的 5 个四级指标中，只有一项指标，即咨询热线便于知晓
这一项国内游客的评价平均值范围在 5 ~ 6 之间，其好客度评价在"良好"
区间，达到满意水平，另外四个指标，即资料获取便利、资料新颖、资料使
用价值高和资料完善这四项，国内游客的评价平均值范围在 4 ~ 5 之间，其好
客度评价在"中等"区间，只达到了基本满意水平。

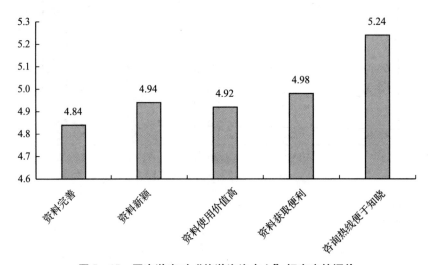

图 5 - 15　国内游客对"旅游咨询中心"好客度的评价

三、总体好客度

根据表 5 - 7 和表 5 - 8，即国内游客在山东旅游过程中对个体性好客行
为表现，以及社会性好客氛围表现的平均值，计算出国内游客对山东总体好
客度的评价，具体见表 5 - 9。数据显示，国内游客对山东总体好客度的评价
平均值为 5.01，范围在 5 ~ 6 之间，其好客度评价在"良好"区间，达到满
意水平。其中，个体性好客行为的表现方面，国内游客的评价平均值为
5.13，范围在 5 ~ 6 之间，其好客度评价在"良好"区间，达到满意水平；
社会性好客氛围的表现方面，国内游客的评价平均值为 4.89，范围在 4 ~ 5 之
间，其好客度评价在"中等"区间，只达到基本满意水平。这说明从平均值大
小看，国内游客对山东个体性好客行为的评价高于社会性好客氛围的评价。

表 5 - 9 国内游客对山东总体好客度的评价

指标	含义	平均值（M）	好客度评估
二级指标 H_1	个体性好客的行为表现	5.13	良好
二级指标 H_2	社会性好客的氛围表现	4.89	中等
一级指标 H	总体好客度指数	5.01	良好

注：平均值采用李克特7点量表，1 = "非常不同意"，7 = "非常同意"。好客度等级分类见第三章，其中0~2表示"非常差"，2~4表示"较差"，4~5表示"中等"，5~6表示"良好"，6~7表示"优秀"。

第六章

韩国游客对山东好客度评价实证研究

第一节　样本基本概况

一、韩国样本个人基本信息概况

韩国游客有效样本的人口统计特征数据分析结果见表6－1。

从性别看，男性偏多，占59.5%；女性为40.5%，比例偏低，总体上相差19个百分点，说明山东的韩国游客中还是男性偏多。

从年龄看，20～29岁最多（55.6%），其次是30～39岁（26.3%），排在第三位的是40～49岁的群体（9.1%），也接近10%，三者之和占了91%，50岁以上和20岁以下分别占3.9%和5.2%。说明山东的韩国游客中，20～49岁的中青年群体占了绝大多数。

从学历看，本科最多，占74.1%，排在第二位的是研究生或以上占10.8%，专科、高中及中专、初中及以下的比例均低于10%，说明山东的韩国游客中还是以高学历为主。

表6-1 韩国样本的基本个人信息概况

基本情况		频数（人）	百分数（%）
性别	男	138	59.5
	女	94	40.5
年龄	20 岁以下	12	5.2
	20~29 岁	129	55.6
	30~39 岁	61	26.3
	40~49 岁	21	9.1
	50 岁及以上	9	3.9
学历	初中及以下	6	2.6
	高中及中专	19	8.2
	专科	10	4.3
	本科	172	74.1
	研究生或以上	25	10.8
职业	公务员	5	2.2
	科研或技术人员	9	3.9
	经商人员	19	8.2
	教师	10	4.3
	学生	94	40.5
	公司职员	74	31.9
	农业工作者	4	1.7
	退休人员	7	3.0
	军人	0	0
	家庭主妇	3	1.3
	其他	7	3.0
家庭月收入	8000 美元以下	82	35.3
	8000~15999 美元	45	19.4
	16000~23999 美元	38	16.4

续表

基本情况		频数（人）	百分数（%）
家庭月收入	24000~31999 美元	45	19.4
	32000 美元及以上	22	9.5

从收入看，大部分游客家庭月收入在 8000 美元以下，占了 35.3%，并列排在第二位的是家庭月收入在 8000~15999 美元之间以及在 24000~31999 美元之间的游客，比例均为 19.4%，排在第四位的是家庭月收入在 16000~23999 美元的群体，占了 16.4%，以上三个档次收入的群体比例在 16%~20% 之间，相差不大。比例最低的是家庭月收入在 32000 美元或以上的，占了 9.5%，也接近 10%。

从职业看，包括公务员、企事业单位人员、经商人员、学生、农业工作者、家庭主妇、退休人员等，只有军人一项为 0。总体上韩国游客职业涉及社会各个领域，比较广泛。

二、韩国游客旅游相关信息概况

本次调查的韩国样本旅游相关信息概况见表 6-2。

表 6-2　　　　　　　　韩国样本旅游相关特征

基本情况		频数（人）	百分数（%）
旅游山东的经历	第一次游	86	37.1
	重复游	146	62.9
旅游目的	商务出差	50	21.6
	休闲度假	93	40.1
	探亲访友	28	12.1
	其他	61	26.3

从旅游经历看（见图 6-1），第一次到山东旅游的游客稍微偏少，占 37.1%，重复游的游客多一些，占 62.9%。说明本次调查的韩国样本比较全

面的，初次出游和重复出游的游客都占了较大的比例。

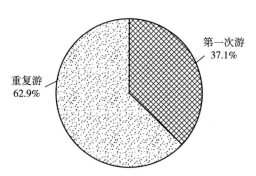

图 6 - 1　韩国样本旅游山东的次数

从旅游目的来看（见图 6 - 2），休闲度假最多，占 40.1%，其他目的（例如短期学习/培训，医疗/康养等）也占了 26.3%，排第二位，商务出差排在第三位，占了 21.6%，排在第四位的是探亲访友，占了 12.1%。由此看出，韩国样本中，游客的旅游目的多样，除了主要以传统的休闲度假外，其他旅游目的的游客也较多，超过 25%，通过访谈了解到主要是短期学习/培训的占了多数。此外，探亲访友和商务出差也占了较高的比例。

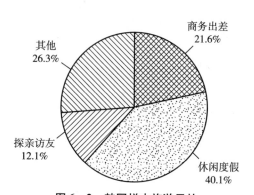

图 6 - 2　韩国样本旅游目的

注：由于四舍五入原因，分项合计不为 100%。

三、韩国游客对"好客山东"品牌的认知度和认知途径

(一) 韩国游客对"好客山东"品牌的认知度

表6-3和图6-3的数据表明，有效问卷232人中，有124人即53.4%的韩国游客在做本次问卷之前知道"好客山东"旅游形象口号，不知道该口号的人数比例占了46.6%，接近一半。这说明"好客山东"旅游品牌形象在韩国游客中的认知度中等，在韩国市场的推广有了一定的成效，但是还需要进一步的深度推广。

表6-3　　　　　　　　韩国游客对"好客山东"品牌的认知情况

问卷调查前是否知道"好客山东"旅游口号	频数（人）	百分数（%）
是	124	53.4
否	108	46.6

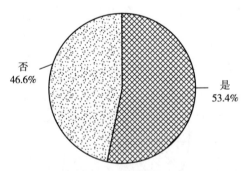

图6-3　韩国样本对"好客山东"品牌的认知情况

(二) 韩国游客了解"好客山东"品牌的途径

游客了解"好客山东"旅游品牌口号的途径见图6-4。由图6-4可以看出，韩国游客了解"好客山东"旅游品牌口号的途径较多，涵盖了问卷设计中的旅行社介绍、亲朋好友介绍、电视、广播、报纸/杂志、旅游宣传册、网络、航空公司、海外办事处等各种途径。

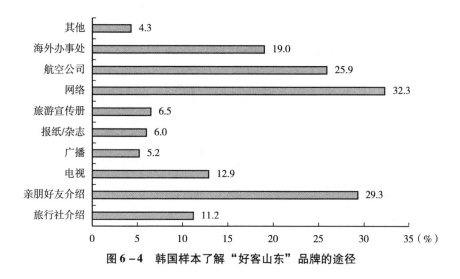

图6-4 韩国样本了解"好客山东"品牌的途径

从排序来看，表6-4的结果显示，在获取信息途径方面，网络、亲朋好友和航空公司成为韩国游客获取相关信息的主要途径，排在前三位。其中，排在第一位的是网络（32.3%），比例超过30%；排在第二位的是亲朋好友介绍（29.3%），比例接近30%，这说明随着计算机及手机移动技术的发展，网络极大方便了游客获取信息，网络甚至超过亲朋好友；排在第三位的是航空公司，比例占了25.9%，超过25%，说明航空公司也是韩国游客获取山东旅游相关信息的主要途径之一；比例在10%~20%之间的从高到低依次是海外办事处（19.0%）、电视（12.9%）和旅行社介绍（11.2%），分别排在第四、第五和第六位。另外，比例在10%以下的从高到低依次是旅游宣传册（6.5%）、报纸/杂志（6.0%）、广播（5.2%）和其他途径（4.3%）。通过以上数据可以看出，在获取旅游目的地相关信息方面，虽然目前网络、亲朋好友和航空公司占了大多数，但是韩国游客获取信息的途径十分广泛，不同的媒介如网络、亲朋好友介绍、电视广告、广播广告、报纸/杂志、旅游宣传册、旅行社介绍、航空公司、海外办事处等都有各自不同的特点和优势，也被游客广为使用。

表 6 - 4　　　韩国游客了解"好客山东"旅游品牌的途径（多选题）

了解"好客山东"旅游品牌的途径	频数（人）	百分数（%）	排序
旅行社介绍	26	11.2	6
亲朋好友介绍	68	29.3	2
电视	30	12.9	5
广播	12	5.2	9
报纸/杂志	14	6.0	8
旅游宣传册	15	6.5	7
网络	75	32.3	1
航空公司	60	25.9	3
海外办事处	44	19.0	4
其他	10	4.3	10

四、韩国游客对山东居民"好客"与"不好客"表现的认知

（一）对山东居民"好客"具体表现的认知

从好客的具体表现来看（见表 6 - 5 和图 6 - 5），游客评价最高的是"交流时举止和善（32.8%）"，这一项超过了 30%。排在第二位和第三位分别是"乐于为游客指路（27.6%）"和"语言沟通顺畅（26.3%）"，从第四位到第七位从高到低依次"微笑待人（21.6%）""愿意帮助有困难的游客（21.1%）""讲诚信（21.1%）""慷慨大方（20.3%）"，这四项也超过 20%，排在第八位的是"乐于为外来游客介绍山东及景点（17.7%）"。说明从韩国游客认知看，山东人给他们的印象最深刻的是举止和善礼貌待客。此外，山东人在对待游客方面表现出的乐于助人、沟通顺畅、微笑待人、讲究诚信、慷慨大方等也得到了超过 1/5 的韩国游客的认可。

表 6 - 5　　　韩国游客对山东居民"好客"的具体认知（多选题）

居民好客的主要表现	频数（人）	百分数（%）	排序
微笑待人	50	21.6	4

续表

居民好客的主要表现	频数（人）	百分数（%）	排序
慷慨大方	47	20.3	7
交流时举止和善	76	32.8	1
语言沟通顺畅	61	26.3	3
乐于为外来游客介绍山东及景点	41	17.7	8
乐于为游客指路	64	27.6	2
愿意帮助有困难的游客	49	21.1	5
讲诚信	49	21.1	5

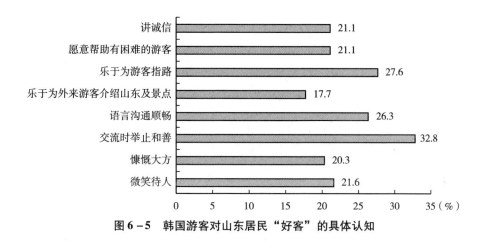

图6-5 韩国游客对山东居民"好客"的具体认知

（二）对山东居民"不好客"具体表现的认知

表6-6和图6-6是游客对居民不好客具体表现的评价。首先，认为"居民持地方方言，交流有困难"的比例最高，占了57.8%，说明接近3/5的韩国游客认为，由于居民韩语水平有限，只能持普通话或方言与游客交流，导致大部分游客听不懂，交流有困难，这是韩国游客在山东旅游中遇到的最大的困扰，也是韩国游客认为居民不好客的最主要原因。其次，认为"居民带有歧视游客的心理"排在第二位，占了21.1%，超过了20%，占了1/5的比例。再次，"交流时言语粗鲁（19.8%）"和"对游客的困难置之不理（19.8%）"并列排在第三位，接近1/5的比例。"涉及有欺骗游客的行为

(15.5%)""交流时态度不好（14.2%)""对外来游客表现得十分排外
(13.4%)"这三项分别排在第五、第六和第七位，比例在10%～20%之间。
这说明居民对游客在行为上的冷漠、置之不理和排外，在语言和态度上不礼
貌，也是韩国游客认为居民不好客的主要方面之一。另外，这可能也是导致
游客认为"居民带有歧视游客的心理"（排在第二位）的主要原因。以上游
客认为不好客的具体因素中，各项指标的比例都超过了10%，这说明山东人
在不好客的这7个方面的问题亟待解决和改善，以提高韩国游客的感知。

表6-6　　　韩国游客对山东居民"不好客"的具体认知（多选题）

居民好客的主要表现	频数（人）	百分数（%）	排序
交流时态度不好	33	14.2	6
交流时言语粗鲁	46	19.8	3
居民带有歧视游客的心理	49	21.1	2
居民持地方方言，交流有困难	134	57.8	1
对游客的困难置之不理	46	19.8	3
对外来游客表现得十分排外	31	13.4	7
涉及有欺骗游客的行为	36	15.5	5

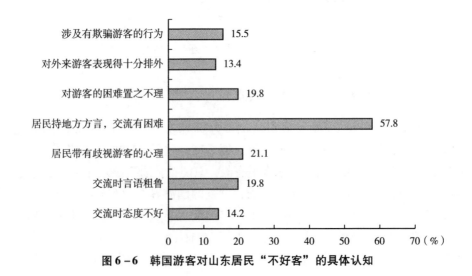

图6-6　韩国游客对山东居民"不好客"的具体认知

第二节　韩国游客对山东好客度各项指标的评价

一、个体性好客行为

个体性好客行为的表现，即游客对在旅游过程中接触到的山东人的好客表现的感知。如前所述，个体性好客的行为表现二级指标，包括导游服务人员、景区服务人员、住宿服务人员、餐饮服务人员、娱乐服务人员、购物服务人员、交通服务人员、当地居民这 8 个三级指标。另外，每个三级指标的好客表现主要从主动服务、面带微笑、态度亲切、肢体语言友善、诚实无欺、沟通顺畅这 6 个方面的四级指标进行测量。具体数值见表 6-7。

表 6-7　　　　　　　　　韩国游客对个体性好客行为的评价

三级指标	三级指标平均值（M）	四级指标	四级指标平均值（M）
导游服务人员 H_{11}	4.82	H_{111} 主动服务	4.42
		H_{112} 面带微笑	5.54
		H_{113} 态度亲切	4.78
		H_{114} 肢体语言友善	4.53
		H_{115} 诚实无欺	4.72
		H_{116} 沟通顺畅	4.94
景区服务人员 H_{12}	4.64	H_{121} 主动服务	4.51
		H_{122} 面带微笑	4.53
		H_{123} 态度亲切	4.81
		H_{124} 肢体语言友善	4.61
		H_{125} 诚实无欺	4.78
		H_{126} 沟通顺畅	4.59
住宿服务人员 H_{13}	4.97	H_{131} 主动服务	4.71
		H_{132} 面带微笑	4.98

续表

三级指标	三级指标平均值（M）	四级指标	四级指标平均值（M）
住宿服务人员 H_{13}	4.97	H_{133}态度亲切	5.08
		H_{134}肢体语言友善	4.93
		H_{135}诚实无欺	5.07
		H_{136}沟通顺畅	5.06
餐饮服务人员 H_{14}	4.40	H_{141}主动服务	4.33
		H_{142}面带微笑	4.27
		H_{143}态度亲切	4.54
		H_{144}肢体语言友善	4.43
		H_{145}诚实无欺	4.49
		H_{146}沟通顺畅	4.34
购物服务人员 H_{15}	4.68	H_{151}主动服务	4.76
		H_{152}面带微笑	4.65
		H_{153}态度亲切	4.81
		H_{154}肢体语言友善	4.65
		H_{155}诚实无欺	4.71
		H_{156}沟通顺畅	4.50
娱乐服务人员 H_{16}	4.31	H_{161}主动服务	4.22
		H_{162}面带微笑	4.29
		H_{163}态度亲切	4.35
		H_{164}肢体语言友善	4.26
		H_{165}诚实无欺	4.43
		H_{166}沟通顺畅	4.28
交通服务人员 H_{17}	3.93	H_{171}主动服务	3.85
		H_{172}面带微笑	3.88
		H_{173}态度亲切	3.96
		H_{174}肢体语言友善	3.88
		H_{175}诚实无欺	4.22
		H_{176}沟通顺畅	3.81

三级指标	三级指标平均值（M）	四级指标	四级指标平均值（M）
当地居民 H18	4.59	H171 主动服务	4.46
		H172 面带微笑	4.56
		H173 态度亲切	4.79
		H174 肢体语言友善	4.93
		H175 诚实无欺	4.46
		H176 沟通顺畅	4.35
个体性好客行为 H1	4.54	——	——

注：平均值采用李克特7点量表，1 = "非常不同意"，7 = "非常同意"。好客度等级分类见第三章，其中0~2表示"非常差"，2~4表示"较差"，4~5表示"中等"，5~6表示"良好"，6~7表示"优秀"。

从整体平均值看，个体好客的8个方面中，平均值由高到低依次是住宿服务人员（M = 4.97）、导游服务人员（M = 4.82）、购物服务人员（M = 4.68）、景区服务人员（M = 4.64）、当地居民（M = 4.59）、餐饮服务人员（M = 4.40）、娱乐服务人员（M = 4.31）、交通服务人员（M = 3.93）。其中，游客评价最高的是住宿服务人员（M = 4.97），评价最低的是交通服务人员（M = 3.93）。

总体上看，个体好客的8个方面，交通服务人员平均值在2~4之间，游客的好客度评价在"较差"区间，游客的评价处于不满意水平，交通服务人员的好客度亟待提高。其他几个方面，即住宿服务人员、娱乐服务人员、导游服务人员、购物服务人员、景区服务人员、餐饮服务人员、当地居民等的好客度平均值范围在4~5之间，游客的好客度评价在"中等"区间，游客的评价只达到了基本满意水平。

下面进一步对个体性好客行为表现的8个方面要素进行比较分析。

在主动服务方面（见图6-7），平均值从高到低依次是购物服务人员（M = 4.76）、住宿服务人员（M = 4.71）、景区服务人员（M = 4.51）、当地居民（M = 4.46）、导游服务人员（M = 4.42）、餐饮服务人员（M = 4.33）、娱乐服务人员（M = 4.22）、交通服务人员（M = 3.85）。其中，游客评价最高的是购物服务人员，最低的是交通服务人员。总体上看，交通服务人员在

"主动服务"这一项在评价平均值范围在 2~4 之间，平均值较低，游客的好客度在"较差"区间，属于不太满意水平。除此之外，其他岗位的人员好客度平均值范围在 4~5 之间，游客的好客度评价在"中等"区间，说明韩国游客对大部分山东人在"主动服务"方面的好客行为表现评价只达到了基本满意水平。

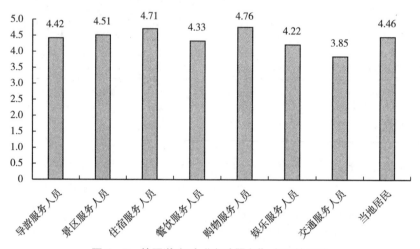

图 6-7 韩国游客对"主动服务"方面的评价

在面带微笑方面（见图 6-8），平均值从高到低依次是导游服务人员（M=5.54）、住宿服务人员（M=4.98）、购物服务人员（M=4.65）、当地居民（M=4.56）、景区服务人员（M=4.53）、娱乐服务人员（M=4.29）、餐饮服务人员（M=4.27）、交通服务人员（M=3.88）。其中，游客评价最高的是导游服务人员，最低的是交通服务人员。总体来说，交通服务人员在"面带微笑"这一项在评价平均值范围在 2~4 之间，平均值较低，游客的好客度在"较差"区间，属于不太满意水平，导游服务人员在"面带微笑"这一项的评价平均值范围在 5~6 之间，平均值较高，游客的好客度在"良好"区间，达到满意水平。除此之外，其他岗位的人员好客度平均值范围在 4~5之间，游客的好客度评价在"中等"区间，说明韩国游客对大部分山东人在"面带微笑"方面的好客行为表现评价只达到基本满意水平。

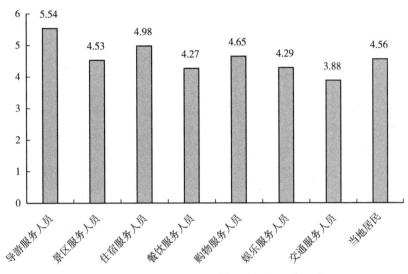

图 6 – 8　韩国游客对"面带微笑"方面的评价

在态度亲切方面（见图 6 – 9），平均值从高到低依次是住宿服务人员（M = 5.08）、景区服务人员（M = 4.81）、购物服务人员（M = 4.81）、当地居民（M = 4.79）、导游服务人员（M = 4.78）、餐饮服务人员（M = 4.54）、娱乐服务人员（M = 4.35）、交通服务人员（M = 3.96）。其中，游客评价最高的是住宿服务人员，最低的是交通服务人员。总体上看，交通服务人员在"态度亲切"这一项的评价平均值范围在 2 ~ 4 之间，平均值较低，游客的好客度在"较差"区间，属于不太满意水平。住宿服务人员在"态度亲切"这一项的评价平均值范围在 5 ~ 6 之间，平均值较高，游客的好客度在"良好"区间，达到满意水平。除此之外，其他岗位的人员好客度平均值范围在 4 ~ 5之间，游客的好客度评价在"中等"区间，说明韩国游客对大部分山东人在"态度亲切"方面的好客行为表现评价只达到基本满意水平。

在肢体语言友善方面（见图 6 – 10），平均值从高到低依次是住宿服务人员（M = 4.93）、当地居民（M = 4.93）、购物服务人员（M = 4.65）、景区服务人员（M = 4.61）、导游服务人员（M = 4.53）、餐饮服务人员（M = 4.43）、娱乐服务人员（M = 4.26）、交通服务人员（M = 3.88）。其中，游客评价最高的是住宿服务人员和当地居民，最低的是交通服务人员。总体上看，交通服务人员在"肢体语言友善"这一项的评价平均值范围在 2 ~ 4 之间，平均值较低，游客的好客度在"较差"区间，属于不太满意水平。除此之外，其他岗位的人员好客度平均值范围在 4 ~ 5 之间，游客的好客度评价在"中等"区间，说明韩国游客对大部分山东人在"肢体语言友善"方面的好客行为表现评价达到了基本满意水平。

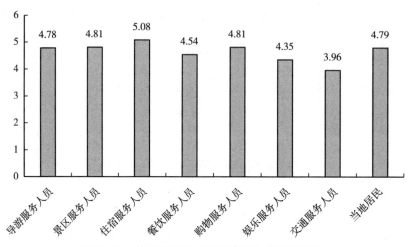

图 6 - 9　韩国游客对"态度亲切"方面的评价

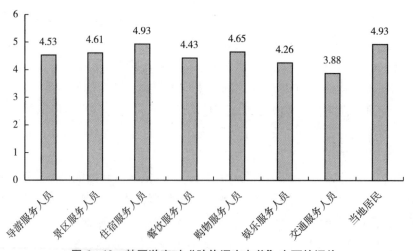

图 6 - 10　韩国游客对"肢体语言友善"方面的评价

在诚实无欺方面（见图 6 - 11），平均值从高到低依次是住宿服务人员（M = 5.07）、景区服务人员（M = 4.78）、导游服务人员（M = 4.72）、购物服务人员（M = 4.71）、餐饮服务人员（M = 4.49）、当地居民（M = 4.46）、娱乐服务人员（M = 4.43）、交通服务人员（M = 3.88）。其中，游客评价最高的是住宿服务人员，最低的是交通服务人员。总体上看，交通服务人员在"诚实无欺"这一项的评价平均值范围在 2 ~ 4 之间，平均值较低，游客的好客度在"较差"区间，属于不太满意水平。住宿服务人员在"诚实无欺"这一项的评价平均值范围在 5 ~ 6 之间，平均值较高，游客的好客度在"良好"区间，达到满意水平。除此之外，其他岗位的人员好客度平均值范围在 4 ~ 5 之间，游客的好客度评价在"中等"区间，说明韩国游客对大部分山东人在"诚实无欺"方面的好客行为表现评价只达到基本满意水平。

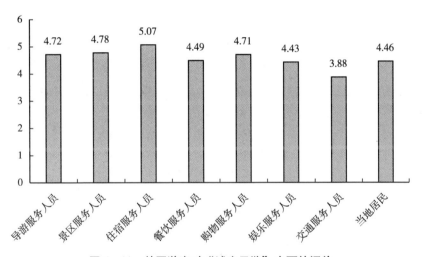

图 6 - 11　韩国游客对"诚实无欺"方面的评价

在沟通顺畅方面（见图 6 - 12），平均值从高到低依次是住宿服务人员（M = 5.06）、导游服务人员（M = 4.94）、景区服务人员（M = 4.59）、购物服务人员（M = 4.50）、当地居民（M = 4.35）、餐饮服务人员（M = 4.34）、娱乐服务人员（M = 4.28）、交通服务人员（M = 3.81）。其中，游客评价最高的是住宿服务人员，最低的是交通服务人员。总体上看，交通服务人员在"沟通顺畅"这一项的评价平均值范围在 2 ~ 4 之间，平均值较低，游客的好客度在"较差"区间，属于不太满意水平。住宿服务人员在"沟通顺畅"这一项的评价平均值范围在 5～6 之间，平均值较高，游客的好客度在"良好"区间，达到满意水平。除此之外，其他岗位人员的好客度平均值范围在 4～5 之间，游客的好客度评价在"中等"区间，说明韩国游客对大部分山东人在"沟通顺畅"方面的好客行为表现评价只达到基本满意水平。

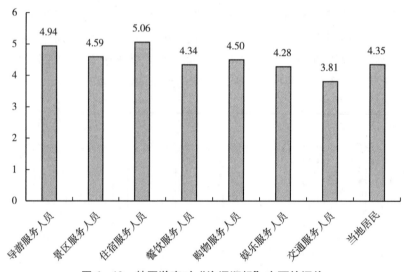

图 6－12　韩国游客对"沟通顺畅"方面的评价

二、社会性好客氛围

社会性好客氛围的表现方面，即游客对在山东旅游过程中接触到的社会环境中体现的好客氛围感知。社会性好客的氛围表现，根据游客在旅游活动中使用频率较高的公共设施，分解为公共厕所、公共通信设施、旅游咨询中心 3 个要素的好客程度进行评价。最后，再将三级指标分解为可以具体操作和测量的四级指标（见表 6－8）。

表6－8 韩国游客对社会性好客氛围的评价

三级指标	三级指标平均值（M）	四级指标	四级指标平均值（M）
公共厕所 H_{21}	3.89	H_{211} 易于寻找	4.03
		H_{212} 舒适便捷	3.81
		H_{213} 管理有序	3.47
		H_{214} 环境清洁	3.32
		H_{215} 免费使用	4.84
公共通信设施 H_{22}	4.08	H_{221} 设施完好	3.97
		H_{222} 使用便利	4.09
		H_{223} 价格公道	4.27
		H_{224} 提示信息清晰易懂	3.97
旅游咨询中心 H_{23}	4.10	H_{231} 资料完善	4.18
		H_{232} 资料新颖	4.15
		H_{233} 资料使用价值高	4.00
		H_{234} 资料获取便利	4.03
		H_{235} 咨询热线便于知晓	4.15
社会性好客氛围 H_2	4.02	—	—

注：平均值采用李克特7点量表，1＝"非常不同意"，7＝"非常同意"。好客度等级分类见第三章，其中0～2表示"非常差"，2～4表示"较差"，4～5表示"中等"，5～6表示"良好"，6～7表示"优秀"。

从整体平均值看，社会性好客的氛围表现的3个方面，平均值由高到低依次是旅游咨询中心（M＝4.10）、公共通信设施（M＝4.08）、公共厕所（M＝3.89）。这三项中，旅游咨询中心和公共通信设施好客度的平均值在4～5之间，游客的好客度评价在"中等"区间。说明韩国游客对"旅游咨询中心"和"通信设施"方面的好客氛围表现评价是持中等的态度，达到了基本满意水平。另外，公共厕所好客度的平均值在2～4之间，游客的好客度评价在"较差"区间。说明韩国游客对"公共厕所"的好客氛围表现评价是持不满意的态度，需要尽快改善。

下面进一步对社会性好客氛围表现的四级指标进行分析。

在公共厕所好客度方面（见图6－13），平均值从高到低依次是免费使用

（M = 4.84）、易于寻找（M = 4.03）、舒适便捷（M = 3.81）、管理有序（M = 3.47）、环境清洁（M = 3.32）。其中，游客评价最高的是公共厕所的免费使用情况，评价最低的是环境清洁状况。总体上看，公共厕所好客度的 5个四级指标中，有两个指标，即使用免费、易于寻找这两项韩国游客的评价平均值范围在 4～5 之间，其好客度评价在"中等"区间，只达到基本满意水平，另外三个指标，即舒适便捷、管理有序和环境清洁这三项，韩国游客的评价平均值范围在 2～4 之间，其好客度评价在"较差"区间，属于不满意水平，需要尽快改善。

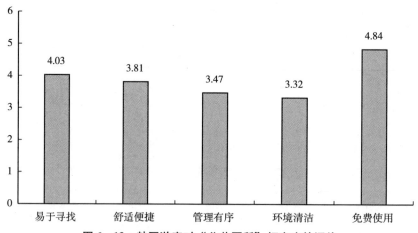

图 6 - 13　韩国游客对"公共厕所"好客度的评价

在公共通信设施好客度方面（见图 6 - 14），平均值从高到低依次是价格公道（M = 4.27）、使用便利（M = 4.09）、提示信息清晰易懂（M = 3.97）、设施完好（M = 3.97）。其中，游客评价最高的是公共通信设施的价格公道方面，评价最低的是公共通信设施的完好状况和提示信息清晰易懂方面。总体上看，公共通信设施好客度的价格公道和使用便利这两个四级指标，韩国游客的评价平均值范围均在 4～5 之间，其好客度评价在"中等"区间，只达到基本满意水平。另外两个指标，即公共通信设施的完好状况和提示信息清晰易懂这两项，韩国游客的评价平均值范围在 2～4 之间，其好客度评价在"较差"区间，属于不满意水平，需要尽快改善。

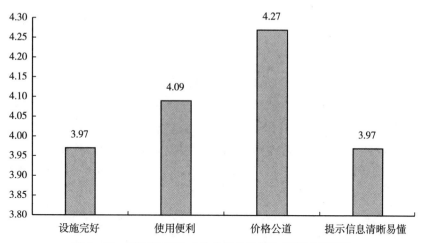

图 6 – 14　韩国游客对"公共通信设施"好客度的评价

　　在旅游咨询中心好客度方面（见图 6 – 15），平均值从高到低依次是资料完善（M = 4.18）、资料新颖（M = 4.15）、咨询热线便于知晓（M = 4.15）、资料获取便利（M = 4.03）、资料使用价值高（M = 4.00）。其中，游客评价最高的是资料完善方面，评价最低的是资料使用价值方面。总体上看，旅游咨询中心好客度的 5 个四级指标，韩国游客的评价平均值范围均在 4 ~ 5 之间，其好客度评价在"中等"区间，只达到基本满意水平。

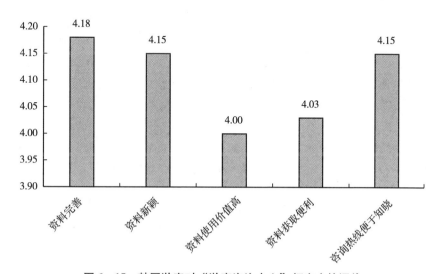

图 6 – 15　韩国游客对"游客咨询中心"好客度的评价

三、总体好客度

根据表 6 - 7 和表 6 - 8 数据，即国外游客在山东旅游过程中对个体性好客行为表现，以及在社会性好客氛围表现方面的平均值，计算出国外游客对山东总体好客度的评价，具体见表 6 - 9。数据显示，韩国游客对山东总体好客度的评价平均值为 4.28，范围在 4 ~ 5 之间，其好客度评价在"中等"区间，只达到基本满意水平。其中，个体性好客行为的表现方面，韩国游客的评价平均值为 4.54，范围在 4 ~ 5 之间，其好客度评价在"中等"区间，只达到基本满意水平；社会性好客氛围的表现方面，韩国游客的评价平均值为 4.02，范围在 4 ~ 5 之间，其好客度评价在"中等"区间，也只达到基本满意水平。从具体平均值大小看，韩国游客对山东个体性好客行为的评价高于社会性好客氛围的评价。

表 6 - 9　　　　　　　　　　**韩国游客对山东总体好客度评价**

指标	含义	平均值（M）	好客度评估
二级指标 H_1	个体性好客的行为表现	4.54	中等
二级指标 H_2	社会性好客的氛围表现	4.02	中等
一级指标 H	总体好客度指数	4.28	中等

注：平均值采用李克特 7 点量表，1 = "非常不同意"，7 = "非常同意"。好客度等级分类见第三章，其中 0 ~ 2 表示"非常差"，2 ~ 4 表示"较差"，4 ~ 5 表示"中等"，5 ~ 6 表示"良好"，6 ~ 7 表示"优秀"。

第七章

日本游客对山东好客度的评价实证研究

第一节　样本基本概况

一、日本样本个人基本信息概况

日本游客有效样本的人口统计特征数据分析结果见表7-1。

从性别看，男性偏多，占64.2%，女性为35.8%，比例偏低，总体上相差30个百分点，说明山东的日本游客中还是男性偏多，占了将近2/3的比例。

从年龄看，40~49岁最多（31.6%），其次是20~29岁（30.2%），30~39岁的排在第三位（19.5%），排在第四位的50岁及以上群体（16.3%），比例也超过15%，四者之和占了接近98%，20岁以下的占2.3%。总体上看，山东游的日本游客年龄广泛，20岁以上不同年龄的群体均占了较高的比例。

从学历看，本科最多，占37.2%，排在第二位是研究生或以上占 30.7%，两者之和占了 67.9%，排在第三位是专科占17.7%，三者之和超过了 85%，高中及中专，初中及以下的比例均低于10%，说明山东游的日本游客中还是以本专科和研究生以上高学历的群体为主。

表 7-1   日本样本的个人基本信息概况

基本情况		频数（人）	百分数（%）
性别	男	138	64.2
	女	77	35.8
年龄	20 岁以下	5	2.3
	20～29 岁	65	30.2
	30～39 岁	42	19.5
	40～49 岁	68	31.6
	50 岁及以上	35	16.3
学历	初中及以下	18	8.4
	高中及中专	13	6.0
	专科	38	17.7
	本科	80	37.2
	研究生或以上	66	30.7
职业	公务员	24	11.2
	科研或技术人员	18	8.4
	经商人员	72	33.5
	教师	22	10.2
	学生	42	19.5
	公司职员	24	11.2
	农业工作者	7	3.3
	退休人员	2	0.9
	军人	0	0
	家庭主妇	3	1.4
	其他	1	0.5

续表

基本情况		频数（人）	百分数（%）
家庭月收入	8000 美元以下	60	27.9
	8000～15999 美元	66	30.7
	16000～23999 美元	61	28.4
	24000～31999 美元	19	8.8
	32000 美元及以上	9	4.2

从收入看，家庭月收入为 8000～15999 美元的最多，占 30.7%；家庭平均月收入在 16000～23999 美元和 8000 美元以下的也分别占了 28.4% 和 27.9%，排在第二位和第三位；家庭月收入在 24000～31999 美元和 32000 美元及以上的分别占了 8.8% 和 4.2%。

游客职业广泛，包括公务员、科研技术人员、经商人员、学生、公司职员、农业工作者等，只有军人一项为 0。总体上日本游客职业涉及社会各个领域，比较广泛。

二、日本游客旅游相关信息概况

本次调查的日本样本旅游相关信息概况见表 7–2。

表 7–2   日本样本旅游相关特征

基本情况		频数（人）	百分数（%）
旅游山东的经历	第一次游	100	46.5
	重复游	115	53.5
旅游目的	商务出差	81	37.7
	休闲度假	91	42.3
	探亲访友	35	16.3
	其他	8	3.7

从旅游经历看（见图 7 - 1），第一次到山东旅游的游客稍微偏少，占 46.5%，重复游的游客稍微多一些，占 53.5%。说明本次调查的日本样本比较全面的，初次出游和重复出游的游客都占了较大的比例。

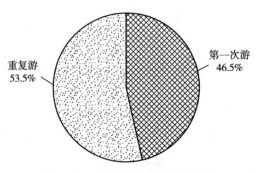

图 7 - 1　日本样本旅游山东的次数

从旅游目的来看（见图 7 - 2），休闲度假最多，占 42.3%；商务出差排在第二位，占了 37.7%，排在第三位的是探亲访友，占了 16.3%；其他目的（例如短期学习/培训，医疗/康养等）占了 3.7%。总体上看，山东游的日本游客的旅游目的还是以传统的休闲度假、商务出差和探亲访友为主，三者之和占了 96%。

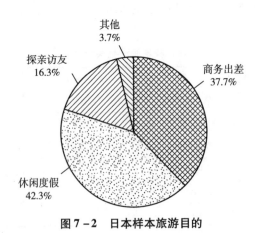

图 7 - 2　日本样本旅游目的

三、日本游客对"好客山东"品牌的认知度和认知途径

(一) 日本游客对"好客山东"品牌的认知度

表7-3和图7-3的数据表明,有效问卷215人中,有148人即68.8%的日本游客在做本次问卷之前知道"好客山东"旅游品牌形象口号,不知道该口号的人数比例占了31.2%,这说明"好客山东"旅游品牌形象在日本游客中的认知度还是较高的,接近70%,也说明旅游管理部门在日本市场的推广有了一定的成效,但是还需要进一步的深度推广。

表7-3 日本游客对"好客山东"品牌认知情况

问卷调查前是否知道"好客山东"旅游口号	频数 (人)	百分数 (%)
是	148	68.8
否	67	31.2

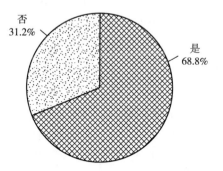

图7-3 日本样本对"好客山东"品牌的认知情况

(二) 日本游客了解"好客山东"品牌的途径

游客了解"好客山东"旅游品牌口号的途径见图7-4。由图7-4可以看出,日本游客了解"好客山东"旅游品牌口号的途径较多,涵盖了问卷设计中的旅行社介绍、亲朋好友介绍、电视、广播、报纸/杂志、旅游宣传册、网络、航空公司、海外办事处等各种途径。

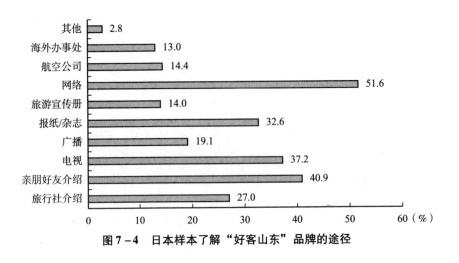

图7-4 日本样本了解"好客山东"品牌的途径

从排序来看，表7-4的结果显示，在获取信息途径方面，网络、亲朋好友、电视、报纸/杂志成为日本游客获取相关信息的主要途径，排在前四位。其中，排在第一位的是网络，占51.6%，说明随着计算机及手机移动技术的发展，网络是游客获取目的地信息的主要途径，已经超过亲朋好友，排在第二位的是亲朋好友介绍，占40.9%，说明通过口碑传播仍然是日本游客了解好客山东的主要途径之一，也说明口碑传播一直是游客信赖度较高的传播途径。电视和报纸/杂志排在第三位和第四位，比例超过30%，分别占37.2%和32.6%。旅行社介绍排在第五位，占27%。比例在10%~20%之间的从高到低依次是广播（19.1%）、航空公司（14.4%）、旅游宣传册（14.0%）和海外办事处（13.0%），分别排在第六、第七、第八和第九位。其他途径占了2.8%。通过以上数据可以看出，在获取旅游目的地相关信息方面，虽然目前网络、亲朋好友、电视、报纸/杂志占了大多数，但是日本游客获取信息的途径是十分广泛的，不同的媒介例如网络、亲朋好友介绍、电视广告、广播广告、报纸/杂志、旅游宣传册、旅行社介绍、航空公司、海外办事处等都有各自不同的特点和优势，也被游客广为使用。

表7-4　　日本游客了解"好客山东"旅游品牌的途径（多选题）

了解"好客山东"旅游品牌的途径	频数（人）	百分数（%）	排序
旅行社介绍	58	27.0	5

续表

了解"好客山东"旅游品牌的途径	频数（人）	百分数（%）	排序
亲朋好友介绍	88	40.9	2
电视	80	37.2	3
广播	41	19.1	6
报纸/杂志	70	32.6	4
旅游宣传册	30	14.0	8
网络	111	51.6	1
航空公司	31	14.4	7
海外办事处	28	13.0	9
其他	6	2.8	10

四、日本游客对山东居民"好客"与"不好客"表现的认知

（一）对山东居民"好客"具体表现的认知

从好客的具体表现来看（见表7-5和图7-5），游客评价最高的前两位从高到低依次是"交流时举止和善（45.6%）""慷慨大方（40.0%）"，这两项均超过40%；游客评价排在第三位到第七位从高到低依次"乐于为外来游客介绍山东及景点（38.1%）""乐于为游客指路（34.4%）""语言沟通顺畅（33.0%）""帮助有困难的游客（31.6%）""微笑待人（29.8%）"这五项接近或超过30%；较低的是"讲诚信（15.3%）"。这说明日本游客对山东居民好客方面感知最高的是山东人在对待游客方面表现出的礼貌待客、慷慨大方、乐于助人、乐于介绍山东、微笑待人等主要方面。

表7-5　　　日本游客对山东居民"好客"的具体认知（多选题）

居民好客的主要表现	频数（人）	百分数（%）	排序
微笑待人	64	29.8	7
慷慨大方	86	40.0	2
交流时举止和善	98	45.6	1

· 153 ·

续表

居民好客的主要表现	频数（人）	百分数（%）	排序
语言沟通顺畅	71	33.0	5
乐于为外来游客介绍山东及景点	82	38.1	3
乐于为游客指路	74	34.4	4
愿意帮助有困难的游客	68	31.6	6
讲诚信	33	15.3	8

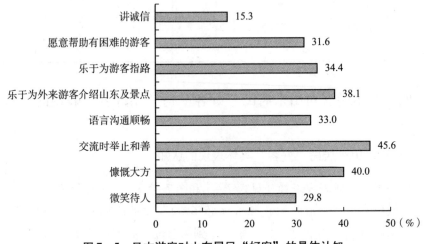

图7-5 日本游客对山东居民"好客"的具体认知

（二）对山东居民"不好客"具体表现的认知

表7-6和图7-6是日本游客对居民不好客的具体表现评价。首先，认为"居民持地方方言，交流有困难"的比例最高，占了58.1%，说明接近60%的日本游客认为，由于居民习惯持普通话或者地方方言与游客交流，导致大部分游客听不懂，交流有困难是日本游客在山东旅游中遇到的最大的困扰，也是游客认为居民不好客的最主要原因。其次，认为"对外来游客表现十分排外"和"居民带有歧视游客的心理"分别排在第二位和第三位，这两项的比例分别是49.3%和40.5%。前者比例接近50%，后者比例也超过了40%，说明在旅游过程中日本游客感知到山东居民的排外和歧视情绪也是日

本游客认为山东人不好客的重要因素之一。再次，"对游客的困难置之不理
（29.8%）""交流时语言粗鲁（26.0%）""交流时态度不好（24.2%）""涉
及有欺骗游客的行为（24.2%）"这四项依次排在第四位到第七位，比例超
过20%。说明居民对游客行为上的置之不理、在语言和态度上的不礼貌以及
涉及欺骗行为和不诚信，也是日本游客认为居民不好客的主要方面之一。另
外，这可能也是导致日本游客认为山东居民"对外来游客表现得十分排外"
（排在第二位）和认为"居民带有歧视游客的心理"（排在第三位）的主要
原因。

表7-6 日本游客对山东居民"不好客"的具体认知（多选题）

居民不好客的主要表现	频数（人）	百分数（%）	排序
交流时态度不好	52	24.2	6
交流时言语粗鲁	56	26.0	5
居民带有歧视游客的心理	87	40.5	3
居民持地方方言，交流有困难	125	58.1	1
对游客的困难置之不理	64	29.8	4
对外来游客表现得十分排外	106	49.3	2
涉及有欺骗游客的行为	52	24.2	6

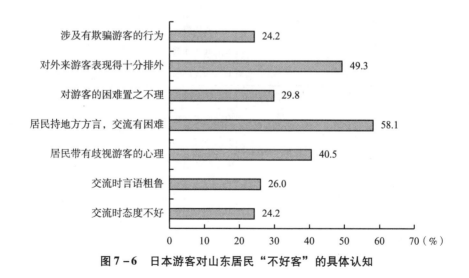

图7-6 日本游客对山东居民"不好客"的具体认知

第二节 日本游客对山东好客度各项指标的评价

一、个体性好客行为

个体性好客行为的表现，即游客对在旅游过程中接触到的山东人的好客表现的感知。如前所述，个体性好客的行为表现二级指标，包括导游服务人员、景区服务人员、住宿服务人员、餐饮服务人员、娱乐服务人员、购物服务人员、交通服务人员、当地居民这 8 个三级指标。另外，每个三级指标的好客表现主要从主动服务、面带微笑、态度亲切、肢体语言友善、诚实无欺、语言沟通顺畅这 6 个方面的四级指标进行测量。具体数值见表 7 - 7。

表 7 - 7   **日本游客对个体性好客行为的评价**

三级指标	三级指标平均值（M）	四级指标	四级指标平均值（M）
导游服务人员 H_{11}	4.42	H_{111} 主动服务	4.01
		H_{112} 面带微笑	4.00
		H_{113} 态度亲切	4.32
		H_{114} 肢体语言友善	4.41
		H_{115} 诚实无欺	4.73
		H_{116} 沟通顺畅	5.03
景区服务人员 H_{12}	4.48	H_{121} 主动服务	4.00
		H_{122} 面带微笑	4.14
		H_{123} 态度亲切	4.41
		H_{124} 肢体语言友善	4.63
		H_{125} 诚实无欺	4.95
		H_{126} 沟通顺畅	4.73
住宿服务人员 H_{13}	4.47	H_{131} 主动服务	4.11
		H_{132} 面带微笑	4.12

三级指标	三级指标平均值（M）	四级指标	四级指标平均值（M）
住宿服务人员 H$_{13}$	4.47	H$_{133}$ 态度亲切	4.36
		H$_{134}$ 肢体语言友善	4.52
		H$_{135}$ 诚实无欺	4.97
		H$_{136}$ 沟通顺畅	4.74
餐饮服务人员 H$_{14}$	4.52	H$_{141}$ 主动服务	4.16
		H$_{142}$ 面带微笑	4.23
		H$_{143}$ 态度亲切	4.51
		H$_{144}$ 肢体语言友善	4.53
		H$_{145}$ 诚实无欺	4.84
		H$_{146}$ 沟通顺畅	4.87
购物服务人员 H$_{15}$	4.45	H$_{151}$ 主动服务	4.21
		H$_{152}$ 面带微笑	4.19
		H$_{153}$ 态度亲切	4.32
		H$_{154}$ 肢体语言友善	4.56
		H$_{155}$ 诚实无欺	4.82
		H$_{156}$ 沟通顺畅	4.57
娱乐服务人员 H$_{16}$	4.33	H$_{161}$ 主动服务	4.36
		H$_{162}$ 面带微笑	4.17
		H$_{163}$ 态度亲切	4.27
		H$_{164}$ 肢体语言友善	4.29
		H$_{165}$ 诚实无欺	4.47
		H$_{166}$ 沟通顺畅	4.42
交通服务人员 H$_{17}$	4.28	H$_{171}$ 主动服务	4.25
		H$_{172}$ 面带微笑	4.13
		H$_{173}$ 态度亲切	4.00
		H$_{174}$ 肢体语言友善	4.34
		H$_{175}$ 诚实无欺	4.63
		H$_{176}$ 沟通顺畅	4.31

续表

三级指标	三级指标平均值（M）	四级指标	四级指标平均值（M）
当地居民 H_{18}	4.81	H_{181} 主动服务	5.07
		H_{182} 面带微笑	4.91
		H_{183} 态度亲切	4.97
		H_{184} 肢体语言友善	5.27
		H_{185} 诚实无欺	4.38
		H_{186} 沟通顺畅	4.28
个体性好客行为 H_1	4.47	—	—

注：平均值采用李克特7点量表，1 = "非常不同意"，7 = "非常同意"。好客度等级分类见第三章，其中0~2表示"非常差"，2~4表示"较差"，4~5表示"中等"，5~6表示"良好"，6~7表示"优秀"。

从整体平均值看，个体好客行为的8个方面中，平均值由高到低依次是当地居民（M = 4.81）、餐饮服务人员（M = 4.52）、景区服务人员（M = 4.48）、住宿服务人员（M = 4.47）、购物服务人员（M = 4.45）、导游服务人员（M = 4.42）、娱乐服务人员（M = 4.33）、交通服务人员（M = 4.28）。其中，游客评价最高的是当地居民，平均值4.81，与从业人员相比较，日本游客对当地居民的好客度评价相对较高。当然，个体好客行为的8个方面，当地居民的好客度大于4.5但是小于5，好客度评价在"中等"区间。从业人员的好客度，即住宿服务人员、娱乐服务人员、交通服务人员、导游服务人员、景区服务人员、餐饮服务人员、购物服务人员的好客度平均值范围在4.28~4.52之间，大于4小于或接近4.5，在4~5之间，好客度评价在"中等"区间。这说明日本游客对山东居民个体性好客行为的表现属于中间状态，是基本满意水平。

下面进一步对个体性好客行为表现的8个方面要素进行比较分析。

在主动服务方面（见图7-7），平均值从高到低依次是当地居民（M = 5.07）、娱乐服务人员（M = 4.36）、交通服务人员（M = 4.25）、购物服务人员（M = 4.21）、餐饮服务人员（M = 4.16）、住宿服务人员（M = 4.11）、导游服务人员（M = 4.01）、景区服务人员（M = 4.00）。其中，游客评价最高的是当地居民，最低的是景区服务人员。总体上看，当地居民在"主动服务"这一项的评价平均值范围在 5 ~ 6 之间，游客的好客度评价在"良好"区间，达到满意水平。除此之外，其他岗位的人员即当地的旅游相关从业人员的好客度平均值范围在 4 ~ 5 之间，游客的好客度评价在"中等"区间，说明日本游客对当地的旅游相关从业人员在"主动服务"方面的好客行为表现评价只达到基本满意水平。

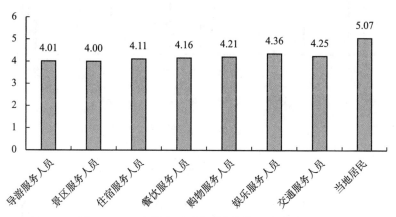

图 7 - 7　日本游客对"主动服务"方面的评价

在面带微笑方面（见图 7 - 8），平均值从高到低依次是当地居民（M = 4.91）、餐饮服务人员（M = 4.23）、购物服务人员（M = 4.19）、娱乐服务人员（M = 4.17）、景区服务人员（M = 4.14）、交通服务人员（M = 4.13）、住宿服务人员（M = 4.12）、导游服务人员（M = 4.00）。其中，游客评价最高的是当地居民，最低的是导游服务人员。总体上看，好客度平均值范围"面带微笑"这一项的评价平均值范围在 4 ~ 5 之间，游客的好客度在"中等"区间，只达到基本满意水平。

在态度亲切方面（见图 7 - 9），平均值从高到低依次是当地居民（M = 4.97）、餐饮服务人员（M = 4.51）、景区服务人员（M = 4.41）、住宿服务人员（M = 4.36）、导游服务人员（M = 4.32）、购物服务人员（M = 4.32）、娱乐服务人员（M = 4.27）、交通服务人员（M = 4.00）。其中，游客评价最高的是当地居民，最低的是交通服务人员。总体上看，在好客度平均值范围"态度亲切"这一项的评价平均值范围在 4 ~ 5 之间，平均值较低，游客的好客度在"中等"区间，只达到基本满意水平。

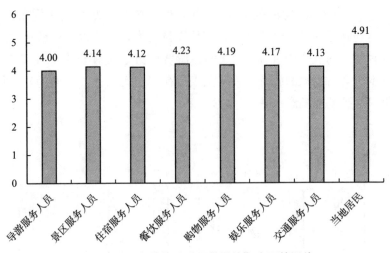

图7-8 日本游客对"面带微笑"方面的评价

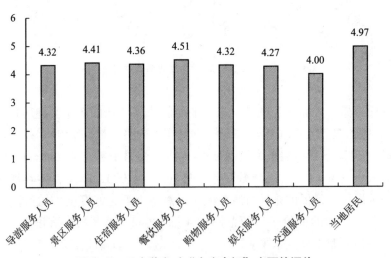

图7-9 日本游客对"态度亲切"方面的评价

在肢体语言友善方面（见图7-10），平均值从高到低依次是当地居民（M=5.27）、景区服务人员（M=4.63）、购物服务人员（M=4.56）、餐饮服务人员（M=4.53）、住宿服务人员（M=4.52）、导游服务人员（M=4.41）、交通服务人员（M=4.34）、娱乐服务人员（M=4.29）。其中，游客评价最高的是当地居民，最低的是娱乐服务人员。总体上看，当地居民在

"肢体语言友善"这一项的评价平均值范围在 5~6 之间，大于中间值 4，游客的好客度评价在"良好"区间，达到了满意水平。除此之外，其他岗位的人员好客度平均值范围在 4~5 之间，游客的好客度评价在"中等"区间，说明日本游客对大部分山东人在"肢体语言友善"方面的好客行为表现评价达到了基本满意水平。

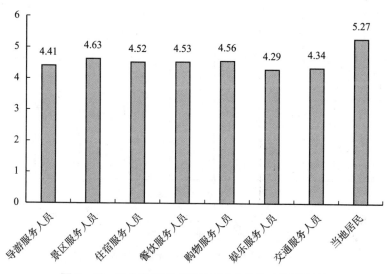

图 7 – 10　日本游客对"肢体语言友善"方面的评价

在诚实无欺方面（见图 7 – 11），平均值从高到低依次是住宿服务人员（M = 4.97）、景区服务人员（M = 4.95）、餐饮服务人员（M = 4.84）、购物服务人员（M = 4.82）、导游服务人员（M = 4.73）、交通服务人员（M = 4.63）、娱乐服务人员（M = 4.47）、当地居民（M = 4.38）。其中，游客评价最高的是住宿服务人员，最低的是当地居民。总体上看，在好客度平均值范围"诚实无欺"这一项的评价平均值范围在 4~5 之间，游客的好客度在"中等"区间，只达到基本满意水平。

在沟通顺畅方面（见图 7 – 12），平均值从高到低依次是导游服务人员（M = 5.03）、餐饮服务人员（M = 4.87）、住宿服务人员（M = 4.74）、景区服务人员（M = 4.73）、购物服务人员（M = 4.57）、娱乐服务人员（M = 4.42）、交通服务人员（M = 4.31）、当地居民（M = 4.28）。其中，游客评价最高的是导游服务人员，最低的是当地居民。总体来说，导游服务人员在"沟通顺畅"这一项的评价平均值范围在 5～6 之间，平均值较高，游客的好客度在"良好"区间，达到满意水平。除此之外，其他岗位的人员好客度平均值范围在 4～5 之间，游客的好客度评价在"中等"区间，说明日本游客对大部分山东人在"沟通顺畅"方面的好客行为表现评价只达到了基本满意水平。

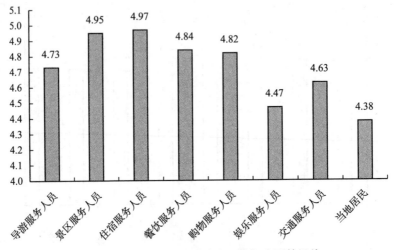

图 7-11　日本游客对"诚实无欺"方面的评价

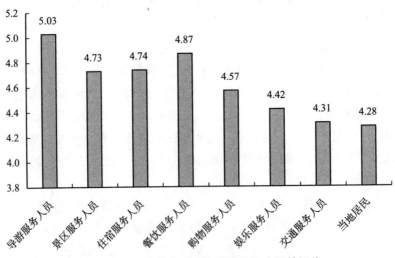

图 7-12　日本游客对"沟通顺畅"方面的评价

二、社会性好客氛围

社会性好客的氛围表现方面，即游客对在山东旅游过程中接触到的社会环境中体现的好客氛围感知。社会性好客的氛围表现，根据游客在旅游活动中使用频率较高的公共设施，分解为公共厕所、公共通信设施、旅游咨询中心3个要素的好客程度进行评价。最后，再将三级指标分解为可以具体操作和测量的四级指标（见表7-8）。

表7-8　　　　　　　　日本游客对社会性好客氛围的评价

三级指标	三级指标平均值（M）	四级指标	四级指标平均值（M）
公共厕所 H_{21}	4.25	H_{211} 易于寻找	4.24
		H_{212} 舒适便捷	3.90
		H_{213} 管理有序	3.97
		H_{214} 环境清洁	4.09
		H_{215} 免费使用	5.06
公共通信设施 H_{22}	3.69	H_{221} 设施完好	3.54
		H_{222} 使用便利	3.52
		H_{223} 价格公道	3.78
		H_{224} 提示信息清晰易懂	3.93
旅游咨询中心 H_{23}	4.11	H_{231} 资料完善	4.06
		H_{232} 资料新颖	3.85
		H_{233} 资料使用价值高	3.85
		H_{234} 资料获取便利	4.34
		H_{235} 咨询热线便于知晓	4.47
社会性好客氛围 H_2	4.02	—	—

注：平均值采用李克特7点量表，1="非常不同意"，7="非常同意"。好客度等级分类见第三章，其中0~2表示"非常差"，2~4表示"较差"，4~5表示"中等"，5~6表示"良好"，6~7表示"优秀"。

从整体平均值看（见表7-8），社会性好客的氛围表现的3个方面，平均值由高到低依次是公共厕所（M＝4.25）、旅游咨询中心（M＝4.11）、公共通信设施（M＝3.69）。这三项中，公共厕所和旅游咨询中心的平均值在4～5之间，其好客度评价在"中等"区间，只达到基本满意水平。另外一个指标，即公共通信设施这一项，日本游客的评价平均值范围在3～4之间，其好客度评价在"较差"区间，属于不满意水平。

在公共厕所好客度方面（见图7－13），平均值从高到低依次是使用免费（M＝5.06）、易于寻找（M＝4.24）、环境清洁（M＝4.09）、管理有序（M＝3.97）、舒适便捷（M＝3.90）。其中，游客评价最高的是公共厕所的免费使用情况，评价最低的是舒适便捷。总体上看，公共厕所好客度的5个四级指标中，有一项指标，即免费使用这一项日本游客的评价平均值范围在5～6之间，其好客度评价在"良好"区间，达到满意水平。有两项指标，即易于寻找、环境清洁这两项日本游客的评价平均值范围在4～5之间，其好客度评价在"中等"区间，只达到基本满意水平。另外两个指标，即管理有序和舒适便捷这两项，日本游客的评价平均值范围在3～4之间，其好客度评价在"较差"区间，属于不满意水平。

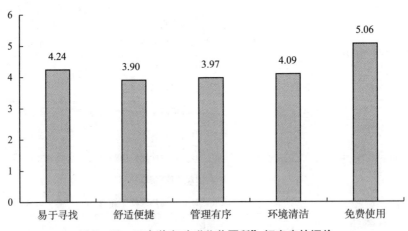

图7－13 日本游客对"公共厕所"好客度的评价

在公共通信设施好客度方面（见图7－14），平均值从高到低依次是提示信息清晰易懂（M＝3.93）、价格公道（M＝3.78）、设施完好（M＝3.54）、使用便利（M＝3.52）。其中，游客评价最高的是提示信息清晰易懂方面，评

价最低的是使用便利程度方面。总体上看，公共通信设施好客度的 4 个四级
指标，日本游客的评价平均值范围均在 3 ~ 4 之间，其好客度评价在"较差"
区间，属于不满意水平。

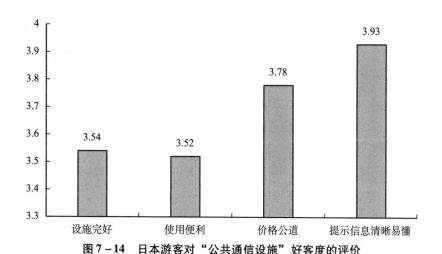

图 7 - 14　日本游客对"公共通信设施"好客度的评价

在旅游咨询中心好客度方面（见图 7 - 15），平均值从高到低依次是咨询
热线便于知晓（M = 4.47）、资料获取便利（M = 4.34）、资料完善（M =
4.06）、资料新颖（M = 3.85）、资料使用价值高（M = 3.85）。其中，游客评
价最高的是咨询热线便于知晓，评价最低的是资料的新颖程度和使用价值。
总体上看，旅游咨询中心好客度的 5 个四级指标中，有三项指标，即咨询热
线便于知晓、资料获取便利、资料完善，这三项日本游客的评价平均值范围
在 4 ~ 5 之间，其好客度评价在"中等"区间，只达到基本满意水平，另外
两个指标，即资料新颖、资料使用价值高这两项，日本游客的评价平均值范
围在 3 ~ 4 之间，其好客度评价在"较差"区间，属于不满意水平。

三、总体好客度

根据表 7 - 7 和表 7 - 8 数据，即日本游客在山东旅游过程中对个体性好
客行为表现，以及在社会性好客氛围表现方面的平均值，计算出日本游客对
山东总体好客度的评价，具体见表 7 - 9。数据显示，日本游客对山东总体好

客度的评价平均值为4.25，范围在4~5之间，其好客度评价在"中等"区间，只达到基本满意水平。其中，个体性好客行为的表现方面，日本游客的评价平均值为4.47，范围在4~5之间，其好客度评价在"中等"区间，只达到基本满意水平；社会性好客氛围的表现方面，日本游客的评价平均值为4.02，范围在4~5之间，其好客度评价在"中等"区间，也只达到基本满意水平。从具体平均值大小看，日本游客对山东个体性好客行为的评价高于社会性好客氛围的评价。

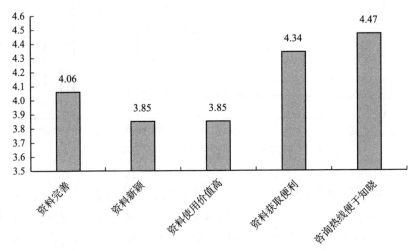

图7-15 日本游客对"旅游咨询中心"好客度的评价

表7-9 日本游客对山东总体好客度评价

指标	含义	平均值（M）	好客度评估
二级指标 H_1	个体性好客的行为表现	4.47	中等
二级指标 H_2	社会性好客的氛围表现	4.02	中等
一级指标 H	总体好客度指数	4.25	中等

注：平均值采用李克特7点量表，1＝"非常不同意"，7＝"非常同意"。好客度等级分类见第三章，其中0~2表示"非常差"，2~4表示"较差"，4~5表示"中等"，5~6表示"良好"，6~7表示"优秀"。

第八章

欧美游客对山东好客度的评价实证研究

第一节　样本基本概况

一、欧美样本个人基本信息概况

欧美游客有效样本的人口统计特征数据分析结果见表 8 – 1。

从性别看，男性稍多，占 51.5%；女性为 48.5%，比例稍微偏低，总体上相差 3 个百分点。说明山东的欧美游客中虽然男性稍多，但是男女比例差别不是非常明显。

从年龄看，20 ~ 29 岁的最多（48.5%），接近 50%；其次是 30 ~ 39 岁的群体（24.8%）；排在第三位的是 20 岁以下的群体（17.0%）；40 ~ 49 岁之间的排在第四占了 8.7%；50 岁及以上最少，只占 1.0%。说明山东游的欧美游客中，49 岁以下的中青年群体占了大多数。

从学历看，本科最多，占 66.5%，排在第二位的是研究生或以上占 20.4%，专科、高中及中专，初中及以下的比例均低于 10%，说明山东游的欧美游客中还是以本科以上的高学历为主。

表 8 - 1　　　　　　　　欧美样本的个人基本信息概况

基本情况		频数（人）	百分数（%）
性别	男	106	51.5
	女	100	48.5
年龄	20 岁以下	35	17.0
	20～29 岁	100	48.5
	30～39 岁	51	24.8
	40～49 岁	18	8.7
	50 岁及以上	2	1.0
学历	初中及以下	2	1.0
	高中及中专	13	6.3
	专科	12	5.8
	本科	137	66.5
	研究生或以上	42	20.4
职业	公务员	11	5.3
	科研或技术人员	20	9.7
	经商人员	31	15.0
	教师	22	10.7
	学生	62	30.1
	公司职员	35	17.0
	农业工作者	6	2.9
	退休人员	2	1.0
	军人	0	0
	家庭主妇	4	1.9
	其他	13	6.3
家庭月收入	8000 美元以下	56	27.2
	8000～15999 美元	72	35.0

续表

基本情况		频数（人）	百分数（%）
家庭月收入	16000～23999 美元	40	19.4
	24000～31999 美元	26	12.6
	32000 美元及以上	12	5.8

从收入看，大部分游客家庭月收入在 8000～15999 美元，占了 35.0%；排在第二位的是家庭月收入在 8000 美元以下的群体，占了 27.2%；排在第三位和第四位的是家庭月收入在 16000～23999 美元和 24000～31999 美元的群体，比例均超过 10%，分别占了 19.4% 和 12.6%；比例最低的是家庭月收入在 32000 美元及以上的，占了 5.8%。

从职业看，包括公务员、企事业单位人员、经商人员、学生、农业工作者、家庭主妇、退休人员等，只有军人一项为 0。总体上欧美游客职业涉及社会各个领域，比较广泛。

二、欧美游客旅游相关信息概况

本次调查的欧美样本旅游相关信息概况见表 8-2。

表 8-2 　　　　　　　　　　　欧美样本旅游相关特征

基本情况		频数（人）	百分数（%）
旅游山东的经历	第一次游	125	60.7
	重复游	81	39.3
旅游目的	商务出差	48	23.3
	休闲度假	87	42.2
	探亲访友	28	13.6
	其他	43	20.9

从旅游经历看（见图 8-1），第一次到山东旅游的游客稍微偏多，占 60.7%，重复游的游客稍微少一些，占 39.3%。也说明本次调查的欧美样本

比较全面的，初次出游和重复出游的游客都占了较大的比例。

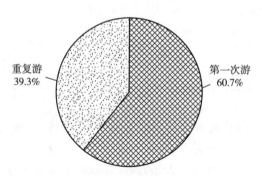

图 8 - 1　欧美样本旅游山东的次数

　　从旅游目的来看（见图 8 - 2），休闲度假最多，占 42.2%；排在第二位的是商务出差，占了 23.3%；其他旅游目的的游客也较多，排在第三位，占了 20.9%；排在第四位的是探亲访友，占了 13.6%。由此看出，欧美样本中，游客的旅游目的多样，除了主要以传统的度假休闲、商务出差和探亲访友为主外，其他目的例如短期学习/培训以及健康疗养的也占据了较高比例。

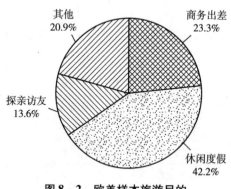

图 8 - 2　欧美样本旅游目的

三、欧美游客对"好客山东"品牌的认知度和认知途径

（一）欧美游客对"好客山东"品牌的认知度

表 8 - 3 和图 8 - 3 的数据表明，有效问卷 206 人中，有 124 人即 60.2%

的欧美游客在做本次问卷之前知道"好客山东"旅游品牌形象口号，这说明"好客山东"旅游品牌形象在欧美游客中有一定的认知度，大约3/5的游客知道"好客山东"品牌。但是另一方面，仍然有2/5（39.8%）的欧美游客不知道"好客山东"品牌。因此，旅游管理部门在欧美市场的推广虽然有了一定的成效，但是还需要进一步的深度推广。

表8-3　　　　　　　　欧美游客对"好客山东"品牌认知情况

问卷调查前是否知道"好客山东"旅游口号	频数（人）	百分数（%）
是	124	60.2
否	82	39.8

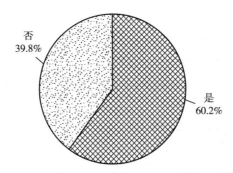

图8-3　欧美样本对"好客山东"品牌的认知情况

（二）欧美游客了解"好客山东"品牌的途径

欧美游客了解"好客山东"旅游品牌口号的途径见图8-4。由图8-4可以看出，欧美游客了解"好客山东"旅游品牌口号的途径较多，涵盖了问卷设计中的旅行社介绍、亲朋好友介绍、电视、广播、报纸/杂志、旅游宣传册、网络、航空公司、海外办事处等各种途径。

从排序来看，表8-4的结果显示，在获取信息途径方面，网络、亲朋好友和旅行社介绍是欧美游客获取相关信息的主要途径，排在前三位。其中，排在第一位的是网络，占36.4%，说明随着计算机及手机移动技术的发展，网络是游客获取目的地信息的主要途径，已经超过亲朋好友；排在第二位的是亲朋好友介绍，占35.4%，说明通过口碑传播仍然是欧美游客了解好客山东的主要的途径之一；旅行社介绍排在第三位比例超过20%，占24.8%。比例在 10% ~ 20% 之间的从高到低依次是电视（18.9%）、航空公司（14.1%）、报 纸/杂 志（13.1%）、广 播（12.6%）和海外办事处（12.1%），分别排在第四、第五、第六、第七和第八位；旅游宣传册（7.3）和其他途径（2.9%）比例在10%以下。通过以上数据可以看出，在获取旅游目的地相关信息方面，虽然目前网络、亲朋好友和旅行社介绍占了大多数，但是欧美游客获取信息的途径十分广泛，不同的媒介如网络、亲朋好友介绍、电视广告、广播广告、报纸/杂志、旅游宣传册、旅行社介绍、航空公司、海外办事处等都有各自不同的特点和优势，也被游客广为使用。

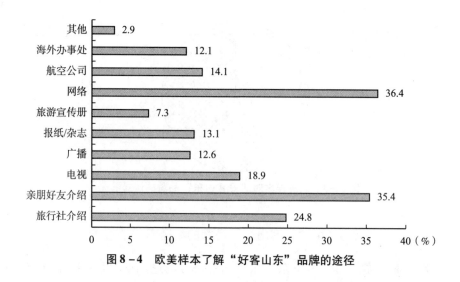

图 8-4 欧美样本了解"好客山东"品牌的途径

表 8-4   欧美游客了解"好客山东"旅游品牌的途径（多选题）

了解"好客山东"旅游品牌的途径	频数（人）	百分数（%）	排序
旅行社介绍	51	24.8	3
亲朋好友介绍	73	35.4	2
电视	39	18.9	4
广播	26	12.6	7

续表

了解"好客山东"旅游品牌的途径	频数（人）	百分数（%）	排序
报纸/杂志	27	13.1	6
旅游宣传册	15	7.3	9
网络	75	36.4	1
航空公司	29	14.1	5
海外办事处	25	12.1	8
其他	6	2.9	10

四、欧美游客对山东居民"好客"与"不好客"表现的认知

（一）对山东居民"好客"具体表现的认知

从好客的具体表现来看（见表8-5和图8-5），游客评价最高的"微笑待人（55.8%）"，其次是"交流时举止和善（51.9%）"，这两项超过了50%，说明山东居民在礼貌微笑、待人接物方面做得很好，得到了欧美游客的充分肯定。第三位到第六位从高到低依次是"帮助有困难的游客（38.3%）""乐于为游客指路（34.0%）""慷慨大方（32.0%）""语言沟通顺畅（30.1%）"，这四项超过30%。其他两项，即"乐于为外来游客介绍山东及景点（29.6%）""讲诚信（26.7%）"，游客积极评价的比例在20%~30%之间。以上数据说明山东人在对待游客方面表现出的微笑待人、礼貌待客、乐于助人等是欧美游客认为山东人好客的主要方面。

表8-5　　　　欧美游客对山东居民"好客"的具体认知（多选题）

居民好客的主要表现	频数（人）	百分数（%）	排序
微笑待人	115	55.8	1
慷慨大方	66	32.0	5
交流时举止和善	107	51.9	2
语言沟通顺畅	62	30.1	7
乐于为外来游客介绍山东及景点	61	29.6	6

续表

居民好客的主要表现	频数（人）	百分数（%）	排序
乐于为游客指路	70	34.0	4
愿意帮助有困难的游客	79	38.3	3
讲诚信	55	26.7	8

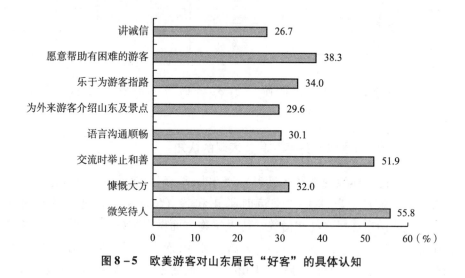

图 8-5 欧美游客对山东居民"好客"的具体认知

（二）对山东居民"不好客"具体表现的认知

表 8-6 和图 8-6 是欧美游客对居民不好客的具体表现评价。首先，认为"居民持地方方言，交流有困难"的比例最高，占了 63.1%，说明 3/5 以上的欧美游客认为，由于居民习惯持方言或普通话交流，而很多欧美游客又听不懂中文，导致交流有困难，这是欧美游客在山东旅游中遇到的最大的困扰，也是游客认为居民不好客的最主要原因。其次，排在第二位到第四位的从高到低依次是："交流时言语粗鲁"排在第二位，占了 16.0%；"交流时态度不好"占了 13.1%，排在第三位；"居民带有歧视游客的心理"占了 12.6%，排在第四位。以上比例均超过 10%。这可能是由于文化差异，山东居民比较豪爽说话大声，再加上沟通困难，语言不通，导致欧美游客认为居民言语粗鲁；又或者有些居民遇到欧美游客无法沟通，便采取躲避态度，因

此导致欧美游客认为居民对他们不理不睬，带有歧视游客的心理。同时，问题"对游客的困难置之不理"占了 12.6% 并列排在第四位也验证了这种推测的合理性。最后"涉及有欺骗游客的行为"和"对外来游客表现十分排外"这两项也分别占了 9.2% 和 8.3%。

表 8 - 6　　　欧美游客对山东居民"不好客"的具体认知（多选题）

居民好客的主要表现	频数（人）	百分数（%）	排序
交流时态度不好	27	13.1	3
交流时言语粗鲁	33	16.0	2
居民带有歧视游客的心理	26	12.6	4
居民持地方方言，交流有困难	130	63.1	1
对游客的困难置之不理	26	12.6	4
对外来游客表现得十分排外	17	8.3	7
涉及有欺骗游客的行为	19	9.2	6

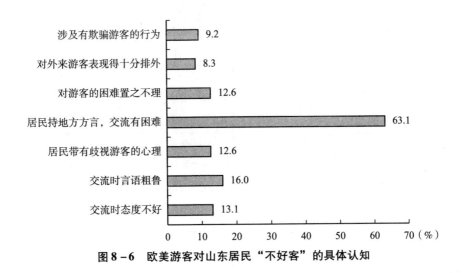

图 8 - 6　欧美游客对山东居民"不好客"的具体认知

第二节　欧美游客对山东好客度各项指标的评价

一、个体性好客行为

个体性好客的行为表现，即游客对在旅游过程中接触到的山东人的好客表现的感知。如前所述，个体性好客的行为表现二级指标，包括导游服务人员、景区服务人员、住宿服务人员、餐饮服务人员、娱乐服务人员、购物服务人员、交通服务人员、当地居民这 8 个三级指标。另外，每个三级指标的好客表现主要从主动服务、面带微笑、态度亲切、肢体语言友善、诚实无欺、语言沟通顺畅 6 个方面的四级指标进行测量。具体数值见表 8 - 7。

表 8 - 7　　　　　　　欧美游客对个体性好客行为的评价

三级指标	三级指标平均值（M）	四级指标	四级指标平均值（M）
导游服务人员 H_{11}	5.39	H_{111} 主动服务	5.39
		H_{112} 面带微笑	5.36
		H_{113} 态度亲切	5.65
		H_{114} 肢体语言友善	4.89
		H_{115} 诚实无欺	5.61
		H_{116} 沟通顺畅	5.45
景区服务人员 H_{12}	5.28	H_{121} 主动服务	5.40
		H_{122} 面带微笑	5.46
		H_{123} 态度亲切	5.44
		H_{124} 肢体语言友善	4.49
		H_{125} 诚实无欺	5.54
		H_{126} 沟通顺畅	5.36
住宿服务人员 H_{13}	5.59	H_{131} 主动服务	5.65
		H_{132} 面带微笑	5.74

三级指标	三级指标平均值（M）	四级指标	四级指标平均值（M）
住宿服务人员 H_{13}	5.59	H_{133} 态度亲切	5.78
		H_{134} 肢体语言友善	5.03
		H_{135} 诚实无欺	5.76
		H_{136} 沟通顺畅	5.62
餐饮服务人员 H_{14}	5.22	H_{141} 主动服务	5.39
		H_{142} 面带微笑	5.21
		H_{143} 态度亲切	5.15
		H_{144} 肢体语言友善	4.73
		H_{145} 诚实无欺	5.47
		H_{146} 沟通顺畅	5.37
购物服务人员 H_{15}	5.07	H_{151} 主动服务	5.29
		H_{152} 面带微笑	5.11
		H_{153} 态度亲切	5.03
		H_{154} 肢体语言友善	4.45
		H_{155} 诚实无欺	5.23
		H_{156} 沟通顺畅	5.36
娱乐服务人员 H_{16}	5.36	H_{161} 主动服务	5.47
		H_{162} 面带微笑	5.35
		H_{163} 态度亲切	5.51
		H_{164} 肢体语言友善	4.98
		H_{165} 诚实无欺	5.46
		H_{166} 沟通顺畅	5.40
交通服务人员 H_{17}	5.43	H_{171} 主动服务	5.57
		H_{172} 面带微笑	5.41
		H_{173} 态度亲切	5.50
		H_{174} 肢体语言友善	4.99
		H_{175} 诚实无欺	5.63
		H_{176} 沟通顺畅	5.52

三级指标	三级指标平均值（M）	四级指标	四级指标平均值（M）
当地居民 H_{18}	5.06	H_{181} 主动服务	4.85
		H_{182} 面带微笑	5.53
		H_{183} 态度亲切	5.05
		H_{184} 肢体语言友善	4.98
		H_{185} 诚实无欺	5.02
		H_{186} 沟通顺畅	4.90
个体性好客行为 H_1	5.30	—	—

注：平均值采用李克特7点量表，1＝"非常不同意"，7＝"非常同意"。好客度等级分类见第三章，其中0～2表示"非常差"，2～4表示"较差"，4～5表示"中等"，5～6表示"良好"，6～7表示"优秀"。

从整体平均值看，个体好客行为的8个方面中，平均值由高到低依次是住宿服务人员（M＝5.59）、交通服务人员（M＝5.43）、导游服务人员（M＝5.39）、娱乐服务人员（M＝5.36）、景区服务人员（M＝5.28）、餐饮服务人员（M＝5.22）、购物服务人员（M＝5.07）、当地居民（M＝5.06）。其中，游客评价最高的是住宿服务人员，平均值均为5.59，说明住宿业的从业人员的好客度得到游客的一致认可；游客评价最低的后两位是购物服务人员（M＝5.07）和当地居民（M＝5.06），说明购物服务人员和当地居民的服务技能和技巧有待提高。当然，个体好客的8个方面，即住宿服务人员、购物服务人员、娱乐服务人员、交通服务人员、导游服务人员、景区服务人员、餐饮服务人员、当地居民的好客度平均值范围在5.07～5.59之间，大于5，在5～6之间，游客的好客度评价在"良好"区间。说明从总体上来看，欧美游客对山东人在个体性好客的行为表现的这8个方面评价是肯定的态度，达到了满意水平。

下面进一步对个体性好客行为表现的8个方面要素进行比较分析。

在主动服务方面（见图8－7），平均值从高到低依次是住宿服务人员（M＝5.65）、交通服务人员（M＝5.57）、娱乐服务人员（M＝5.47）、景区服务人员（M＝5.40）、导游服务人员（M＝5.39）、餐饮服务人员（M＝5.39）、购物服务人员（M＝5.29）、当地居民（M＝4.85）。其中，游客评价最高的是住宿服务人员，最低的是当地居民。总体上看，当地居民在"主动服务"这一项的评价平均值范围在 4～5 之间，平均值较低，游客的好客度在"中等"区间，只达到基本满意水平。除此之外，其他岗位即旅游相关从业人员的好客度平均值范围在 5～6 之间，游客的好客度评价在"良好"区间。说明欧美游客对山东旅游相关从业人员在"主动服务"方面的好客行为表现评价是持肯定的态度，达到了满意水平。

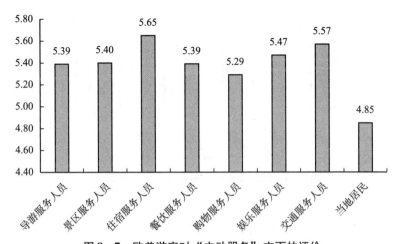

图 8－7 欧美游客对"主动服务"方面的评价

在面带微笑方面（见图 8－8），平均值从高到低依次是住宿服务人员（M＝5.74）、当地居民（M＝5.53）、景区服务人员（M＝5.46）、交通服务人员（M＝5.41）、导游服务人员（M＝5.36）、娱乐服务人员（M＝5.35）、餐饮服务人员（M＝5.21）、购物服务人员（M＝5.11）。其中，游客评价最高的是住宿服务人员，最低的是购物服务人员。总体上看，好客度平均值范围在 5～6 之间，游客的好客度评价在"良好"区间。说明欧美游客对山东人在"面带微笑"方面的好客行为表现评价是持肯定的态度，达到了满意水平。

在态度亲切方面（见图 8－9），平均值从高到低依次是住宿服务人员（M＝5.78）、导游服务人员（M＝5.65）、娱乐服务人员（M＝5.51）、交通服务人员（M＝5.50）、景区服务人员（M＝5.44）、餐饮服务人员（M＝5.15）、当地居民（M＝5.05）、购物服务人员（M＝5.03）。其中，游客评价最高的是住宿服务人员，最低的是购物服务人员。总体上看，好客度平均值范围在 5~6 之间，游客的好客度评价在"良好"区间。说明欧美游客对山东人在"态度亲切"方面的好客行为表现评价是持肯定的态度，达到了满意水平。

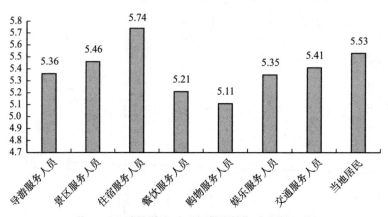

图 8-8 欧美游客对"面带微笑"方面的评价

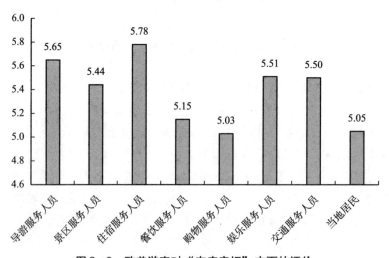

图 8-9 欧美游客对"态度亲切"方面的评价

在肢体语言友善方面（见图 8-10），平均值从高到低依次是住宿服务人员（M=5.03）、交通服务人员（M=4.99）、娱乐服务人员（M=4.98）、当地居民（M = 4.98）、导游服务人员（M = 4.89）、餐饮服务人员（M = 4.73）、景区服务人员（M = 4.49）、购物服务人员（M = 4.45）。其中，游客评价最高的是住宿服务人员，最低的是购物服务人员。总体来说，住宿服务人员在"肢体语言友善"这一项的评价平均值范围在 5 ~ 6 之间，平均值较高，游客的好客度在"良好"区间，属于满意水平。除此之外，其他人员即旅游相关从业人员中的交通服务人员、娱乐服务人员、导游服务人员、餐饮服务人员、景区服务人员、购物服务人员以及当地居民的好客度平均值范围在 4 ~ 5 之间，游客的好客度评价在"中等"区间，说明欧美游客对大部分山东人在"肢体语言友善"方面的好客行为表现评价基本满意。

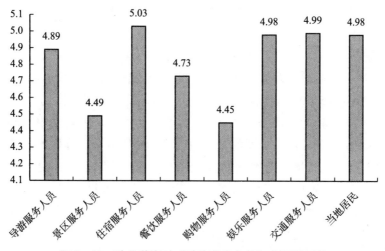

图 8 - 10 欧美游客对"肢体语言友善"方面的评价

在诚实无欺方面（见图 8 - 11），平均值从高到低依次是住宿服务人员（M = 5.76）、交通服务人员（M = 5.63）、导游服务人员（M = 5.61）、景区服务人员（M = 5.54）、餐饮服务人员（M = 5.47）、娱乐服务人员（M = 5.46）、购物服务人员（M = 5.23）、当地居民（M = 5.02）。其中，游客评价最高的是景区服务人员，最低的是当地居民。总体上看，好客度平均值范围在 5 ~ 6 之间，游客的好客度评价在"良好"区间。说明欧美游客对山东人在"诚实无欺"方面的好客行为表现评价是持肯定的态度，达到了满意水平。

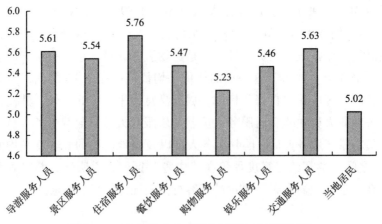

图 8 - 11　欧美游客对"诚实无欺"方面的评价

在沟通顺畅方面（见图 8 - 12），平均值从高到低依次是住宿服务人员（M = 5.62）、交通服务人员（M = 5.52）、导游服务人员（M = 5.45）、娱乐服务人员（M = 5.40）、餐饮服务人员（M = 5.37）、景区服务人员（M = 5.36）、购物服务人员（M = 5.36）、当地居民（M = 4.90）。其中，游客评价最高的是住宿服务人员，最低的是当地居民。总体上看，当地居民好客度平均值范围在 4 ~ 5 之间，游客的好客度评价在"中等"区间，说明欧美游客对当地居民在"沟通顺畅"方面的好客行为表现评价只达到基本满意水平。除此之外，旅游相关从业人员的好客度平均值范围在 5 ~ 6 之间，游客的好客度评价在"良好"区间。说明欧美游客对山东旅游相关从业人员在"沟通顺畅"方面的好客行为表现评价是持肯定的态度，达到了满意水平。

二、社会性好客氛围

社会性好客的氛围表现方面，即游客对在山东旅游过程中接触到的社会环境中体现的好客氛围感知。社会性好客的氛围表现，根据游客在旅游活动中使用频率较高的公共设施，分解为公共厕所、公共通信设施、旅游咨询中心 3 个要素的好客程度进行评价。最后，再将三级指标分解为可以具体操作和测量的四级指标（见表 8 - 8）。

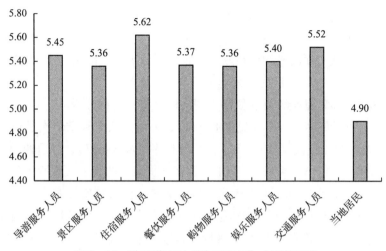

图 8 - 12　欧美游客对"沟通顺畅"方面的评价

表 8 - 8　　　　　　　　　　　欧美游客对社会性好客氛围的评价

三级指标	三级指标平均值（M）	四级指标	四级指标平均值（M）
公共厕所 H_{21}	4.96	H_{211} 易于寻找	4.87
		H_{212} 舒适便捷	4.56
		H_{213} 管理有序	4.57
		H_{214} 环境清洁	4.51
		H_{215} 免费使用	6.30
公共通信设施 H_{22}	4.16	H_{221} 设施完好	3.67
		H_{222} 使用便利	4.48
		H_{223} 价格公道	4.58
		H_{224} 提示信息清晰易懂	3.91
旅游咨询中心 H_{23}	4.43	H_{231} 资料完善	4.41
		H_{232} 资料新颖	4.31
		H_{233} 资料使用价值高	4.69
		H_{234} 资料获取便利	4.18
		H_{235} 咨询热线便于知晓	4.55
社会性好客氛围 H_2	4.52	—	—

　　注：平均值采用李克特 7 点量表，1 = "非常不同意"，7 = "非常同意"。好客度等级分类见第三章，其中 0 ~ 2 表示"非常差"，2 ~ 4 表示"较差"，4 ~ 5 表示"中等"，5 ~ 6 表示"良好"，6 ~ 7 表示"优秀"。

从整体平均值看，社会性好客的氛围表现的 3 个方面，平均值由高到低依次是公共厕所（M = 4.96）、旅游咨询中心（M = 4.43）、公共通信设施（M = 4.16），这三项的平均值在欧美游客的评价平均值范围在 4 ~ 5 之间，其好客度评价在"中等"区间，只达到基本满意水平。

下面进一步对社会性好客氛围表现的四级指标进行分析。

在公共厕所好客度方面（见图 8 – 13），平均值从高到低依次是免费使用（M = 6.30）、易于寻找（M = 4.87）、管理有序（M = 4.57）、舒适便捷（M = 4.56）、环境清洁（M = 4.51）。其中，游客评价最高的是公共厕所的免费使用情况，评价最低的是环境清洁状况。总体上看，公共厕所好客度的 5 个四级指标中，有一项指标，即免费使用这一项欧美游客的评价平均值范围在 6 ~ 7之间，其好客度评价在"优秀"区间，属于非常满意水平，另外四个指标，即易于寻找、舒适便捷、管理有序和环境清洁这四项，欧美游客的评价平均值范围在 4 ~ 5 之间，其好客度评价在"中等"区间，只达到基本满意水平。

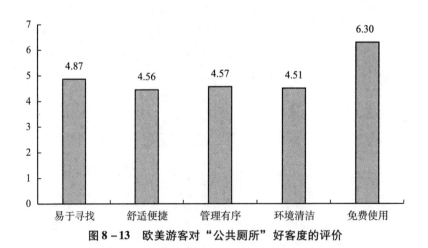

图 8 – 13　欧美游客对"公共厕所"好客度的评价

在公共通信设施好客度方面（见图 8 – 14），平均值从高到低依次是价格公道（M = 4.58）、使用便利（M = 4.48）、提示信息清晰易懂（M = 3.91）、设施完好（M = 3.67）。其中，游客评价最高的是价格公道方面，评价最低的是公共通信设施的完好状况方面。总体上看，公共通信设施好客度的 4 个四级指标，其中两个指标，即价格公道和使用便利两个方面欧美游客的评价平均值范围均在 4 ~ 5 之间，其好客度评价在"中等"区间，只达到基本满意水平；其他两个方面，即提示信息清晰易懂和设施完好这两个方面欧美游客的评价平均值范围均在 3 ~ 4 之间，其好客度评价在"较差"区间，属于不满意水平。

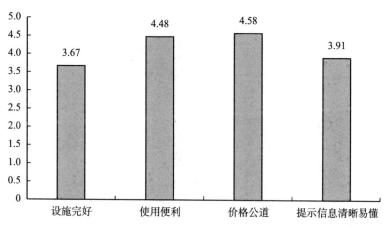

图 8 - 14　欧美游客对"公共通信设施"好客度的评价

在旅游咨询中心好客度方面（见图 8 - 15），平均值从高到低依次是资料使用价值高（M = 4.69）、咨询热线便于知晓（M = 4.55）、资料完善（M = 4.41）、资料新颖（M = 4.31）、资料获取便利（M = 4.18）。其中，游客评价最高的是资料使用价值，评价最低的是资料获取便利程度。总体上看，旅游咨询中心好客度的 5 个四级指标，欧美游客的评价平均值范围在 4 ~ 5 之间，其好客度评价在"中等"区间，只达到基本满意水平。

三、总体好客度

根据表 8 - 7 和表 8 - 8 数据，即欧美游客在山东旅游过程中对个体性好客行为表现，以及在社会性好客氛围表现方面的平均值，计算出欧美游客对山东总体好客度的评价，具体见表 8 - 9。数据显示，欧美游客对山东总体好客度的评价平均值为 4.91，范围在 4 ~ 5 之间，其好客度评价在"中等"区间，只达到基本满意水平。其中，个体性好客行为的表现方面，欧美游客的评价平均值为 5.30，范围在 5 ~ 6 之间，其好客度评价在"良好"区间，达到满意水平；社会性好客氛围的表现方面，欧美游客的评价平均值为 4.52，范围在 4 ~ 5 之间，其好客度评价在"中等"区间，只达到基本满意水平。这说明从平均值大小看，欧美游客对山东个体性好客行为的评价高于社会性好客氛围的评价。

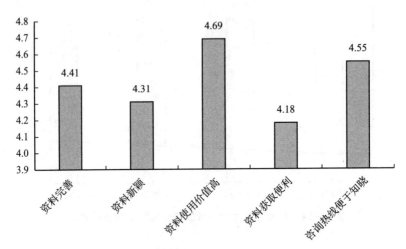

图 8 - 15　欧美游客对"旅游咨询中心"好客度的评价

表 8 - 9　　　　　　　　　　欧美游客总体好客度评价

指标	含义	平均值（M）	好客度评估
二级指标 H_1	个体性好客的行为表现	5.30	良好
二级指标 H_2	社会性好客的氛围表现	4.52	中等
一级指标 H	总体好客度指数	4.91	中等

注：平均值采用李克特 7 点量表，1 = "非常不同意"，7 = "非常同意"。好客度等级分类见第三章，其中 0 ~ 2 表示"非常差"，2 ~ 4 表示"较差"，4 ~ 5 表示"中等"，5 ~ 6 表示"良好"，6 ~ 7 表示"优秀"。

第九章

不同细分市场对山东好客度
评价比较研究

本章根据第五章、第六章、第七章和第八章
有关国内、韩国、日本和欧美的游客调研数据，
进行不同旅游客源地细分市场对山东好客度评价
的比较研究。

第一节　不同细分市场样本
基本概况比较

一、样本个人基本信息概况比较

表9-1是不同细分市场样本的个人基本信息
概况比较。

（一）性别方面的比较

不同旅游客源地细分市场样本的性别比较见
表9-1和图9-1。从性别比例看，四个细分市
场均为男性居多，超过50%。其中日本男性游客
最多，占了64%，韩国接近60%排在第二，说明

表9-1　　　　不同旅游客源地细分市场的个人基本信息概况比较　　　单位：%

基本情况		国内	韩国	日本	欧美
性别	男	53.8	59.5	64.2	51.5
	女	46.2	40.5	35.8	48.5
年龄	20 岁以下	6.4	5.2	2.3	17.0
	20~29 岁	41.0	55.6	30.2	48.5
	30~39 岁	27.7	26.3	19.5	24.8
	40~49 岁	12.8	9.1	31.6	8.7
	50 岁及以上	12.1	3.9	16.3	1.0
学历	初中及以下	1.7	2.6	8.4	1.0
	高中及中专	15.1	8.2	6.0	6.3
	专科	36.8	4.3	17.7	5.8
	本科	30.9	74.1	37.2	66.5
	研究生或以上	15.6	10.8	30.7	20.4
职业	公务员	9.6	2.2	11.2	5.3
	科研或技术人员	8.1	3.9	8.4	9.7
	经商人员	22.2	8.2	33.5	15.0
	教师	8.1	4.3	10.2	10.7
	学生	20.2	40.5	19.5	30.1
	公司职员	23.0	31.9	11.2	17.0
	农业工作者	4.4	1.7	3.3	2.9
	退休人员	1.2	3.0	0.9	1.0
	军人	1.0	0	0	0
	家庭主妇	1.2	1.3	1.4	1.9
	其他	0.7	3.0	0.5	6.3
家庭月收入	3000 元以下（8000 美元以下）	6.4	35.3	27.9	27.2
	3001~6000 元（8000~15999 美元）	27.9	19.4	30.7	35.0
	6001~9000 元（16000~23999 美元）	38.3	16.4	28.4	19.4
	9001~1.2 万元（24000~31999 美元）	18.0	19.4	8.8	12.6
	1.2 万元以上（32000 美元或以上）	9.4	9.5	4.2	5.8

注："家庭月收入"一项，括号外是国内旅游客源地市场的选项，括号内是国外旅游客源地市场的选项。

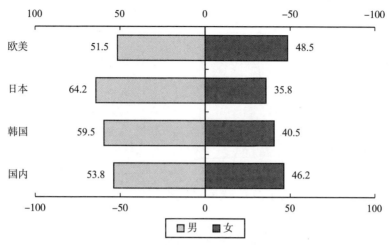

图 9 - 1　不同旅游客源地细分市场样本的性别比较

韩国和日本的山东游客有 3/5 为男性游客，女性游客占 2/5。欧美和国内样本虽然也是男性比例居多，但是女性比例超过 46%，两者差别不大。

（二）年龄方面的比较

不同旅游客源地细分市场样本的年龄比较见表 9 - 1 和图 9 - 2。

从年龄比例看，国内、韩国和欧美旅游客源地市场在不同年龄段的样本比例分布呈现正态分布曲线，日本市场大致呈现正态分布曲线（除了 30～39 岁的样本比例稍微低一点外），说明不同细分市场的样本具有一定的代表性。

从不同年龄段的样本比例看，四个细分市场的共同点是：第一，国内、韩国和欧美旅游客源地市场均在 20～29 岁的样本最多，从高到低依次是韩国（55.6%）、欧美（48.5%）、国内（41.0%），日本这一项的比例相对其他市场较少，排在第四，比例是 30.2%，但是 20～29 岁的样本在日本游客中占比较高，排在第二位。第二，30～39 岁的样本四个细分市场比较均衡，比例在 19%～28% 之间，从高到低依次是国内（27.7%）、韩国（26.3%）、欧美（24.8%）和日本（19.5%），比例也相对较高，其中国内、韩国和欧美游客在各自样本中占比排在第二位，日本排在第三位。以上说明 20～39 岁的年轻人是各个细分市场的主力军。

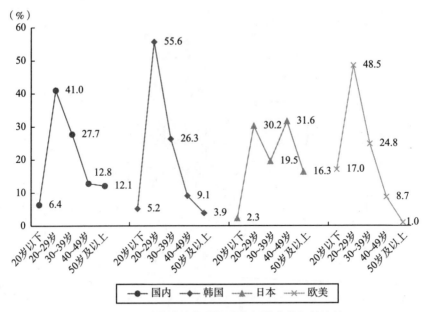

图9-2　不同旅游客源地细分市场样本的年龄比较

　　四个细分市场的差异是：40~49岁样本中，日本排在第一位（31.6%），比例超过30%，其他几个细分市场相对较少，范围仅在8%~13%之间。50岁及以上的样本中，日本和国内分别排在第一位和第二位，比例分别是16.3%和12.1%，韩国和欧美比例较低，分别只占了3.9%和1.0%。在20岁以下的样本中，欧美旅游客源地市场样本比例最高占17.0%，其他市场样本比例低于10%。

　　（三）学历方面的比较

　　不同旅游客源地细分市场样本的学历比较见表9-1和图9-3。

　　从学历看，国内旅游客源地市场在不同学历层次的样本比例分布呈现正态分布曲线较为明显，其他三个国外旅游客源地市场在不同学历层次的样本比例分布大致呈现正态分布曲线，但是呈现左低右高的趋势，即高学历的样本占了大多数。

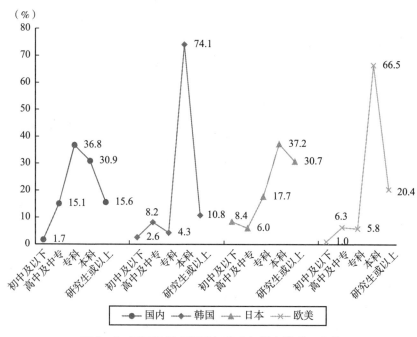

图9-3 不同旅游客源地细分市场样本的学历比较

四个旅游客源地市场共同点：第一，四个细分市场在研究生以上学历的比例较高，从高到低依次是日本（30.7%）、欧美（20.4%）、国内（15.6%）和韩国（10.8%）；第二，四个市场在初中及以下学历层次的样本均低于10%，从高到低依次是日本（8.4%）、韩国（2.6%）、国内（1.7%）和欧美（1.0%），这可能也暗示了学历越高的群体，收入相对越高，也更有实力进行跨省旅游和跨国旅游。

四个旅游客源地市场的主要区别是：第一，国内市场在高中及中专学历层次的占了15.1%，其他三个细分市场在这个层次的比例均低于10%；第二，三个国外旅游客源地市场则是在本科学历层次的样本比例最多，从高到低依次是韩国（74.1%）、欧美（66.5%）、日本（37.2%）。国内旅游客源地市场则在专科和本科两个层次的样本比例相差不大，分别是36.8%和30.9%，两者之和超过77%；第三，在专科学历层次的样本除了国内超过35%外，日本占了17.7%，其他两个细分市场也均低于10%。

以上说明从总体上看，山东旅游市场的游客在受教育程度上呈现高学历的趋势，在正态分布基础上呈现左低右高的趋势。其中，国内旅游客源地市场在高中及中专以上的各个层次呈现正态分布，日本旅游客源地市场以专科以上学历的游客为主，韩国和欧美的学历则更高一些，主要以本科以上为主。

（四）收入方面的比较

不同旅游客源地细分市场样本的收入比较见表9-1和图9-4。

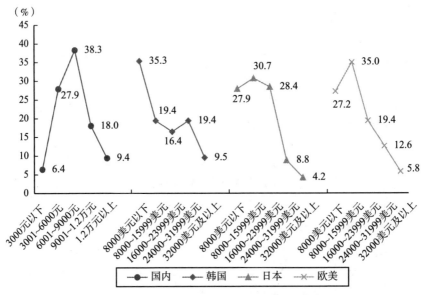

图9-4　不同旅游客源地细分市场样本的家庭月收入比较

对于游客来说，由于实现国内旅游和出国旅游需要的可自由支配的收入差别较大，因此针对国内游客和国外游客设计了不同的收入范围选项。从收入看，国内旅游客源地市场在不同收入层次的样本比例分布呈现正态分布曲线较为明显，3000元以下、3001～6000元、6001～9000元、9001～1.2万元和1.2万元以上的比例分别是6.4%、27.9%、38.3%、18.0%和9.4%。其他三个国外旅游客源地市场在不同收入层次的样本比例曲线正态分布不够明显，大致呈现左高右低的趋势。三个国外旅游客源地市场中，韩国在8000美元以下的样本比例最高，为35.3%，日本和欧美在8000美元以下的样本比例接近，在27%～28%之间；在8000～15999美元之间是日本和欧美比例最高，在30%～35%之间，韩国比例较低（19.4%）；在16000～23999美元之间是日本最高（28.4%），欧美和韩国的比例分别为19.4%和16.4%，相差不算太大；在24000～31999美元之间韩国比例最高（19.4%），欧美排在第二（12.6%），日本排在第三（8.8%）；在32000或以上美元的样本比例均低于10%，从高到低依次是韩国（9.5%）、欧美（5.8%）和日本（4.2%）。这说明，问卷设计过程中，可能由于国外旅游客源地市场在"收入"的第一个层次，即8000美元以下的设置稍微有点高，导致这个层次的样本比例较高（大于27%）。

（五）职业方面的比较

不同旅游客源地细分市场样本的职业比较见表9-1和图9-5。

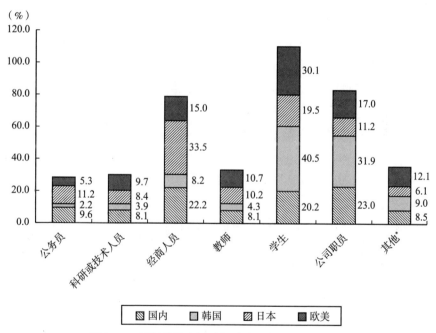

图9-5 不同旅游客源地细分市场样本的职业比较

注：＊其他样本数据包括了农业工作者、退休人员、军人、家庭主妇和其他职业。

从表9-1不同旅游客源地细分市场的职业分别看，四个细分市场的样本职业比较广泛。国内旅游客源地市场涵盖公务员、科研或技术人员、经商人员、教师、学生、公司职员、农业工作者、退休人员、军人、家庭主妇、其他等 11 个职业，其比例分别是 9.6%、8.1%、22.2%、8.1%、20.2%、23.0%、4.4%、1.2%、1.0%、1.2% 和 0.7%。国外与国内旅游客源地市场的区别是，在军人一项比例为 0，涵盖了除军人以外的其他 10 个职业。这可能是由于军人涉及国家机密，因私出国旅游审批比较严格造成的。除了军人之外，三个国外旅游客源地市场在 10 个不同职业的有效样本比例在 0.5% ~ 40.5% 不等。总体上看，无论是国内还是国外样本的职业范围均比较广泛。

从图 9-5 可以看出，四个细分市场区别是：从高于 10% 的样本来看，国内旅游客源地市场样本集中在公司职员（23.0%）、经商人员（22.2%）和学生（20.2%）三个职业，其比例均超过 20%；欧美旅游客源地市场除了学生（30.1%）、公司职员（17.0%）和经商人员（15.0%）这三个职业外，教师（10.7%）和科研人员（9.7%）的比例超过或接近 10%。韩国旅游客源地市场则以学生（40.5%）和公司职员（31.9%）居多，其他职业的比例低于 10%。日本样本经商人员最多（33.5%），其他职业如学生（19.5%）、公司职员（11.2%）、公务员（11.2%）的比例也超过了 10%。

二、样本旅游相关信息概况比较

本次调查的国内外样本旅游相关信息概况比较见表 9-2。

表 9-2　　　　　　　　　　样本旅游相关特征比较　　　　　　　单位：%

基本情况		国内	韩国	日本	欧美
旅游山东的经历	第一次游	53.6	37.1	46.5	60.7
	重复游	46.4	62.9	53.5	39.3
旅游目的	商务出差	21.2	21.6	37.7	23.3
	休闲度假	38.0	40.1	42.3	42.2
	探亲访友	22.5	12.1	16.3	13.6
	其他	18.3	26.3	3.7	20.9

从旅游目的来看（见表9-2和图9-6），四个旅游客源地市场的共同点是休闲度假最多，从高到低依次是日本（42.3%）、欧美（42.2%）、韩国（40.1%）和国内（38.0%），三个国外旅游客源地市场超过40%，国内市场超过38%。四个旅游客源地细分市场的不同点是：商务出差方面，日本排在第一位（37.7%），比例超过37%，其他三个旅游客源地市场的比例在21%~24%，日本超过其他三个市场达到13%以上。探亲访友方面，国内排在第一位（22.5%），其他三个市场的比例在12%~17%，说明由于地域接近、文化相同和血缘关系紧密等因素，国内探亲访友的比例比较高一些。其他旅游目的方面，排在第一位、第二位和第三位的分别是韩国（26.3%）、欧美（20.9%）和国内（18.3%），日本占比最少（3.7%），其中韩国和欧美比例超过20%，国内比例也超过18%。通过问卷和调研访谈发现，主要是由于部分问卷是在暑假进行，属于旅游旺季，韩国、欧美和国内旅游客源地市场中研学旅游和康养旅游的比例较高导致。

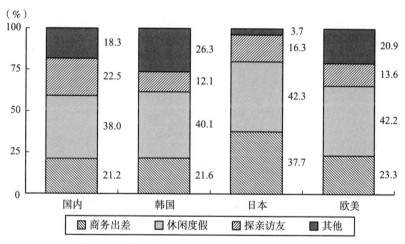

图9-6 不同旅游客源地细分市场旅游目的比较

从旅游经历看（见表9-2和图9-7），第一次到山东旅游的游客中，从高到低依次是欧美游客（60.7%）、国内游客（53.6%）、日本游客（46.5%）、韩国游客（37.1%）。重复到山东旅游的游客中，从高到低依次是韩国游客（62.9%）、日本游客（53.5%）、国内游客（46.4%）、欧美游客（39.3%）。这也说明欧美和国内旅游客源地市场主要以初次旅游的游客居多，而韩国和日本旅游客源地市场的重游率更高。

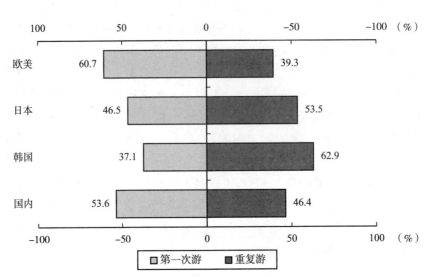

图9-7　不同旅游客源地细分市场旅游经历比较

三、"好客山东"品牌认知度和认知途径比较

(一)"好客山东"品牌认知度比较

国内外游客对"好客山东"旅游品牌的认知度见表9-3和图9-8。从图表中的数据可以看出，国内游客认知度较高（91.4%），超过了90%；国外游客认知度较低在53%~69%之间，从高到低依次是日本游客（68.8%）、欧美游客（60.2%）和韩国游客（53.4%）。说明当前管理者除了继续提高国内游客的认知度外，重点是需要采取更多有效的营销手段提高国外游客对"好客山东"旅游品牌的认知度。

表9-3　　不同旅游客源地细分市场对"好客山东"认知度的比较　　单位：%

问卷调查前是否知道"好客山东"旅游口号	国内	韩国	日本	欧美
是	91.4	53.4	68.8	60.2
否	8.6	46.6	31.2	39.8

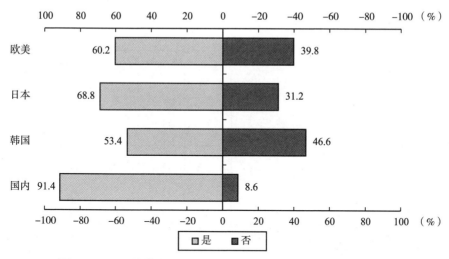

图9-8 不同旅游客源地细分市场对"好客山东"认知度的比较

（二）了解"好客山东"旅游品牌的途径比较

不同旅游客源地细分市场了解"好客山东"品牌的途径见表9-4和图9-9。四个细分市场的共同点是，网络和亲朋好友介绍这两个途径所占比很高，分别排在第一和第二位，说明网络和亲朋好友介绍已经成为各个市场获取旅游目的地品牌信息的最主要途径。其中，日本游客通过网络了解旅游信息的占比超过51%，国内游客超过43%，欧美游客超过36%，韩国游客超过32%；在亲朋好友介绍方面，日本和国内游客占比超过40%，欧美和韩国游客分别超过35%和29%。

表9-4 不同旅游客源地细分市场了解"好客山东"品牌的途径比较

获取信息的途径	国内		韩国		日本		欧美	
	百分数（%）	排序	百分数（%）	排序	百分数（%）	排序	百分数（%）	排序
旅行社介绍	24.9	7	11.2	6	27.0	5	24.8	3
亲朋好友介绍	40.5	2	29.3	2	40.9	2	35.4	2
电视	38.5	4	12.9	5	37.2	3	18.9	4
广播	27.4	6	5.2	9	19.1	6	12.6	7

续表

获取信息的途径	国内		韩国		日本		欧美	
	百分数（%）	排序	百分数（%）	排序	百分数（%）	排序	百分数（%）	排序
报纸/杂志	33.6	5	6.0	8	32.6	4	13.1	6
旅游宣传册	39.0	3	6.5	7	14.0	8	7.3	9
网络	43.5	1	32.3	1	51.6	1	36.4	1
航空公司	14.8	8	25.9	3	14.4	7	14.1	5
海外办事处	—	—	19.0	4	13.0	9	12.1	8
其他	4.9	9	4.3	10	2.8	10	2.9	10

注：国内游客与国外游客问卷设计的区别是，为国外游客设计了所有选项，国内游客设计了9个选项，没有"海外办事处"这一个选项。

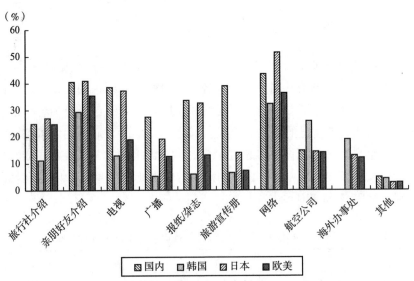

图9-9　不同旅游客源地细分市场了解"好客山东"品牌的途径比较

四个旅游客源地市场存在一些不同。旅行社介绍方面，国内、日本和欧美的占比在24%~27%之间，差别不大，韩国稍微较少，占11.2%。电视方面，更多的国内和日本游客通过电视获得"好客山东"品牌信息，比例超过37%，欧美和韩国排在第三和第四位，比例分别为18.9%和12.9%。报纸/

杂志方面，更多的国内和日本游客通过报纸/杂志获得"好客山东"品牌信息，比例超过32%，欧美游客排在第三位，比例为13.1%，超过10%，最少的是韩国，比例仅为 6.0%。旅游宣传册方面，比例最高的是国内（39.0%），日本排在第二位，比例是14.0%，超过10%，欧美和韩国排在第三和第四位，比例分别是7.3%和6.5%，低于10%。航空公司方面，比例最高的是韩国（25.9%），其他三个旅游客源地市场比例接近，在14% ~ 15%之间。海外办事处方面，韩国最高（19.0%），日本和欧美也超过10%，分别为13.0%和12.1%。

四、对山东人"好客"与"不好客"表现的认知比较

（一）对山东居民"好客"具体表现的认知比较

不同细分市场对山东居民"好客"具体表现的认知比较见表9-5和图9-10。

表9-5 不同旅游客源地细分市场对山东居民"好客"的具体认知比较（多选题） 单位：%

居民好客的主要表现	国内	韩国	日本	欧美
微笑待人	28.1	21.6	29.8	55.8
慷慨大方	33.3	20.3	40.0	32.0
交流时举止和善	35.6	32.8	45.6	51.9
语言沟通顺畅	24.9	26.3	33.0	30.1
乐于为外来游客介绍山东及景点	29.4	17.7	38.1	29.6
乐于为游客指路	32.3	27.6	34.4	34.0
愿意帮助有困难的游客	19.8	21.1	31.6	38.3
讲诚信	25.4	21.1	15.3	26.7

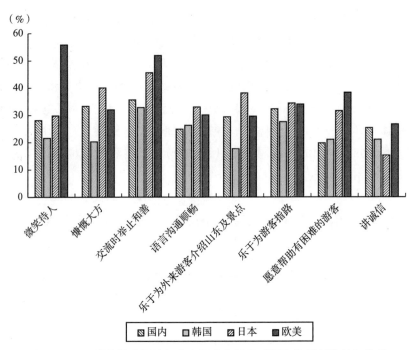

（%）

图 9 – 10　不同旅游客源地细分市场山东居民"好客"的具体认知比较

　　微笑待人方面，欧美游客评价最高，占比 55.8%，其他三个旅游客源地市场占比在 21% ~30% 之间。慷慨大方方面，日本游客评价最高，占比 40.0%，国内和欧美游客比例也较高，分别为 33.3% 和 32.0%，最低的是韩国游客，占比 20.3%。交流举止和善方面，欧美游客评价最高，占比 51.9%，其次是日本，占比 45.6%，国内和韩国游客占比在 32% ~36% 之间。语言沟通顺畅方面，日本和欧美游客评价较高，分别是 33.0% 和 30.1%，两者相差不大，均超过 30%，韩国和国内游客评价较低，分别是 26.3% 和 24.9%，两者相差不大，在 24% ~27% 之间。乐于为外来游客介绍山东及景点方面，日本游客评价最高，占比 38.1%，国内和欧美游客比例也较高，分别为 29.4% 和 29.6%，最低的是韩国游客，占比 17.7%。乐于为游客指路方面，国内、日本和欧美游客差别不大，比例在 32% ~35% 之间，韩国游客比例最低（27.6%）。愿意帮助有困难的游客方面，日本和欧美游客评价较高，分别是 31.6% 和 38.3%，均超过 30%，韩国和国内游客评价较低，分别是 21.1% 和 19.8%，两者相差不大。讲诚信方面，欧美、国内和韩国游客评价较高，分别是26.7%、25.4%和21.1%，均超过20%，日本游客评价较低，为15.3%。

结合表9-5和图9-10的数据分析可以看出：从评价的最高值看，山东居民"好客"的8个方面的具体表现中，欧美游客在微笑待人、交流时举止和善、愿意帮助有困难的游客、讲诚信这四个方面的感知评价最高；日本游客在慷慨大方、语言沟通顺畅、为外来游客介绍山东、乐于为游客指路这四个方面的感知评价最高。从评价的最低值看，韩国游客在微笑待人、慷慨大方、交流时举止和善、为外来游客介绍山东、乐于为游客指路这五个方面的感知评价最低；国内游客在语言沟通顺畅、愿意帮助有困难的游客这两个方面的感知评价最低；日本游客则在讲诚信一项评价最低。

（二）对山东居民"不好客"具体表现的认知

表9-6和图9-11是不同细分市场对山东居民不好客的具体表现评价。结合表9-5和图9-10的数据分析可以得出以下结论。

表9-6　　　　不同旅游客源地细分市场对山东居民"不好客"的
具体认知比较（多选题）　　　　单位：%

居民不好客的主要表现	国内	韩国	日本	欧美
交流时态度不好	15.8	14.2	24.2	13.1
交流时言语粗鲁	14.3	19.8	26.0	16.0
居民带有歧视游客的心理	19.3	21.1	40.5	12.6
居民持地方方言，交流有困难	43.2	57.8	58.1	63.1
对游客的困难置之不理	18.3	19.8	29.8	12.6
对外来游客表现得十分排外	17.0	13.4	49.3	8.3
涉及有欺骗游客的行为	13.3	15.5	24.2	9.2

第一，在居民持地方方言，交流有困难方面，四个旅游客源地细分市场比例均较高，超过40%，从高到低依次是欧美、日本、韩国和国内，比例分别是63.1%、58.1%、57.8%、43.2%。说明语言沟通障碍是包括国内外省游客在内所有细分市场认为居民不好客的最主要因素。

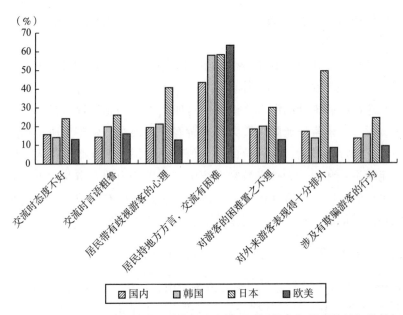

图 9-11　不同旅游客源地细分市场山东居民"不好客"的具体认知比较

　　第二，在山东居民"不好客"的具体认知评价的其他6个方面，均是日本游客比例最高。在交流时态度不好方面，日本游客占比24.2%，其他三个旅游客源地市场占比在14%～16%之间。在交流时语言粗鲁方面，日本游客占比26.0%，其他三个旅游客源地市场占比在16%～20%之间。在居民带有歧视游客的心理方面，日本游客占比40.5%，排在第二和第三位的是韩国游客和国内游客，比例分别为21.1%和19.3%，欧美游客比例最低，占比12.6%。在对游客的困难置之不理方面，日本游客占比29.8%，其他三个旅游客源地市场占比在12%～20%之间。对外来游客表现得十分排外方面，日本游客占比49.3%，其他三个旅游客源地市场占比在8%～17%之间。在涉及有欺骗游客的行为方面，日本游客占比24.2%，其他三个旅游客源地市场占比在9%～16%之间。

　　第三，从对山东居民"不好客"评价的最低值看，欧美游客在交流时态度不好、居民带有歧视游客的心理、对游客的困难置之不理、对外来游客表现得十分排外、涉及有欺骗游客的行为这五个方面的感知评价最低；国内游客则在交流时言语粗鲁、居民持地方方言，交流有困难这两个方面的感知评价最低。

第二节　不同细分市场对山东好客度的评价比较

一、个体性好客行为比较

表 9-7 是不同旅游客源地细分市场对个体性好客行为表现方面的平均值的比较。

表 9-7　　　　　个体性好客行为表现方面的平均值比较

具体指标	国内	韩国	日本	欧美	好客度指数	
	平均值	平均值	平均值	平均值	平均值	好客度评价
导游服务人员 H_{11}	5.15	4.82	4.42	5.39	4.95	中等
景区服务人员 H_{12}	5.17	4.64	4.48	5.28	4.89	中等
住宿服务人员 H_{13}	5.16	4.97	4.47	5.59	5.05	良好
餐饮服务人员 H_{14}	5.15	4.40	4.52	5.22	4.82	中等
购物服务人员 H_{15}	5.11	4.68	4.45	5.07	4.83	中等
娱乐服务人员 H_{16}	5.17	4.31	4.33	5.36	4.79	中等
交通服务人员 H_{17}	5.13	3.93	4.28	5.43	4.69	中等
当地居民 H_{18}	4.98	4.59	4.81	5.06	4.86	中等
个体性好客行为 H_1	5.13	4.54	4.47	5.30	4.86	中等

注：平均值采用李克特7点量表，1 = "非常不同意"，7 = "非常同意"。好客度等级分类见第三章，其中 0~2 表示"非常差"，2~4 表示"较差"，4~5 表示"中等"，5~6 表示"良好"，6~7 表示"优秀"。

个体性好客行为（H_1）绩效指数方面，山东好客度指数为4.86。四个旅游客源地细分市场从高到低依次是欧美（M = 5.30）、国内（M = 5.13）、韩国（M = 4.54）、日本（M = 4.47）。其中，韩国和日本游客的好客度评价平均值范围在4~5之间，平均值较低，游客的好客度在"中等"区间，只达到基本满意水平。欧美和国内游客的好客度平均值范围在5~6之间，游客的好客度评价在"良好"区间，达到了满意水平。

　　下面进一步对个体性好客行为表现的 8 个方面的三级指标进行比较分析。个体性好客行为表现的 8 个方面中，住宿服务人员好客度指数最高（M = 5.05），好客度平均值范围在 5~6 之间，游客的好客度评价在"良好"区间，达到了满意水平。其他岗位人员和当地居民好客度评价平均值范围在 4~5 之间，平均值较低，游客的好客度在"中等"区间，只达到基本满意水平。

　　图 9 – 12 是不同旅游客源地细分市场对山东"个体性好客行为"的 8 个方面的三级指标的平均值比较雷达图。首先，与其他市场比较，欧美游客在导游服务人员（M = 5.39）、景区服务人员（M = 5.28）、住宿服务人员（M = 5.59）、餐饮服务人员（M = 5.22）、娱乐服务人员（M = 5.36）、交通服务人员（M = 5.43）和当地居民好客度（M = 5.06）这 7 个方面的好客度评价平均值均排在第一位，只有购物服务人员（M = 5.07）一项的好客度评价平均值低于国内游客（M = 5.11），排在第二位。其次，国内游客除了在购物服务人员一项的好客度评价平均值排在第一位外，其他 7 个方面的好客度平均值均排在第二位。最后，相比之下，日本和韩国游客在这 8 个方面平均值均较低，排在第三位或者第四位，除了韩国游客在交通服务人员一项好客度平均值在 3~4 之间，处于"较差"区间，属于不满意水平外，其他三级指标平均值范围在 4~5 之间，处于"中等"区间，只达到基本满意水平。

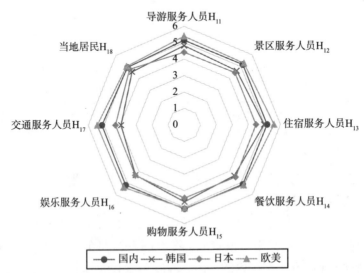

图 9 – 12　不同旅游客源地细分市场对山东"个体性好客行为"评价比较

二、社会性好客氛围比较

表9-8是不同旅游客源地细分市场对社会性好客氛围表现平均值的比较。

表9-8 　　　　　　　　　　**社会性好客氛围表现的平均值比较**

具体指标	国内	韩国	日本	欧美	好客度指数	
	平均值	平均值	平均值	平均值	平均值	好客度评价
公共厕所 H_{21}	5.07	3.89	4.25	4.96	4.54	中等
公共通信设施 H_{22}	4.62	4.08	3.69	4.16	4.14	中等
旅游咨询中心 H_{23}	4.98	4.10	4.11	4.43	4.41	中等
社会性好客氛围 H_2	4.89	4.02	4.02	4.52	4.36	中等

注：平均值采用李克特7点量表，1＝"非常不同意"，7＝"非常同意"。好客度等级分类见第三章，其中0~2表示"非常差"，2~4表示"较差"，4~5表示"中等"，5~6表示"良好"，6~7表示"优秀"。

社会性好客氛围（H_2）绩效指数方面，山东好客度指数为4.36。四个旅游客源地市场从高到低依次是国内（M＝4.89）、欧美（M＝4.52）、韩国（M＝4.02）、日本（M＝4.02）。四个旅游客源地市场的好客度评价平均值范围均在4~5之间，平均值较低，游客的好客度在"中等"区间，只达到基本满意水平。细微差别是，国内游客接近5（M＝4.89），欧美游客居中稍微高于4.5（M＝4.52），而韩国和日本游客则是刚刚超过4（M＝4.02）。

下面进一步对社会性好客氛围表现的3个方面的三级指标进行比较分析。社会性好客氛围表现的3个方面，从高到低依次是公共厕所（M＝4.54）、旅游咨询中心（M＝4.41）、公共通信设施（M＝4.14），好客度评价平均值范围在4~5之间，平均值较低，游客的好客度在"中等"区间，只达到基本满意水平。

图9-13是不同旅游客源地细分市场对山东"社会性好客氛围"的3个方面的三级指标的平均值比较雷达图。首先，与其他市场游客比较，国内游客在公共厕所（M＝5.07）、公共通信设施（M＝4.62）、旅游咨询中心（M＝4.98）这三个方面的好客度评价平均值均排在第一位，欧美游客则在以

上三个指标中均排在第二位。相比之下，日本和韩国游客在这 3 个方面平均值均较低，排在第三位或者第四位。

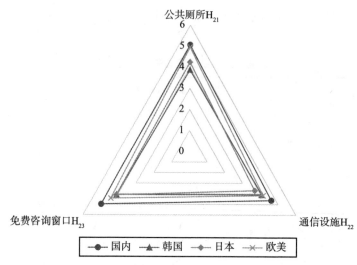

图 9 – 13　不同旅游客源地细分市场对山东"社会性性好客氛围"评价比较

公共厕所方面，四个旅游客源地市场的评价差异较大。国内游客的好客度评价平均值范围在 5 ~ 6 之间，处于"良好"区间，达到满意水平。日本和欧美游客在这一项的好客度评价平均值范围在 4 ~ 5 之间，处于"中等"区间，只达到基本满意水平。韩国游客在这一项的好客度评价平均值范围在 3 ~ 4 之间，处于"较差"区间，属于不满意水平。

公共通信设施方面，四个旅游客源地市场的评价差异较大。国内、韩国和欧美游客在这一项的好客度评价平均值范围在 4 ~ 5 之间，处于"中等"区间，只达到基本满意水平。日本游客在这一项的好客度评价平均值范围在 3 ~ 4 之间，处于"较差"区间，属于不满意水平。

旅游咨询中心方面，四个旅游客源地市场的评价差别不大。国内、韩国、日本和欧美游客在这一项的好客度评价平均值范围在 4 ~ 5 之间，处于"中等"区间，只达到基本满意水平。

三、总体好客度比较

表9 - 9列出了不同旅游客源地细分市场在个体性好客行为表现、社会性好客氛围表现以及总体好客度指数。数据表明，基于游客评价的山东总体好客度为4.61，其中个体性好客行为好客度为4.86，社会性好客氛围好客度为4.36。总体上看，游客对个体性好客行为的评价高于社会性好客氛围的评价。游客对这三项的好客度评价平均值范围均在4～5之间，处于"中等"区间，只达到基本满意水平。

表9 - 9　　　　　　**不同旅游客源地细分市场总体好客度指数评价**

具体指标	国内	韩国	日本	欧美	好客度指数	
	平均值	平均值	平均值	平均值	平均值	好客度评价
个体性好客行为 H_1	5.13	4.54	4.47	5.30	4.86	中等
社会性好客氛围 H_2	4.89	4.02	4.02	4.52	4.36	中等
山东总体好客度指数 H	5.01	4.28	4.25	4.91	4.61	中等

注：平均值采用李克特7点量表，1 = "非常不同意"，7 = "非常同意"。好客度等级分类见第三章，其中0～2表示"非常差"，2～4表示"较差"，4～5表示"中等"，5～6表示"良好"，6～7表示"优秀"。

从不同细分市场来看，国内游客的好客度评价平均值为5.01，范围在5～6之间，处于"良好"区间，达到满意水平；韩国、日本和欧美游客在这一项的好客度评价平均值分别是4.28、4.25和4.91，范围在4～5之间，处于"中等"区间，只达到基本满意水平。因此，在总体好客度指数方面，国内游客的评价高于国外游客。

图9 - 14是不同旅游客源地细分市场对山东总体好客度评价比较气泡图。从图9 - 14中可以看出：四个细分市场大致分化为两组。第一组是韩国和日本，好客度绩效指数比较一致和集中。数据显示，韩国游客和日本游客的总体好客度绩效指数接近，在社会性好客氛围这个二级指标的平均值相同，在个体性好客行为这个二级指标的平均值虽然有差异，但是差别不大，说明韩国和日本游客对山东居民好客度的评价基本一致。第二组是国内和欧美，好

客度绩效指数也比较一致和集中，但是比第一组分散一些。数据显示，国内和欧美游客的总体好客度绩效指数接近，在社会性好客氛围方面，国内游客好客度平均值更高一些，而欧美游客则在个体性好客行为方面好客度平均值更高一些。

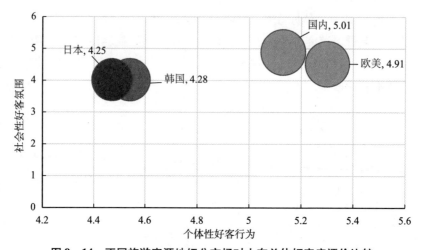

图9-14　不同旅游客源地细分市场对山东总体好客度评价比较

| 第十章 |

"好客山东" 精神的培育和维护

第一节　构建旅游业的好客文化模式

一、山东旅游业好客文化模式的构建

　　文化性是旅游品牌生命力的精髓（宋振春，2005）。传承和弘扬中国传统文化，培育旅游目的地好客精神是管理者解决旅游业当前管理困境的指导思想和有效途径之一。只有保持旅游品牌中独具特色的齐鲁文化含量，打造山东旅游"文化软实力"即"好客文化"模式才能使"好客山东"旅游品牌长盛不衰，保证"好客山东"旅游品牌的长期可持续发展。因此，构建山东旅游业的好客文化模式是"好客山东"精神的培育和维护的关键。

　　旅游业是综合性产业集群，其中包括吃、住、行、游、购、娱及游客其他需求的所有要求。因为，在现代商业社会中，工作和休闲正结合为一种特殊的"生活方式"，促使人们越来越通过追

逐放松、浪漫、怀旧的休闲方式来缓解现代社会中的种种冲突，由此也使得人们越来越清晰地认识到，游客在旅游中所追求的亦是一种情感体验。游客体验质量的高低取决于旅游地所能带给人们在精神上和情感上的享受。相应地，游客在旅游过程中注重旅游体验的属性，决定了主人（包括从业人员和非从业人员）的好客方式只有满足了客人（旅游者）的体验需求，才能顺利帮助游客完成一次完美的旅游行程。在旅游中，游客直接将旅游目的地看作是人间的天堂，希望在旅游目的地获得在现实日常生活中无法获得的快乐与自由，而主人（包括从业人员和非从业人员）只有调动旅游目的地的所有历史文化资源，设计并制作出旅游天堂来，这样才能让游客在旅游中成功获得对现代性反叛的复苏感与慰藉感（郑向春，2012）。

因此，从游客体验需求角度来看，旅游目的地主人（包括从业人员和非从业人员）素质是好客精神的全面体现，其素质与好客精神有着密切联系。基于肯宁（King，1995）提出的现代商业化的好客模型，构建山东旅游业好客文化模式（见图10-1）。旅游目的地环境视角下的好客是一种特殊形式的

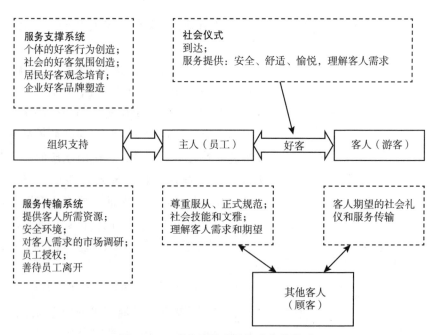

图 10-1　现代旅游业的好客文化模式

资料来源：King（1995），有修改。

主客关系。在这种关系中，主人知道要给游客提供什么类型的愉悦并要尽量提高游客的舒适感和幸福感，并通过尊重、训练有素和社会仪式过程，以面对面的互动形式，将舒适感与幸福感充分和完美地传递给游客，目标就是提高游客的满意度和发展回头客。旅游活动是交往性很强的活动，政府政策、目的地基础设施、目的地旅游企业好客服务度（其中包括员工热情度、员工素质等）以及当地居民的好客表现，这些都会影响到游客的旅游质量。

图 10 – 1 阐述的现代旅游业的好客文化模式主要包括三个方面的因素。

一是主人（员工）与客人（游客）。商业组织环境下的好客是一种特殊的主客关系，主人理解和洞察客人的需求和经历，并以一定的工作技能、社会技能，谦卑、热情地与客人交往，但又必须与客人保持一定的社交距离和差别。在该模型中，主人（host）的含义是宽泛的，既包括旅游目的地的从业人员，也包括非从业人员。

二是组织支持。即需要把目的地好客精神传递给顾客的管理系统。在主客交往中，必须有一个组织来保障服务传输系统的正常运转。首先，服务支撑系统，主要包括旅游目的地个体性好客行为的创造、社会性好客氛围的创造以及最终旅游目的地居民好客观念的培育等。其次，服务传输系统，即为了提高游客的好客感知和满意度的一切资源和环境（Lashley，1995），例如，如对客服务所需的资源、安全的环境、对客人需求和期望的市场研究、对员工授权、善待离职的员工等。

三是社会仪式。从客人到达、为客人提供服务直至客人离开，作为主人的员工（或者非从业人员）都必须理解客人需求，遵从一定的服务标准与规范，为客人提供安全、舒适和愉悦的服务，满足客人的需求。

二、"好客山东"精神培育的路径

根据西方国家"好客"演进变迁的经验，要真正发挥中国传统"好客"文化对促进现代旅游业发展的作用，需要同时加强社会伦理义务好客和商业性好客文化的培育。一方面，旅游目的地所有居民需要自觉承担对游客的好客道德义务；另一方面，旅游相关企业要重视中国传统好客文化的传承，将好客文化融入旅游企业的内部管理和外部经营，制度、文化、人情全面结合，促进旅游业好客文化的培育、发展和升华（黄萍，2012）。因此，"好客山东"精神是社会道德义务和商业利益共同驱动的"好客模式",需要从社会伦理义务好客和商业性好客两个方面同时展开。

(一) 加强旅游业商业化好客文化的培育

随着全社会经济和商业的日益繁荣和发展,好客文化开始渗透到除了人们日常交往之外的各行各业。随着各行各业世界范围内的竞争日益激烈,再加上经济利益的驱动,旅游目的地相关企业建立"好客文化"的商业模式势在必行。从旅游产业链出发,建立"好客山东"商业文化模式,要把"好客山东"的理念贯穿旅游品牌宣传、旅游品牌建设、旅游市场营销、旅游信息、旅游服务管理、居民好客管理等各个产业环节,才能真正使"好客山东"成为名副其实的山东旅游品牌形象,成为游客认同度最高的"好客山东"精神。

一方面,旅游作为一种对外传播文化的重要方式,在目的地形象的塑造中起着"民间外交大使"的作用;另一方面,游客是离开惯常环境到另一个地方进行活动的消费者,其需求是在原有需求基础上的增加和延伸。因此旅游业不是独立存在的,它的发展依赖于原有存在的各行各业,作为一个综合性的产业集群,其经济贡献来源涉及各行各业,既包括直接相关的核心产业,又包括间接相关的辅助产业。

因此,从山东作为一个旅游目的地出发,"好客山东"作为旅游品牌定位是一个很好的切入点和引爆点,有利于山东借助商业活动建立一个区域的好客形象,有利于提升山东文化的"软实力"。因此,"好客山东"精神的培育首先要加强以旅游业为龙头的商业化好客文化的培育。

(二) 加强社会伦理义务好客文化的传承

相对而言,旅游企业因追求商业利益,引导其应用制度化的管理体系构建"好客性"商业文化功能并非难事,困难还在于社会伦理义务的建立。伦理学认为人所承担的道德义务分为自律性和他律性两个层次。马克思主义伦理学在承认自律性的同时,更强调道德义务的他律性,认为道德义务的本质既蕴含了个人对社会及他人应承担的道德责任,又表明了社会和他人对个人行为的道德要求 (韩作珍,2004;黄萍,2012)。所以,中国自春秋时期以来一直用"义"这个概念来表达"应当" (黎靖德,1986)。梁启超提出,人人生而有应得之权力，即人人生而有应尽之义务。所谓义务，是对他人和社会做自己作为一个社会成员该做的事（吕滨，2000）、是人被迫完成的某种使命与任务（乔法容，1995）。换句话说，道德义务是被意识到的社会责任和义务。

从好客发展的历程来看，好客最初是为了避免陌生人到不熟悉的环境中与东道主产生冲突而被提出的。例如，孔子提出的"有朋自远方来，不亦乐乎"；汉代郑庄要求部下"客至，无贵贱无留门者"；列维纳斯把好客视作无限的责任（方向红，2006）；德里达期望"好客"能够无差别、无条件地引导人们去帮助他人，真诚不求回报地对待他人，追求一种对待陌生人的"绝对责任"等（楚昕，2020；方向红，2006）。以上学者的论述说明好客最初是指人们应该尽的一种社会道德义务。道德义务存在如何认识自律性和他律性的关系问题。其中他律性道德义务是上升为自律性道德义务的前提。因此，"好客山东"品牌形象的提出，表明了山东省政府和管理部门，希望通过在全社会宣扬"好客"的优良文化传统，自觉自律践行自古以来就有的好客文化，以加强社会伦理义务好客文化的传承。

（三）注重商业化好客与社会伦理义务好客之间的平衡

从"好客"的发展脉络来看，"好客"原本为一种非商业性的交换，它是出于主人的内在情感和道德义务。而在日益商业化和产业化的旅游发展中，受经济利益驱动，原来纯朴、友好的主客社会关系大量地被经济交换关系所取代，好客变成了一种工具性的手段，并被表面的友好所掩盖而丧失了其非经济、非商业的性质。传统好客逐渐演变成一种"商业化的好客"（李正欢，2006），而商业化的好客过度功利化了会演化为"伪好客"（Olesen，1994）。因此，旅游目的地的商业化好客和传统好客之间存在平衡，过高的商业化好客和过低的传统好客都会影响到游客的体验质量，并给目的地的可持续发展带来一定影响（李正欢，2006）。

国外旅游发展的经验也表明，虽然不同国家和地区基于旅游业发展提出了不同程度的好客义务，各个目的地在招待客人时体现在好客方面的具体措施也有不同的做法（Blain et al.，2014），但是，要真正发挥"好客"文化对促进现代旅游业发展的作用，就需要公众自觉承担起对游客的好客道德义务。从山东作为一个旅游目的地出发，"好客山东"品牌的树立需要包括旅游组织及相关企业在内的各行各业以及全社会的重视和参与，并将好客文化融入商业发展的制度，让制度和文化融合发展，让山东传统的好客文化得到传承和发扬光大。因此，"好客山东"是社会道德义务和商业利益共同驱动的"好客模式"。

第二节 "好客山东"精神培育和维护的具体策略

通过前面对国内以及韩国、日本和欧美四个细分市场的调查研究表明：

第一，基于游客评价的山东总体好客度只达到基本满意水平（M = 4.61）。其中个体性好客行为好客度为4.86，社会性好客氛围好客度为4.36。游客对这三项的好客度评价平均值范围均在4～5之间，处于"中等"区间。总体上看，游客对个体性好客行为的评价高于社会性好客氛围的评价。

第二，从不同细分市场来看，国内游客的评价高于国外游客，国外游客中欧美游客的评价高于韩国游客和日本游客。其中，国内游客的好客度评价平均值为5.01，达到满意水平；韩国、日本和欧美这三个市场在这一项的好客度评价平均值分别是4.28、4.25和4.91，范围在4～5之间，处于"中等"区间，只达到基本满意水平。

第三，从影响个体性好客行为的8个方面看，一是从业人员的好客度整体高于当地居民即非从业人员的好客度；二是旅游相关岗位比较中，住宿业服务人员好客度较高（M = 5.05），达到满意水平，其他岗位的从业人员的好客度只达到基本满意水平。

第四，从影响社会性好客氛围的3个方面看，公共厕所（M = 4.54）、旅游咨询中心（M = 4.41）、公共通信设施（M = 4.14）的好客度评价平均值范围均在4～5之间，平均值较低，游客的好客度在"中等"区间，只达到基本满意水平。

下面从加强个体性好客行为的管理和加强社会性好客氛围的管理两个方面提出"好客山东"精神培育和维护的具体策略。

一、加强个体性好客行为的管理

旅游目的地的个体包括旅游业相关从业人员和非从业人员。其中，从业人员的好客度提高是旅游目的地的核心工作，在此基础上，包括非从业人员在内的所有居民好客度的提高是"好客山东"精神培育的有效途径。因此，管理者需要加强个体性好客行为的管理，即通过目的地旅游行业服务质量的管理创新，大力改进接待服务水平和质量，加强对目的地旅游企业和居民的有效管理。

（一）培养居民的好客观念

本次对山东居民"不好客"具体表现7个方面的调查发现，游客认为在山东旅游过程中还存在许多不好客的行为表现。例如，由于居民在语言和行为上的冷漠、缺乏微笑、不礼貌，导致游客认为山东居民排外、歧视游客。此外，认为"居民涉及有欺骗游客的行为"也占了一定的比例（国内13.3%，韩国15.5%，日本24.2%，欧美9.2%）。调查还发现，非从业人员的好客度整体上低于从业人员的好客度。

"好客山东"的核心要素是人，构成山东旅游产业竞争力的最核心的要素也就是山东居民的好客度。而提高山东居民的好客度，要从培养山东居民由内到外的好客观念开始，只有这样，才能保证山东的好客度长盛不衰，才能保证"好客山东"品牌的长期、顺利发展。反之，尽管旅游目的地的物质条件和硬件一流，如果游客感受不到旅游目的地的欢迎和好客，那么一切投资都是无效的（Cooper，2013）。

首先，对山东传统社会文化的继承和弘扬，是培育"好客山东"精神的根本途径。实施这一工程的最主要的手段是教育，包括始自孩童时期的在校教育和社会教育，通过教育把好客精神带入课堂。把好客精神撒向社会每一角落，落实在每一个山东人身上。

其次，相关部门应必须采取一些措施来加强在当地居民中的宣传工作，促使社区对好客精神的重要性形成正确认识，提高社区对游客的热情友好程度。鼓励教育机构、公益组织等社区，为市民免费开展"好客山东"公益讲堂，提高居民对山东传统好客文化的了解和认识，把"热情好客"的无形资源直接变成了旅游现实生产力。

最后，激发当地社区居民对旅游业的参与程度，让他们切身体会和感受到好客精神为旅游业带来的经济价值和长远的社会价值，从而形成团结一致、目标统一的团队。让其明确各自的角色分工、责任意识等。让好客的山东更好客，居民应树立"好客"意识，做到热情、好客、温良、彬彬有礼，从而树立旅游地良好的人文形象，最终形成"全民好客"的文化氛围（马明，2011b）。

（二）加强服务语言培训

从本次的调查看，认为"居民持地方方言，交流有困难"的比例最高，国内游客超过 2/5（43.2%），国外超过半数（韩国、日本和欧美的比例分别为 57.8%、58.1% 和 63.1%），这是游客认为山东居民不好客的最主要因素。另外，认为"交流时语言粗鲁"的比例也较高，日本、韩国、欧美和国内的比例分别是 26.0%、19.8%、16.0% 和 14.3%。俗话说，"良言一句三冬暖，恶语伤人六月寒"。因此，规范的礼貌用语是体现好客的重要方面，加强服务语言的培训迫在眉睫。

首先，要向居民和从业人员宣传使用普通话交流的重要性，进行普通话培训，鼓励山东人说普通话，提高国内游客的满意度。其次，要逐渐对居民和旅游从业人员开展外语方面的培训，提高国外游客的满意度。再次，要进行使用礼貌用语方面的培训。要求旅游服务人员做到使用礼貌用语的专业性和职业性，符合游客风俗习惯。这样，就可以大大减少游客因为沟通障碍对旅游服务人员造成的误解，提高游客的满意度。最后，要加大对小语种专业人才的培育扶持力度。由于英语的普及性，我国传统的外语教育普遍是英语，韩语、日语、俄语人才非常缺乏，山东省旅游人才也是如此。这导致韩国、日本、俄罗斯等国家游客在山东旅游过程中，经常由于旅游从业人员缺乏提供相应的外语技能导致服务质量下降，甚至在遇到不满意需要投诉时，也经常因为语言不通，无法及时维护自己的权益，而不了了之。因此，政府和企业必须加大奖励和扶持力度，培养高素质的韩语、日语旅游从业人员，以便提高国外游客的满意度。

（三）加强服务礼仪培训

仪容仪表是指人的外观外貌，仪容仪表反映出一个人的精神状态和礼仪素养；礼貌修养是指一个人在待人接物方面的素质和能力。旅游从业人员的仪容仪表要干净、整洁、简约、端庄，做到举止温文尔雅、谈吐得体、乐于助人，给客人留下良好的"第一印象"。反之，如果举止不礼貌也会让客人产生误解。例如从本次对山东居民"不好客"具体表现 7 个方面的调查发现，由于居民在交流时态度不好，缺乏微笑、不礼貌，导致游客认为山东居民排外、歧视游客，这一方面可能是居民缺乏好客观念，另一方面也可能是由于居民缺乏必要的服务礼仪培训导致。因此，加强服务礼仪的宣传和培训有助于提高游客对旅游目的地好客的评价。

首先，微笑待人方面的培训。微笑是世界上最美、最温馨、最能感染人的语言。微笑作为一种礼节，是对客人的尊重和欢喜的表现，是体现好客态度的重要方式，是体现目的地好客的最直接的非语言行为。特别是与陌生人交往中，由于主客初次见面缺乏了解，此时微笑能够很好缓解双方的不安，消除主人与客人之间的隔阂与距离，增加双方的信任，为下一步的友好交往打下基础。所以，微笑的力量对一个人、一个集体、一个旅游目的地乃至一个社会都是不可忽视的（邵宇翎等，2018）。目前，在旅游行业"微笑服务"得到大力倡导，但是对普通居民来说，还是缺乏这方面的培训。建议可以在全省开始倡导"微笑服务"工程，通过宣传和培训，培养居民的微笑意识。

其次，基本交往礼仪方面的培训。在进行一般社交活动时，肢体语言种类比较多，相对比较灵活，同时，由于东西方文化的差异，同一种肢体语言在不同的文化中所代表的含义也各不相同。例如，竖大拇指的手势，在世界很多国家是"好""一切顺利""非常出色"等肯定的含义，但是也有不同，在美国和欧洲部分地区，竖大拇指通常用来表示搭车；在日本表示数字 5；在澳大利亚则表示骂人；在伊朗等中东国家则表示挑衅的行为。因此，应该对包括非从业人员在内的所有居民进行基本交往礼仪方面的培训，并学会运用正确的肢体语言表达对游客的欢迎之情。

（四）加强对旅游从业人员的敬业爱岗教育

本次调研中，旅游相关从业人员涉及了导游服务人员、景区服务人员、住宿服务人员、餐饮服务人员、娱乐服务人员、购物服务人员、交通服务人员这 7 个岗位的从业人员。数据显示，只有住宿业服务人员好客度较高（M ＝ 5.05），游客达到满意水平，其他岗位的从业人员的好客度平均值在 4～5 之间，只达到基本满意水平。这说明，目前旅游相关行业多数岗位人员的服务态度和服务意识亟待提高。加强对旅游从业人员的敬业爱岗教育迫在眉睫。

一是培育敬业意识。旅游业是典型的服务性行业，作为一个旅游服务人员，只有从心底里喜欢自己的工作，才会主动微笑，主动提供服务，才能把游客当成自己的亲人，才愿意为游客设身处地地着想，让游客像在家里一样舒适、快乐。

二是培育奉献意识。旅游业作为满足游客各方面需求的一种高级消费型产业，其生产的旅游产品是一种体验型的服务产品，因此，需要旅游从业人员在工作中遵循"顾客是上帝"的服务理念，为游客提供优质服务，不仅要掌握多方面的技能，还要求旅游服务人员具有非常高的付出精神。

（五）加强旅游目的地全面服务质量管理

一方面，要加强日常的服务质量管理。"好客山东"品牌的建设，归根到底是要为游客营造一种快乐的舞台，一种美好的体验，一种愉悦的经历。在旅游业中，游客就是上帝。因此，山东省下属的各个旅游目的地社区和相关企业要以山东省文明办、山东省旅游管理部门已经联合发布的《好客山东旅游服务标准》为指导，以好客服务为要求，通过加强旅游从业人员的服务质量管理来提高游客满意度，彰显山东好客文化。

另一方面，要建立游客投诉处理的联动机制。在旅游目的地中，难免会有商家利欲熏心欺骗游客。当游客利益受损时，能否正确处理游客的投诉也体现了目的地的好客水平。因此，无论是平时的服务还是针对游客投诉的处理，态度良好的服务，无微不至的关怀，都会降低游客的负面情绪，有利于问题的妥善解决，提高游客的满意度。各地旅游市场监管部门，应建立保护旅游消费者权益的长效、联动机制，畅通投诉处理渠道，建立旅游市场不法经营者黑名单制度，加强旅游地服务质量管理，为游客创造放心的旅游消费环境。

二、加强社会性好客氛围的管理

社会性好客氛围是影响游客对"好客山东"品牌评价的重要方面。本次调查显示，无论是国内还是国外的游客，对社会性好客氛围表现的各项指标评价都低于个体性好客行为表现的评价，其社会性好客氛围的好客度指数均在 4~5 之间，处于"中等"区间，只达到基本满意水平。说明山东在这些方面有极大的提高空间。

（一）建立旅游公共厕所长效管理机制

一是治理公共厕所免费问题。本次调查发现，在公共厕所方面，国内游客好客度指数稍微高一些，超过 5，绩效在"良好"区间，达到满意水平；而国外三个市场的好客度指数在 4 ~ 5 之间，绩效在"中等"区间，只达到基本满意水平。游客反映比较集中的问题包括个别地方厕所不免费、环境清洁程度不够等。公共厕所免费方面，由山东省旅游发展委员会于 2017 年 9 月 8 日印发的《山东省旅游厕所管理办法》规定，旅游厕所应当全部免费对外开放。因此，旅游监管部门要加强公共厕所免费方面的宣传力度和监管力度。其中，加强宣传是为了确保每个经营者知法守法，也确保每个游客都知晓和维护个人的旅游权利；而加强监管力度既是为了严厉查处并处罚旅游厕所违规收费的问题，也是为了确保每个投诉的游客得到及时处理。

二是强化卫生管理。要求所有旅游公厕的管理者，必须强化对旅游公厕卫生的清扫力度，并将卫生打扫情况及时登记在记录本上，挂在厕所的管理房内，以便随时抽查、掌握卫生管理员的工作情况。

三是出台奖惩举措。要求旅游公厕管理者根据日常管理工作，结合明察暗访，每个月对卫生管理人员厕所保洁情况按好、中、差三个等次进行评比和奖惩。

四是保证卫生管理人员的充足。应该对所有游客流量大、工作强度大的旅游公厕配置充足的人员，提高他们的薪酬待遇。

五是探索旅游公厕商业化经营模式。管理部门应结合每座旅游公厕实际，探索旅游公厕商业化经营模式。例如，进行广告招租、增设广告牌位、增设自动售货机、LED 播放屏幕等，增加旅游公厕的收入，确保旅游公厕的可持续发展。

（二）对公共通信设施进行升级改造

公共通信设施是指经电信公司许可并由电信公司设置在街道、公共场所、公路沿线等地方便用户使用，并按规定收取通信费用的电话设施、充电设施和网络等。特别是公用电话方面，自 20 世纪 80 年代初以来，公用电话遍布全国各主要城市的公共场所、主要旅游景点等，极大地方便了居民和游客的使用。而随着科技的发展，家庭电话和手机的普及，公用电话的使用率不断降低，营业收入持续下降，公用电话亭也变成"鸡肋"，留着运营成本太高，盈利空间有限；拆除了又满足不了公众需求。因此大部分城市出现公用电话不能使用、电话被破坏、被拆除或挪为他用的情况。

本次调查也同样发现，在好客性社会氛围的三个方面中，无论是国内还是国外游客对公共通信设施这一项的评价平均值都是比较低的。其中，国内、韩国和欧美游客在这一项的好客度评价分别是4.62、4.08和4.16，平均值范围在4~5之间，处于"中等"区间，只达到基本满意水平。日本游客在这一项的好客度评价平均值则更低（M=3.69），范围在3~4之间，处于"较差"区间，属于不满意水平。通过访谈发现，有部分游客认为公用电话作为现代城市的一种公共设施，存在还是很有必要的。虽然手机使用极为方便，但是在公共场所或旅游景区，经常会出现手机信号不好、手机没电、手机丢失等各种意外情况，此时，公用电话无疑成了人们处理意外情况和报警等最为有效的工具。因此，顺应时代潮流，对公用电话亭进行设计改造极为必要。例如，对电话亭进行改造升级，包括手机充电、Wi-Fi发射点、信息亭、广告展示区、公益服务等。2017年9月，在济南的街头就出现了一款大苹果造型的公共电话亭，电话亭里面安装了四个充电口，并安装上了无线Wi-Fi，路过的居民和游客可以在里面上网、充电。因此，山东省下属各个城市、景区和乡村应尽快对公用电话等公共通信设施进行升级和改造，满足游客需求。

（三）加强旅游咨询中心管理

旅游咨询中心功能主要包括：为散客提供旅游地各种信息；为旅游企业提供宣传促销和市场调研的特殊媒介；为旅游主管部门提供相关决策的依据（黄瑾等，2008）。

本次调查发现，国内游客对旅游咨询的好客度评价平均值为4.98，欧美、日本和韩国游客平均值分别为4.43、4.11和4.10。四个细分市场的旅游咨询中心好客度指数均在4~5之间，绩效"中等"区间，只达到基本满意水平。旅游咨询中心需要加强管理。具体措施如下：

一是要配备专业的服务人员。目前大多数旅游咨询中心的工作人员都不是专业的，因此很难提供专业性的旅游咨询服务。配备专业技术人员才能够更好地发挥旅游咨询中心的功能，才能使其得到更好的发展，才能真正起到为游客提供咨询的作用。此外，在旅游旺季还可以招聘志愿者加入，满足游客的旅游咨询。

二是要加大对员工的培训力度。培训的内容除了服务意识、服务技巧等外，应不定期对包括当地旅游的各种信息、旅游线路和旅游产品在内的咨询信息内容进行全面培训。这样咨询中心的工作人员才能具备为游客提供高质量的、专业的旅游咨询服务的能力。

三是要做到信息发布全面。旅游咨询中心发布的免费信息，应该与政府部门、旅游企业、旅游行业组织发布的信息相结合，做到全面准确。例如，包括各类旅游指南、当地旅游地图、周边景点景区旅游图、旅游政策与服务指南、旅游线路等，此外应该对目的地旅游企业的诚信度等信息进行公示。

（四）发挥政府的引导和监管作用

从经济学角度分析，政府非营利性的旅游管理机构作为公共产品，填补了市场失灵的不足，为政府介入旅游营销和管理提供了理论依据（池雄标，2003）。国内外学者大都认可了政府对目的地营销的影响，并支持政府发挥积极作用（陈青霞，2014）。旅游政府的舆论引导和监管有利于为旅游组织和相关企业创造良好的环境氛围（李胜芬，2005）。在旅游目的地品牌塑造中，政府要做好政策引导，优化品牌发展的创新环境，发挥协同效应，以增强旅游目的地品牌的整体优势（陆林等，2013）。

"好客山东"精神的培育成长需要社会环境的综合支撑。其中，政府是"好客山东"旅游地品牌构建的主导。政府要有全新的观念，除了制定法律法规外，应发挥其品牌战略管理、品牌教育、旅游资金投入、监督指导等职能。

第一，加强政府在社会教育方面的政策与资金支持，优化社会环境，培育好客氛围，为山东旅游建设提供宽松、有序的发展空间。除了企业专门的培训外，政府应该设立专项培训基金对旅游从业人员进行全面培训和教育。"好客山东"服务品牌建设需要政府、旅游管理部门、旅游企业和全体从业人员共同完成。通过对服务人员进行相应的专业培训，使他们关心并积极参与培育品牌，只有理解并信任这一品牌，他们才会以自己的优质服务参与品牌建设。培训的内容可包括"好客山东"品牌内涵和价值、齐鲁文化、礼貌礼节、民间歌曲、艺术和服饰等。通过对旅游从业人员的培训与考核，贯彻"好客山东"服务品牌的内容和标准，使"好客文化"规范着全体旅游从业人员的行为准则，成为他们日常服务工作中品行合一的山东民俗，使"好客山东"服务成为一种旅游产品、一种旅游文化和一种具有强烈吸引力的旅游资源。

第二，制定合理完善的法律法规，加强政府的监管力度，保障合理有序的市场秩序和良好的旅游企业经营机制，培育和维护诚实无欺的社会环境（马明，2011b）。首先，制定严格的法律和法规是"好客山东"旅游服务创品牌的前提条件。政府和旅游管理部门应结合旅游发展实际，围绕旅游业六要素，以实现旅游服务的规范化和标准化、突出旅游服务的人性化和细微化、追求旅游服务的定制化和个性化为目标，以"好客山东"为主体制定旅游相关行业的具体标准和法律法规，使"好客山东"服务品牌创建工作能够有章可依。其次，培育和维护诚实无欺的社会环境需要加强政府的监管力度。只有严格执法，按章办事才能保证制定的法律法规不流于形式，并增加法律法规对违法经营者的威慑力度，保障合理有序的市场秩序和良好的旅游企业经营机制。最后，完善旅游投诉机制是提高游客满意度的有效保证。建立高效的旅游投诉机制，及时了解和听取游客对旅游品牌的意见和建议，及时处理游客投诉，提高游客满意度。

第三，在政府指导下加强上下级以及各产业之间的通力合作。旅游业是一个产业集群，做好旅游服务工作，创建"好客山东"服务品牌，是一项系统性工程。因此强化各级政府应加强对旅游名牌创建工作的指导，省级政府部门应成立"好客山东"品牌促进领导小组，制订实施方案，出台创建标准，组织开展各项创建活动；各市也要成立相应机构，指导和帮助企业开展品牌创建工作，从而形成齐抓共管的局面（孙健，2012）。要抓好正反两个方面的典型，树立和培育一批名牌企业、明星服务员和导游员，曝光并处理一批服务意识淡薄、信誉差的旅游企业和服务人员，切实维护"好客山东"服务品牌形象，从而使创"好客山东"服务品牌工作成为全体人员的共识，形成浓厚的创品牌舆论氛围。这样，"好客山东"精神培育才真正成为从政府到旅游从业人员、到居民，从省区到地方各级政府、到组织、各企业的共同目标。

第四，加强对山东省下属各地市的好客度氛围管理。"好客山东"作为一个区域性品牌，其好客度是下属各个地市好客度的综合，因此其好客度是由下属各个地市的好客度决定的。进一步分析，山东各地市地理位置、区位和交通设施的便捷程度不同,历史文化、旅游资源禀赋等也不同,因此各地市旅游发展过程以及旅游经济发展也呈现出不同情况。各地市旅游业发展水平不同,在目的地好客度管理方面的经验也不同。因此,由政府和相关协会牵头,对山东省下属的各个地市的好客度进行全面调查,并对各个地市的好客度进行科学地评价和分级管理,树立典型,经验共享。与此同时通过专家团队给出各地市关于提高旅游目的地好客度的指导方针和提升建议,以促进山东省各地市好客度的提升,最终全面提升"好客山东"品牌的影响力,培育"好客山东"精神。

第十一章

结　束　语

本书对旅游目的地好客精神进行深入探讨，初步构建旅游目的地好客度评价体系和方法论，以省域旅游目的地山东为案例，基于山东省提出"好客山东"品牌为切入点，从游客感知的角度，对山东的好客度进行实证研究和评价，最后提出了"好客山东"精神培育的战略和具体措施。研究贡献、不足及下一步研究展望如下。

第一节　主要贡献

一、理论方法方面

利用层次分析法构建"旅游目的地好客度评价指标体系"和方法论。该评价体系不仅能科学评估旅游目的地的好客度，而且能够十分清晰计算出影响旅游目的地好客度的各分级子项目的好客指数，有利于从对目的地实施品牌管理的角度对旅游目的地好客度进行全过程的、持续的、科学的管理，促进旅游目的地好客度达到最优化，弘扬好客文化，塑造旅游目的地好客的形象。

二、案例研究方面

山东省的好客文化源远流长，是中国传统好客文化的代表。同时山东省也是我国第一个以"好客"为品牌形象定位的省域旅游目的地。本书以山东为案例，以山东省提出"好客山东"品牌为切入点，从游客感知的角度，对山东的好客度进行实证研究和评价。既有利于"好客山东"品牌设计目标的实现，也为其他旅游目的地弘扬好客文化提供了可借鉴的模式。同时，区域"好客"品牌形象是国家"好客"品牌形象的组成部分。对"好客山东"品牌的研究，对我国"好客中国"国家品牌形象的塑造提供了丰富的素材和资料，具有十分重要的作用，有利于我国借助区域"软实力"的提升最终提升国家的"软实力"。

三、实证研究方面

在实证研究方面，根据山东省的旅游细分市场构成，设计了中文、韩文、日文、英文问卷从游客感知的角度对山东的好客度评价进行研究，保证了数据来源具有广泛的国际性和研究结论的科学合理性，为"好客山东"品牌的国际化提供了可借鉴的经验。

第二节 研究不足与展望

由于学术水平、实践经验、时间及经费等诸多因素限制，研究还存在很多不足，在下一步研究中需要从以下方面进行深入。

一、进一步完善"旅游目的地好客度评价指标体系"的模型构建

（一）旅游目的地好客度评估指标需要进一步完善

本书虽然在指标体系的设计过程中力求全面、系统和便于操作，并且通

过探索性研究和正式研究两个阶段最终确立指标体系，但是由于能力所限，难免有简单化、覆盖不全的遗憾。未来的研究中需要进一步检验和修正"旅游目的地好客度评价指标体系"下属指标，使评估指标体系设计更加科学合理和便于操作。

（二）旅游目的地好客度评估具体指标的权重确定需要进一步探讨

如前所述，本书在旅游目的地好客度评价计算过程中，采用的是默认所有指标权重相等的方法来计算算术平均值。这种方法在德尔菲专家咨询过程中虽然有超过 2/3 的专家表示认可，但是也有少数不同的看法。也有专家提出主要的二级指标，即个体性好客行为和社会性好客氛围应该确立不同的权重。未来的研究中，还需要对这一问题进一步地探讨。

二、加大对山东省游客的市场调研样本数量和范围

（一）调查问卷的样本数量需要进一步增加

本书设计了中文、韩文、日文、英文问卷，调查对象包括国内游客、韩国游客、日本游客和欧美地区使用英语的外国游客，调查样本具有广泛的国际性。但是，因为时间紧迫，经费有限，调查样本数量不是很大，今后需要加大样本进行更广泛的调查。

（二）调查样本的细分市场需要进一步增加

本书根据山东最主要的旅游细分市场，设计了中文、韩文、日文、英文问卷，调查对象包括国内、韩国、日本和欧美地区使用英语的外国游客。从山东省的国际客源来看，俄罗斯等也是未来山东的新兴海外市场。因此，未来的研究中，针对山东客源市场的变化，需要加强对这些海外市场的研究。

三、加大旅游目的地好客度评价的层次

（一）基于不同的视角进行研究

本书主要是基于游客的视角对旅游目的地的好客度进行评价，这是旅游

目的地好客度最重要的方面，也是目的地获得比较优势的关键。因此，基于游客感知视角对旅游目的地的好客度评价是目的地好客管理的核心和重点内容。另外，旅游目的地不同的群体，基于自身的角色不同，对目的地的好客度评价会有很大的差异。未来的研究中，从加强旅游目的地好客管理的角度出发，也应该从当地居民的视角以及管理者的视角对旅游目的地的好客度进行评价，以便管理者更加全面了解不同群体对旅游目的地好客度评价的共性和差异，提高管理效率。

（二）基于不同的数据渠道进行研究

本书主要是采用问卷调查的方式来获得游客对旅游目的地好客度的评价，问卷的多数问题采用的是结构性问题，游客自由发挥的空间有限，可能会丢失一些有价值的信息。网络时代，互联网为人们提供了一个迅速沟通、相互交流的技术平台。许多游客也将旅游经历及其体验写成游记在网络社交媒体与他人分享。这使旅游目的地借助网络互动平台利用网络口碑了解游客对目的地好客度评价创造了有利条件。未来研究中，数据的来源渠道可以多样化。除了问卷调研外，对旅游目的地网络口碑（如照片、视频、网络游记文本等）的分析来了解游客对旅游目的地的好客度评价也是一个很好的渠道。

参考文献

[1] 白凯，马耀峰，李天顺．北京市入境游客感知行为研究 [J]．消费经济，2005（3）：63 – 67.

[2] 白凯，马耀峰，李天顺，等．西安入境旅游者认知和感知价值与行为意图 [J]．地理学报，2010，65（2）：244 – 255.

[3] 班若川．从"一山一水一圣人"到"好客山东" [N]．中国旅游报．2009 – 01 – 08（2）.

[4] 保继纲，楚义芳．旅游地理学 [M]．北京：高等教育出版社，2009.

[5] 贝广．好客山东旅游商品的开发设计研究 [D]．济南：山东大学，2011.

[6] 曹丙燕，谷晓妹．齐鲁文化与新时期山东精神 [J]．山东青年政治学院学报，2011，27（1）：13 – 17.

[7] 柴寿升，李丽娜，颜荣成．基于 IPA 模型和非结构分析的海滨城市旅游目的地形象感知研究——以青岛市为例 [J]．经济与管理评论，2016（1）：119 – 125.

[8] 陈方英．基于旅游者感知的泰山景区智慧旅游应用平台评价研究 [J]．泰山学院学报，2017，39（4）：103 – 110.

[9] 陈方英，马明．"好客山东"品牌定位研究 [J]．泰山学院学报，2020，42（6）：39 – 44.

[10] 陈方英，郑冬梅，耿禧则，等．日本旅游者对好客山东旅游形象

认知与评价研究 [J]. 旅游发展研究, 2011 (2): 16 – 20.

[11] 陈刚. "好客山东"的品牌营销实践 [J]. 广告人, 2011 (6): 164.

[12] 陈麦池. 基于建构主义理论的中国国家旅游形象的研究与设计 [J]. 旅游论坛, 2013, 6 (5): 51 – 55.

[13] 陈麦池. 基于旅游亲和力的"好客中国"国家旅游品牌形象构建研究 [J]. 旅游论坛, 2018, 11 (1): 38 – 47.

[14] 陈楠, 乔光辉. 基于感知–认知因素的奥运会后北京旅游形象变化研究——以入境游客为例 [J]. 资源科学, 2009, 31 (6): 1000 – 1006.

[15] 陈平, 吴春雷. 应用德尔菲法建立农家乐餐饮量化评级指标体系 [J]. 卫生软科学, 2012, 26 (3): 175 – 178.

[16] 陈青霞. 文化软实力视角下的入境旅游目的地营销 [D]. 北京: 首都经济贸易大学, 2014.

[17] 陈珊. 基于游客感知的国内旅游电子商务网站评价体系研究 [D]. 广州: 暨南大学, 2011.

[18] 陈永昶, 徐虹, 郭净. 导游与游客交互质量对游客感知的影响——以游客感知风险作为中介变量的模型 [J]. 旅游学刊, 2011, 26 (8): 37 – 44.

[19] 陈增祥, 张晓. 国家旅游形象的测量工具及其应用 [M] //白长虹, 陈晔, 陈增祥. 国家旅游形象战略研究与中国实践. 北京: 中国旅游出版社, 2015.

[20] 程德年, 周永博, 魏向东, 吴建. 基于负面IPA的入境游客对华环境风险感知研究 [J]. 旅游学刊, 2015, 30 (1): 54 – 62.

[21] 程乾, 付俊. 基于游客感知的古村落旅游资源评价研究 [J]. 经济地理, 2010, 30 (2): 329 – 333.

[22] 池雄标. 论政府旅游营销行为的理论依据 [J]. 旅游学刊, 2003, 18 (3): 58 – 61.

[23] 楚昕.《论好客》对跨文化交际的启示意义 [J]. 智库时代, 2020 (7): 236 – 237, 242.

[24] 褚艳兵. 浅谈"好客山东"品牌的实践探索——如何打造山东旅游业的"软实力" [J]. 网络财富, 2009 (1): 43 – 44.

[25] 崔凤军，顾永键. 景区型目的地品牌资产评估的指标体系构建与评估模型初探 [J]. 旅游科学，2009，23（1）：67-71.

[26] 戴斌. 厕所革命的时代意义和推进策略 [N]. 中国旅游报，2015-04-15（7）.

[27] 戴斌. 好客山东的主人款待与客人感知 [N]. 联合日报，2012-02-22（3）.

[28] 戴斌，李仲广，唐晓云，等. 游客满意度测评体系的构建及实证研究 [J]. 旅游学刊，2012，27（7）：74-80.

[29] 德里达，杜弗勒芒特尔. 论好客：De L'hospitalite [M]. 贾江鸿，译. 桂林：广西师范大学出版社，2008.

[30] 邓宁，戴滢，刘佳艺. 基于社交图片大数据的入境游客目的地形象感知——以上海为例 [J]. 中国旅游评论，2018（4）：4-20.

[31] 杜金京. 浅析好客山东形象广告的创意 [J]. 当代电视，2009（12）：37-38.

[32] 方世敏，刘娟. 旅游厕所服务质量模糊综合评价模型及实证分析 [J]. 湖南工业大学学报（社会科学版），2016，21（5）：34-41.

[33] 方向红. 无限好客与永久和平——与德里达一起思考勒维纳斯与康德在和平观上的对立 [J]. 南京大学学报（哲学·人文科学·社会科学版），2006（6）：17-25.

[34] 符全胜. 旅游目的地游客满意理论研究综述 [J]. 地理与地理信息科学，2005，21（5）：94-98.

[35] 甘朝有. 旅游心理学（修订版）[M]. 天津：南开大学出版社，2013.

[36] 甘露，卢天玲. 博物馆解说系统的游客期望、使用和评价研究——基于知识需求的分析 [J]. 旅游学刊，2012，27（9）：56-64.

[37] 甘露，卢天玲，王晓辉. 国内入藏游客对西藏旅游形象感知的实证研究 [J]. 旅游科学，2013，27（2）：73-82.

[38] 高军，马耀峰，吴必虎，等. 外国游客对华旅游城市感知差异——以11个热点城市为例的实证分析 [J]. 旅游学刊，2010b，25（5）：38-43.

[39] 高军，马耀峰，吴必虎. 外国游客感知视角的我国入境旅游不足之

处——基于扎根理论研究范式的分析 [J]. 旅游科学, 2010a, 24 (5): 49 - 55.

[40] 格拉本, 葛荣玲. 好客, 一种人类的共通精神: 礼物还是商品? [J]. 广西民族大学学报 (哲学社会科学版), 2012, 34 (5): 10 - 15.

[41] 葛荣玲. 论亲属称谓作为旅游好客性表达的符号介质——以安顺屯堡 "小孃孃" 为例 [J]. 广西民族大学学报 (哲学社会科学版), 2012, 34 (5): 39 - 43.

[42] 葛荣玲. 西方人类学视野下的景观与旅游研究 [M] //刘冰清, 徐杰舜, 吕志辉. 旅游与景观. 哈尔滨: 黑龙江人民出版社, 2011.

[43] 龚锐. 旅游人类学视域下的乡村旅游与社会主义新农村建设 [M]. 成都: 西南交通大学出版社, 2012.

[44] 郭安禧, 郭英之, 孙雪飞, 等. 景区旅游厕所满意度的重要性和绩效性实证研究: 基于游客性别比较 [J]. 旅游论坛, 2016, 9 (4): 40 - 49.

[45] 郭安禧, 郭英之, 孙雪飞, 等. 景区旅游厕所满意度的重要性和绩效性实证研究——以山东省 4 个 5A 级景区为例 [J]. 数学的实践与认识, 2017, 47 (5): 72 - 82.

[46] 郭琪. "好客山东" 品牌营销海外扎根 [N]. 中国旅游报, 2016 - 05 - 27 (1).

[47] 郭英之. 基于文化软实力的旅游目的地品牌文化营销 [J]. 旅游学刊, 2013, 28 (1): 18 - 20.

[48] 郭英之. 旅游市场营销 (第四版) [M]. 大连: 东北财经大学出版社, 2017.

[49] 韩国纲, 张守信. 基于德尔菲法的滑雪旅游目的地竞争力的影响因素 [J]. 冰雪运动, 2015, 37 (2): 71 - 75.

[50] 韩作珍. 试论道德权利与道德义务的关系 [J]. 石河子大学学报 (哲学社会科学版), 2004 (3): 30 - 33.

[51] 何琼峰, 李仲广. 基于入境游客感知的中国旅游服务质量演进特征和影响机制 [J]. 人文地理, 2014, 29 (1): 154 - 160.

[52] 黄丹, 李东, 由亚男, 刘丽丽, 代传煊. 目的地形象对感知价值及行为意向的影响机制——以新疆入境游客为例 [J]. 内蒙古师范大学学报

（自然科学版），2021，50（1）：88 - 94.

　　[53] 黄端，张著名，陈晓波，等. 解读新福建 [M]. 厦门：厦门大学出版社，2017.

　　[54] 黄江华. 陈光甫管理思想刍议 [J]. 兰台世界，2019（5）：143 - 146.

　　[55] 黄瑾，德村志成. 中外旅游咨询中心比较分析——兼论我国旅游咨询中心的发展策略 [J]. 西南民族大学学报（人文社科版），2008，29（11）：212 - 216.

　　[56] 黄萍. 好客中国 [J]. 广西民族大学学报（哲学社会科学版），2012，34（5）：2 - 9.

　　[57] 黄崴. 旅游目的地"好客软环境"的营造 [N]. 中国旅游报，2013 - 09 - 01（11）.

　　[58] 黄潇婷. 旅游者时空行为研究 [M]. 北京：中国旅游出版社，2011.

　　[59] 黄颖华，黄福才. 旅游者感知价值模型、测度与实证研究 [J]. 旅游学刊，2007，22（8）：42 - 47.

　　[60] 霍洛韦（Holloway J C）. 论旅游业：二十一世纪旅游教程 [M]. 孔祥义，等译. 北京：中国大百科全书出版社，1997.

　　[61] 贾春峰. 贾春峰说"文化力"[M]. 北京：中国经济出版社，2007.

　　[62] 蒋长春. 国内游客对红色文化感知的差异性研究——以延安红色旅游为例 [J]. 河北大学学报（哲学社会科学版），2013，38（4）：75 - 80.

　　[63] 蒋婷，张峰，张博. 旅游厕所游客体验的探索性研究 [J]. 旅游研究，2019，11（1）：55 - 69.

　　[64] 金炳华. 哲学大辞典：分类修订本 [M]. 上海：上海辞书出版社，2007.

　　[65] 金景芳，吕绍纲. 周易全解 [M]. 上海：上海古籍出版社，2005.

　　[66] 鞠玉梅. 区域形象的话语修辞建构与对外传播——以"好客山东"形象为例 [J]. 新媒体与社会，2020（1）：344 - 362.

　　[67] 匡林. 中国国家旅游形象研究 [M]. 北京：中国旅游出版社，2013.

[68] 旷雄杰. 基于德尔菲法的中国漂流旅游发展影响因素研究 [J]. 旅游学刊, 2011, 26 (6): 42-46.

[69] 蓝海, 孔应琢. 山东精神山东人 [M]. 济南: 山东画报出版社, 2008.

[70] 冷兴邦, 翟晨灼, 李海琼. 倾力打造"好客山东"旅游外宣品牌 [J]. 对外传播, 2009 (10): 15-16.

[71] 黎靖德. 朱子语类 (卷六八) [M]. 王星贤, 点校. 北京: 中华书局, 1986.

[72] 李春霞. 好客的东道主: 旅游人类学"主-客"范式反思 [J]. 广西民族大学学报 (哲学社会科学版), 2012, 34 (5): 23-28.

[73] 李春晓, 李辉, 刘艳筝, 梁赛. 多彩华夏: 大数据视角的入境游客体验感知差异深描 [J]. 南开管理评论, 2020, 23 (1): 28-39.

[74] 李慧. 基于目的地感知质量驱动模型的西藏入境游客忠诚研究 [J]. 贵州民族研究, 2016, 37 (12): 53-56.

[75] 李胜芬. 政府在旅游地品牌建设中的主导性分析 [J]. 技术经济与管理研究, 2005 (4): 95-96.

[76] 李天元. 旅游学概论 (第三版) [M]. 北京: 高等教育出版社, 2017.

[77] 李天元, 向招明. 目的地旅游产品中的好客精神及其培育 [J]. 华侨大学学报 (哲学社会科学版), 2006 (4): 66-72.

[78] 李伟, 李多. 基于国内自助游记的特色旅游目的地形象感知与游客评价研究——以苏州水乡古镇周庄为例 [J]. 统计与管理, 2020a, 35 (1): 115-120.

[79] 李伟, 李露. 基于内容分析法的国内自驾游客对旅游目的地形象感知研究——以河南省为例 [J]. 四川旅游学院学报, 2020b (2): 77-84.

[80] 李西香. 旅游目的地品牌建设研究——以"好客山东"旅游品牌为例 [J]. 经济研究导刊, 2009 (17): 173-174.

[81] 李玺, 叶升, 王东. 旅游目的地感知形象非结构化测量应用研究——以访澳商务游客形象感知特征为例 [J]. 旅游学刊, 2011, 26 (12): 57-63.

[82] 李一智. 商务决策数量方法 [M]. 北京: 经济科学出版社, 2003.

[83] 李玉国. 评析"好客山东"的形象定位和品牌定位 [J]. 山东行政学院学报, 2013 (5): 95 - 96.

[84] 李正欢. 旅游业"好客"研究的多维视野审视 [J]. 北京第二外国语学院学报, 2009 (11): 25 - 31.

[85] 李智. 文化外交: 一种传播学的解读 [M]. 北京: 北京大学出版社, 2005.

[86] 李紫娟. 基于协同理论的旅游目的地营销策略研究 [D]. 沈阳: 辽宁大学, 2012.

[87] 里夫 (Riffe D), 赖斯 (Lacy D), 菲克 (Fico F G). 内容分析法媒介信息量化研究技巧 (第 2 版) [M]. 嵇美云, 译. 北京: 清华大学出版社, 2010.

[88] 连漪, 汪侠. 旅游地顾客满意度测评指标体系的研究及应用 [J]. 旅游学刊, 2004, 19 (5): 9 - 13.

[89] 梁明珠. 旅游地品牌研究形象 [M]. 北京: 经济科学出版社, 2006.

[90] 梁雪松, 马耀峰, 李天顺. 入境游客对旅游服务质量感知评价的分析研究 [J]. 生产力研究, 2006 (4): 107 - 108.

[91] 林华敏, 王超. 列维纳斯的好客伦理及其对构建和平世界的启示 [J]. 伦理学研究, 2016 (1): 66 - 71.

[92] 林菁. 实业家陈光甫对近代中国旅游业的开拓 [J]. 兰台世界, 2014 (1): 54 - 55.

[93] 林敏霞. 好客"边界"与现代旅游 [J]. 广西民族大学学报 (哲学社会科学版), 2012, 34 (5): 29 - 33.

[94] 林涛. 上海旅游咨询服务中心及其免费信息调查研究: 游客视角 [J]. 旅游学刊, 2007, 22 (4): 88 - 91.

[95] 刘纯. 旅游心理学 (第 3 版) [M]. 北京: 高等教育出版社, 2014.

[96] 刘红梅, 胡希军, 艾小艳. 城市森林公园游客空间意象特征分析——以湖南省森林植物园为例 [J]. 经济地理, 2014, 34 (10): 171 - 176.

[97] 刘宏盈, 马耀峰, 高军, 赵现红. 旅昆入境游客旅游气候感知对

其旅游决策的影响研究 [J]. 生态经济, 2008 (5): 47-50.

[98] 刘华民. 中国古代杂体诗鉴赏 [M]. 苏州: 苏州大学出版社, 2018.

[99] 刘建国, 黄杏灵, 晋孟雨. 游客感知: 国内外文献的回顾及展望 [J]. 经济地理, 2017, 37 (5): 216-224.

[100] 刘军林. 好客旅游开发中的本真性问题研究 [J]. 湖北社会科学, 2011 (4): 111-113.

[101] 刘军胜, 马耀峰. 入境游客与社区居民旅游供给感知测评及差异分析——以北京市为例 [J]. 资源科学, 2016, 38 (8): 1476-1490.

[102] 刘妍, 唐勇, 田光占, 等. 成都大熊猫繁育研究基地入境游客满意度评价实证研究 [J]. 旅游学刊, 2009, 24 (3): 36-41.

[103] 刘毅. 内容分析法在网络舆情信息分析中的应用 [J]. 天津大学学报 (社会科学版), 2006, 8 (4): 307-310.

[104] 陆林, 朱申莲, 刘曼曼. 杭州城市旅游品牌的演化机理及优化 [J]. 地理研究, 2013, 32 (3): 556-569.

[105] 吕滨. 新民伦理与新国家 [M]. 南昌: 江西教育出版社, 2000.

[106] 吕臣, 彭淑贞. 中国产品海外形象评价指标体系构建研究 [J]. 天津商业大学学报, 2015, 35 (6): 22-26, 32.

[107] 吕翠芹. "好客山东" 旅游目的地品牌评价指标体系的构建 [D]. 济南: 山东财经大学, 2012.

[108] 吕帅. 区域旅游形象绩效评估研究 [D]. 上海: 华东师范大学, 2007.

[109] 吕伟俊, 宋振春. 陈光甫的旅游管理思想与实践 [J]. 东岳论丛, 2002 (3): 76-79.

[110] 罗建基, 周桂林, 蒋乐琪. 国内游客旅游地感知研究综述 [J]. 长江大学学报 (社会科学版), 2009, 32 (1): 174-175.

[111] 马波. 现代旅游文化学 (第2版) [M]. 青岛: 青岛出版社, 2002.

[112] 马国亮. 我国旅游 "厕所革命" 的市场化道路建设——基于中德旅游景区厕所管理之比较 [J]. 社会科学家, 2015 (10): 91-95.

[113] 马红丽. 中国旅游热点城市入境游客居民好客度感知研究 [D].

西安：陕西师范大学，2010.

[114] 马克思恩格斯选集：第1卷 [M]. 北京：人民出版社，1995.

[115] 马凌，保继刚. 感知价值视角下的传统节庆旅游体验——以西双版纳傣族泼水节为例 [J]. 地理研究，2012，31（2）：269 - 278.

[116] 马凌. 社会视角下的旅游吸引物及其建构 [J]. 旅游学刊，2009，24（3）：69 - 74..

[117] 马明，陈方英. 基于旅游者感知的目的地旅游形象口号评价研究——以山东省为例 [J]. 旅游发展研究，2011b（6）：21 - 25.

[118] 马明，陈方英. 基于品牌管理的山东旅游形象绩效评估研究 [J]. 华东经济管理，2011a，25（3）：15 - 19.

[119] 马明，陈方英. 旅游地品牌战略管理研究——以"好客山东"为例 [M]. 北京：经济科学出版社，2020.

[120] 马明，陈方英. 旅游地网络口碑传播研究 [M]. 北京：经济科学出版社，2014.

[121] 马明. "好客山东"精神的内涵及培育 [J]. 旅游发展研究，2011b（1）：22 - 24.

[122] 马明. 基于旅游者感知的泰山旅游形象评价与改善策略研究 [D]. 济南：山东大学，2008a.

[123] 马明. 基于消费者感知的旅游广告效果实证研究 [J]. 消费经济，2008b，24（1）：54 - 57，61.

[124] 马明. 旅游地网络口碑营销优势及营销策略 [J]. 泰山学院学报，2012，34（5）：72 - 76.

[125] 马明，彭淑贞. 基于游客感知的山东居民好客度研究 [J]. 合作经济与科技，2016（10）：138 - 140.

[126] 马明. 熟悉度对旅游目的地形象影响研究——以泰山为例 [J]. 旅游科学，2011a，25（2）：30 - 38.

[127] 马明. 泰山旅游形象传播模式调查与分析 [J]. 泰山学院学报，2009，31（1）：111 - 115.

[128] 马明. 形象代言人在旅游地品牌建设中的运用探讨 [J]. 泰山学院学报，2010，32（1）：118 - 122.

[129] 马秋芳，杨新军，康俊香. 传统旅游城市入境游客满意度评价及

其期望－感知特征差异分析——以西安欧美游客为例［J］. 旅游学刊, 2006, 21（2）：30－35.

［130］马秋芳, 杨新军, 孙根年. 合图法（co-plot）在入境游客期望感知分析的应用——以西安欧美游客为例［J］. 系统工程理论与实践, 2008（4）：167－171, 176.

［131］马诗远. 国际旅游传播中的国家形象研究［M］. 北京：光明日报出版社, 2010.

［132］马耀峰, 王冠孝, 张佑印, 王镜. 古都国内游客旅游服务质量感知评价研究——以西安市为例［J］. 干旱区资源与环境, 2009, 23（6）：176－180.

［133］马寅虎. 试论近代中国的入境旅游［J］. 吉首大学学报（社会科学版）, 2000（3）：106－108.

［134］梅进文. "异客" 与 "好客" ［N］. 文汇报, 2019－12－16（W05）.

［135］梅克勒. 彩色人文历史［M］. 胡忠利, 译. 太原：希望出版社, 2007.

［136］蒙爱军. 好客的经济社会意义——以水族社会为例［J］. 贵州民族大学学报（哲学社会科学版）, 2015（5）：39－47.

［137］潘桂华, 李文兵. 国外游客感知研究综述［J］. 旅游纵览, 2011（12）：45－46.

［138］彭建, 裴亚楠. 国内游客对北京雾霾的感知及行为倾向研究——基于网络游记和扎根理论［J］. 中国旅游评论, 2019（2）：132－144.

［139］彭兆荣. 好的食物：餐桌伦理结构中的张力叙事［J］. 广西民族大学学报（哲学社会科学版）, 2012, 34（5）：16－22.

［140］钱穆. 民族与文化［M］. 北京：九州出版社, 2012.

［141］乔法容. 道德义务及其特点新解［J］. 郑州大学学报（哲学社会科学版）, 1995（5）：23－27.

［142］秦柯棋. 基于文本大数据的旅游目的地形象感知特征及吸引力分析——以深圳为例［J］. 中国集体经济, 2020（1）：80－81.

［143］秦在东. 社会主义精神质量：逻辑关联与价［M］. 武汉：华中师范大学出版社, 2010.

[144] 曲颖，李天元. 基于旅游目的地品牌管理过程的定位主题口号评价——以我国优秀旅游城市为例 [J]. 旅游学刊，2008，23（1）：30 - 35.

[145] 山东旅游统计便览 [R/OL]. 山东省文化和旅游厅，http：//whh-ly. shandong. gov. cn/col/col100526/index. html？number = SD05.

[146] 尚凤标，周武忠. 基于游客感知的购物旅游目的地吸引力实证研究——以义乌为例 [J]. 东南大学学报（哲学社会科学版），2012，14（2）：101 - 106，128.

[147] 邵宇翎，施琳霞. 商务礼仪 [M]. 杭州：浙江工商大学出版社，2018.

[148] 沈默. 管理要懂心理学 [M]. 北京：北京理工大学出版社，2014.

[149] 施秀梅. 国内游客旅游住宿服务质量感知研究 [D]. 重庆：西南大学，2013.

[150] 史春云，张捷，尤海梅. 游客感知视角下的旅游地竞争力结构方程模型 [J]. 地理研究，2008，27（3）：703 - 714.

[151] 史丽娜，林鸿民. 建设国际旅游岛培育社会好客精神的建议 [C]. 海口：当代海南论坛冬季峰会，2011.

[152] 宋佳. 好客山东旅游目的地营销模式 [D]. 济南：山东大学，2010.

[153] 宋振春，陈方英，宋国惠. 基于旅游者感知的世界文化遗产吸引力研究——以泰山为例 [J]. 旅游科学，2006，10（6）：28 - 34.

[154] 宋振春. 入境旅游与近代中国的开放 [J]. 文史哲，2004（6）：86 - 92.

[155] 宋振春. 文化旅游产业与城市发展研究 [M]. 北京：经济科学出版社，2005.

[156] 孙健. 试论"好客山东"服务品牌及其建设 [J]. 中国商论，2012（12）：202 - 203.

[157] 孙九霞，陈钢华. 旅游消费者行为学 [M]. 大连：东北财经大学出版社，2015.

[158] 孙素，陈萍. 旅游服务礼仪 [M]. 北京：北京理工大学出版社，2010.

［159］唐弘久，张捷．突发危机事件对游客感知可进入性的影响特征——以汶川"5·12"大地震前后九寨沟景区游客为例［J］地理科学进展，2013，33（2）：251－261.

［160］田军，张朋柱，王刊良，等．基于德尔菲法的专家意见集成模型研究［J］．系统工程理论与实践，2004，24（1）：57－62.

［161］汪秋菊，刘宇，张弛，王静．北京5A级旅游景区入境游客感知形象：构成要素与差异性辨识［J］．世界地理研究，2017，26（6）：154－164.

［162］汪侠，梅虎．旅游地顾客忠诚模型及实证研究［J］．旅游学刊，2006，21（10）：35－40.

［163］汪子文，邓建伟，高嵩．感知价值视角下体育节庆旅游体验研究——以潍坊国际风筝会为例［J］山东体育学院学报，2014，30（3）：22－27.

［164］王朝辉，陆林，夏巧云．基于SEM的重大事件国内游客感知价值及行为意向关系研究——2010上海世博会为例［J］．地理研究，2011b，30（4）：735－746.

［165］王朝辉，陆林，夏巧云，刘筱．上海世博会国内游客感知价值的差异性与相关性［J］．经济问题探索，2011c（4）：162－167.

［166］王朝辉，陆林，夏巧云，刘筱．重大事件游客感知价值维度模型及实证研究——以2010上海世博会国内游客为例［J］．旅游学刊，2011a，26（5）：90－96.

［167］王晨光．旅游目的地营销［M］．北京：经济科学出版社，2005.

［168］王大悟．论旅游城市环境的好客性［J］．旅游科学，2001，5（2）：8－9.

［169］王德刚，宋文旭．旅游强省战略［M］．济南：山东大学出版社，2009.

［170］王德刚．友好型目的地不能忽视旅游感知［N］．中国旅游报，2014－05－16（2）.

［171］王沪宁．作为国家实力的文化：软权力［J］．复旦学报（社会科学版），1993（3）：91－96，75.

［172］王嘉军．好客中的伦理、政治与语言——德里达对列维纳斯好客

理论的解构 [J]. 世界哲学, 2018 (2): 101 - 109.

[173] 王雷亭. 旅游品牌的环境依托——以"好客山东"为例 [C]. 中国旅游研究 30 年专家评论: 1978 - 2008. 2009.

[174] 王宁. 旅游中的互动本真性: 好客旅游研究 [J]. 广西民族大学学报 (哲学社会科学版), 2007, 29 (6): 18 - 24.

[175] 王琼, 史广峰, 赖启福. 云南旅游品牌发展与对策分析 [J]. 经济与管理, 2005, 19 (7): 77 - 80.

[176] 王润珏, 李荃. 文化自信提升国家形象自塑能力——以山东"好客"形象的塑造与传播为例 [J]. 新闻战线, 2019 (10): 96 - 99.

[177] 王思齐. 国家软实力的模式建构——从传播视角进行的战略思考 [D]. 杭州: 浙江大学, 2011.

[178] 王晓辉. 国内入藏游客对西藏旅游形象感知的实证研究 [J]. 贵州民族研究, 2015, 36 (10): 159 - 163.

[179] 王修智. 齐鲁文化与山东人 [J]. 东岳论丛, 2008 (4): 1 - 14.

[180] 王志明, 林学勤. 中华商道探密 [J]. 商业文化月刊, 2005 (11): 13 - 15.

[181] 王忠武. 山东精神与山东发展 [J]. 山东科技大学学报 (社会科学版), 2003, 5 (3): 40 - 42.

[182] 韦小鹏. 好客中国: 旅游与旅游者——第二届旅游高峰论坛综述 [J]. 民族论坛, 2012 (6): 108 - 110.

[183] 魏小安. 旅游目的地发展实证研究 [M]. 北京: 中国旅游出版社, 2002.

[184] 魏永安, 中国精神教育研究 [D]. 兰州: 兰州大学, 2017.

[185] 吴剑, 吴晋峰, 吴姗姗, 等. 初访客与回头客的中国旅游感知形象对比——以旅华欧美游客为例 [J]. 经济地理, 2014, 34 (7): 157 - 164.

[186] 吴普, 葛全胜, 齐晓波, 等. 气候因素对滨海旅游目的地旅游需求的影响——以海南岛为例 [J]. 资源科学, 2010, 32 (1): 157 - 162.

[187] 吴姗姗, 吴晋峰, 王云弟, 等. 国家旅游竞争力与游客感知的关系研究——以旅华欧美游客为例 [J]. 干旱区资源与环境, 2015, 29 (4): 202 - 208.

[188] 吴小根, 杜莹莹. 旅游目的地游客感知形象形成机理与实证——

以江苏省南通市为例 [J]. 地理研究, 2011, 30 (9): 1554 - 1565.

[189] 吴元芳. 运河文化对 "好客山东" 品牌的影响刍议 [J]. 江苏商论, 2009 (5): 88 - 90.

[190] 夏征农, 陈至立. 辞海 (缩印本) (第六版) [M]. 上海: 上海辞书出版社, 2010.

[191] 肖建勇. 入境游客对洛阳旅游服务质量感知评价的实证研究 [J]. 旅游论坛, 2008, 1 (4): 33 - 38.

[192] 谢礼珊, 韩小芸, 顾赟. 服务公平性、服务质量、组织形象对游客行为意向的影响——基于博物馆服务的实证研究 [J]. 旅游学刊, 2007, 22 (12): 51 - 58.

[193] 谢丽佳, 郭英之. 基于 IPA 评价的会展旅游特征感知实证研究: 以上海为例 [J]. 旅游学刊, 2010, 25 (3): 46 - 54.

[194] 谢雪梅, 马耀峰, 白凯. 性别差异视角下的旅华游客目的地意象认知分析——以长三角为例 [J]. 旅游科学, 2010, 24 (6): 47 - 54.

[195] 徐蔼婷. 德尔菲法的应用及其难点 [J]. 中国统计, 2006 (9): 57 - 59.

[196] 徐小波, 赵磊, 刘滨谊, 等. 中国旅游城市形象感知特征与分异 [J]. 地理研究, 2015, 34 (7): 1367 - 1379.

[197] 许峰, 石晓燕, 林雪娇. "好客山东" 品牌情境下新时代优质旅游内涵解析及发展机制 [J]. 山东商业职业技术学院学报, 2020, 20 (6): 18 - 21.

[198] 许忠伟. 城市旅游咨询中心游客满意度及影响因子研究——以北京旅游咨询中心为例 [J]. 特区经济, 2014 (2): 149 - 152.

[199] 薛念文. 实用理性超越——陈光甫经营管理思想研究 [J]. 同济大学学报 (社会科学版), 2006 (4): 119 - 124.

[200] 杨朝明. 山东精神: 公、信、仁、和——基于孔子 "大同" 社会理想研究的思考 [J]. 孔子研究, 2012 (5): 110 - 113.

[201] 杨向奎. 《鲁国史》序 [J]. 东岳论丛, 1994 (4): 75.

[202] 杨洋. 国内游客低碳旅游感知与景区低碳旅游满意度实证研究 [D]. 合肥: 安徽大学, 2012.

[203] 杨永德, 白丽明, 苏振. 旅游目的地形象的结构化与非结构化比

较研究——以阳朔旅游形象测量分析为例［J］. 旅游学刊，2007，22（4）：53-57.

　　［204］杨永波，李同升. 基于游客心里感知评价的西安乡村旅游地开发研究［J］. 旅游学刊，2007，22（11）：32-36.

　　［205］杨忠全，吴颖，袁德美. 德尔菲法的定量探讨［J］. 情报理论与实践，1995（5）：11-13.

　　［206］姚会元，操玲姣. 陈光甫开创中国现代旅游业［J］. 旅游科学，2002，16（1）：36-38.

　　［207］姚丽芬，李庆辰. 基于 IPA 评价的旅游微信营销满意度研究——以微信公众账号 HebeTourism 为例［J］. 湖北农业科学，2015，54（18）：4630-4634.

　　［208］叶莉，陈修谦. 雾霾对我国入境旅游的影响：游客风险感知异质性视角［J］. 广东财经大学学报，2020，35（4）：48-57.

　　［209］易伟新. 论民国企业家的经营文化理念——以陈光甫为例［J］. 江苏商论，2009（3）：101-103.

　　［210］易星同. 德里达"好客"与"新国际"思想及其当代价值［J］. 长江大学学报（社科版），2015，38（4）：28-31.

　　［211］于冲. 齐鲁文化之"好客山东"［J］. 招商周刊，2008（12）：34-35.

　　［212］于锦荣，陆音. 南昌市旅游品牌发展研究［J］. 南昌航空大学学报（社会科学版），2017，19（1）：41-46.

　　［213］于日美，李太光. 从"好客山东"看省级旅游品牌推广（上）［N］. 中国旅游报，2009a-09-16（11）.

　　［214］于日美，李太光. 从"好客山东"看省级旅游品牌推广（上）［N］. 中国旅游报，2009b-09-18（9）.

　　［215］于延华. 试论如何做大做强"好客山东"的旅游品牌［J］. 商业文化月刊，2012（3）：236-237.

　　［216］余双好. 中国梦之中国精神［M］. 武汉：武汉大学出版社，2015.

　　［217］俞国良，王青兰，杨治良. 环境心理学［M］. 北京：人民教育出版社，2000.

［218］约瑟夫·奈.软实力：权利，从硬实力到软实力［M］.马娟娟，译.北京：中信出版社，2013.

［219］曾忠禄.21世纪商业情报分析：理论、方法与案例［M］.北京：中国经济出版社，2018.

［220］翟淑平.从"好客之假"看"饭局之真"——读《论好客》［J］.西北民族研究，2012（3）：113－116.

［221］张翠翠，陆洋."好客山东"与"山东面子"［J］.齐鲁周刊，2015（41）：18－19.

［222］张广海，孙春兰.山东省文化旅游产业发展影响因素的灰色关联分析［J］.经济与管理评论，2012，28（5）：130－134.

［223］张华.管理沟通［M］.成都：电子科技大学出版社，2017.

［224］张慧.基于社会化媒体营销的旅游品牌传播研究［D］.济南：山东师范大学，2013.

［225］张骥，桑红.文化：国际政治中的"软权力"［J］.社会主义研究，1999（3）：41－44.

［226］张坤，李春林，张津沂.基于图片大数据的入境游客感知和行为演变研究——以北京市为例［J］.旅游学刊，2020，35（8）：61－70.

［227］张咪，万红莲，黄洁，刘嬉.陕西三大区域国内游客安全感知实证研究——基于旅游感知安全指数模型［J］.河南科学，2016，34（11）：1943－1948.

［228］张萍.旅游电视广告结构分析——以"好客山东"为例［J］.河北旅游职业学院学报，2012，17（3）：37－40.

［229］张伟伟，杜叶华，赵忠君.入境游客对凤凰古城的旅游形象感知维度探究——基于TripAdvisor上的点评［J］.曲阜师范大学学报（自然科学版），2019，45（4）：117－124.

［230］张显春.桂林入境游客旅游环境感知差异研究——基于韩国、马来西亚、美国游客的调查［J］.社会科学家，2018（12）：88－94.

［231］张佑印，马耀峰.游客感知视角的城市旅游交通便捷度研究——以六大入境热点旅游城市为例［J］.旅游论坛，2016，10（1）：43－52.

［232］张志勇."好客山东"旅游者满意度存在的问题及对策［J］.商业时代，2015（29）：140－142.

[233] 郑向春. 主随客便: 天堂的想象与制作——旅游中的好客性与符号视角 [J]. 广西民族大学学报 (哲学社会科学版), 2012, 34 (5): 40 - 44.

[234] 郑岩, 黄素华. 国内游客低碳旅游感知与消费调查研究——以大连市为例 [J]. 经济研究导刊, 2011 (3): 163 - 164.

[235] 郑焱, 蒋慧. 陈光甫述评 [J]. 湖南师范大学社会科学学报, 2004, 33 (6): 82 - 86.

[236] 中国旅游新闻网. "好客山东" 品牌价值 200 亿 [EB/OL]. (2015 - 04 - 15) [2019 - 12 - 12]. http: //lxs. cncn. com/59037/n494797.

[237] 中国旅游研究院. 2010 - 2014 全国游客满意度调查报告 [R/OL]. http: //www. ctaweb. org. cn/cta/lysjzx/xsjl. shtml.

[238] 周琦. 好客山东旅游形象评析 [D]. 曲阜: 曲阜师范大学, 2015.

[239] 朱竑, 李鹏, 吴旗涛. 中国世界遗产类旅游产品的感知度研究 [J]. 旅游学刊, 2005, 20: 21 - 25.

[240] 邹菲. 内容分析法的理论与实践研究 [D]. 武汉: 武汉大学, 2004.

[241] Agapito D, Mendes J, Vallea P. Exploring the conceptualization of the sensory dimension of tourist experiences [J]. Journal of Destination Marketing & Management, 2013, 2 (2): 62 - 73.

[242] Agapito D, Valle P, Mendes J. The sensory dimension of tourist experiences: capturing meaningful sensory-informed themes in Southwest Portugal [J]. Tourism Management, 2014, 42 (3): 224 - 237.

[243] Akhalaia N, Vasadze M. New trends in hospitality industry and Georgia [J]. Advances in Management and Applied Economics, 2016, 6 (6): 83 - 88.

[244] Andersen V, Prentice R, Guerin S. Imagery of Denmark among visitors to Danish fine arts exhibitions in Scotland [J]. Tourism Management, 1997, 18 (7): 453 - 464.

[245] Andrews H. Consuming hospitality on holiday [M]//Lashley C, Morrison A. Hospitality. Abingdon: Routledge, 2011.

［246］Bell D. Hospitality and urban regeneration ［M］//Lashley C, Lynch P A, Morrison A. Hospitality: A Social Lens. Oxford: Elsevier, 2007a.

［247］Bell D. The hospitable city: social relations in commercial spaces ［J］. Progress in Human Geography, 2007b, 31 (1): 7 – 22.

［248］Berelson B R. Content analysis in communication research ［M］. New York: Free Press, 1952.

［249］Blain M, Lashley C. Hospitableness: the new service metaphor? Developing an instrument for measuring hosting ［J］. Research in Hospitality Management, 2014, 4 (1/2): 1 – 8.

［250］Blochazy L J. Hospitality in early Rome: Livy's concept of its humanizing force ［M］. Chicago: ARES Publishers, 1977.

［251］Boo S, Busser J, Baloglu S. A model of customer-based brand equity and its application to multiple destinations ［J］. Tourism Management, 2009, 30 (2): 219 – 231.

［252］Broek Chavez, F V D, Jean-Pierre V D R. The hospitalities of cities: Between the agora and the fortress ［J］. Hospitality & Society, 2014, 4 (1): 31 – 53.

［253］Brotherton B. Hospitality—a synthetic approach ［M］//Lashley C. The Routledge Handbook of Hospitality Studies. London: Routledge, 2017.

［254］Brotherton B. Towards a definitive view of the nature of hospitality and hospitality management ［J］. International Journal of Contemporary Hospitality Management, 1999, 11 (4): 165 – 173.

［255］Brotherton B, Wood R C. The nature and meanings of ' hospitality ' ［M］//Wood R C, Brotherton B. The Sage handbook of hospitality Management. London: Sage, 2007.

［256］Bruckner M. Narrative invention in Twelfth-Century French Romance: the convention of hospitality (1160 – 1200) ［M］. Lexinton: The French Forum, 1980.

［257］Causevic S, Lynch P. Hospitality as a human phenomenon: host-guest relationships in a post-conflict setting ［J］. Tourism and Hospitality Planning & Development, 2009, 6 (2): 121 – 132.

[258] Chaudhary M. India's image as a tourist destination a perspective of foreign tourists [J]. Tourism Management, 2000, 21 (3): 293 –297.

[259] Chau D S, Yan D L. Destination hospitality indicators [J]. Journal of Destination Marketing & Management, 2021, 19 (1): 1 –8.

[260] Chen F, Tian L. Comparative study on residents' perceptions of follow-up impacts of the 2008 Olympics [J]. Tourism Management, 2015, 51 (5): 263 –281.

[261] Cooper C. Essentials of tourism (影印版) [M]. 大连: 东北财经大学出版社, 2013.

[262] Dalkey N, Helmer O. An experimental application of the DELPHI method to the use of experts [J]. Management Science, 1963, 9 (3): 458 –467.

[263] David B K, Gitelson R E. Characteristics of effective tourism promotion slogans [J]. Annals of Tourism Research, 1997, 24 (1): 235 –238.

[264] Decrop A, Snelders D. A grounded typology of vacation decision-making [J]. Tourism Management, 2005, 26 (2): 121 –132.

[265] Derrida J. The principle of hospitality [J]. Parallax, 2005, 11 (1): 6 –9.

[266] Echtner C M, Ritchie J R B. The measurement of destination image: an empirical assessment [J]. Journal of Travel Research, 1993, 31 (4): 3 –13.

[267] Graburn N H. The anthropology of tourism [J]. Annals of Tourism Research, 1983, 10 (1): 9 –33.

[268] Greifer L. Attitude to the stranger [J]. American Sociological Review, 1945 (6): 739 –745.

[269] Heal F. Hospitality in early modern England [M]. Oxford: Clarendon Press, 1990.

[270] Hepple J, Kipps M, Thomsn J. The concept of hospitality and an evaluation of its application to the experience of hospital patients [J]. International Journal of Hospital Management, 1990, 9 (4): 305 –318.

[271] Ingram T N, Laforge R W, Avila R A. Professional selling: a trust-

based approach [M]. South-Western Cengage Learning, 2008.

[272] Ivanov S H, Webster C, Berezina K. Adoption of robots and service automation by tourism and hospitality companies [J]. Revista Turismo & Desenvolvimento, 2017 (27/28): 1501 – 1517.

[273] King C A. What is hospitality? [J]. International Journal of Hospitality Management, 1995, 14 (3/4): 219 – 234.

[274] Konecnik M, Gartner W C. Customer-based brand equity for a destination [J]. Annals of Tourism Research, 2007, 34 (2): 400 – 421.

[275] Kunwar R R. What is hospitality? [J] The Gaze: Journal of Tourism and Hospitality, 2017 (8): 55 – 115.

[276] Kuo C M, Chen L C, Tseng C Y. Investigating an innovative service with hospitality robots [J]. International Journal of Contemporary Hospitality Management, 2017, 29 (5): 1305 – 1321.

[277] Lashley C. Studying hospitality: insights from social sciences [J]. Scandinavian Journal of Hospitality and Tourism, 2008, 8 (1): 69 – 84.

[278] Lashley C. Towards an understanding of employee empowerment in hospitality services [J]. International Journal of Contemporary Hospitality Management, 1995, 7 (1): 27 – 32.

[279] Lennon R, Weber J M, Henson J. A test of a theoretical model of consumer travel behavior: German consumers' perception of northern Ireland as a tourist destination [J]. Journal of Vacation Marketing, 2001, 7 (1): 51 – 63.

[280] Lugosi P. Hospitality [M/OL]//Jafari J, Xiao H. Encyclopedia of tourism. Springer, 2016. https://doi.org/10.1007/978-3-319-01669-6_101-1.

[281] Lynch P, Molz J G, Mcintosh A, Lugosi P, Lashley C. Theorizing hospitality [J]. Hospitality & Society, 2011, 1 (1): 3 – 24.

[282] Mand H N, Cilliers S. Hospitable urban spaces and diversity [J]. Hospitality & Society, 2013, 3 (3): 211 – 228.

[283] Mcnaughton D. The "host" as uninvited "guest": hospitality, violence and tourism [J]. Annals of Tourism Research, 2006, 33 (3): 645 – 665.

[284] Molina R, Jamilena F, García C. The contribution of website design to the generation of tourist destination image: the moderating effect of involvement

[J]. Tourism Management, 2015, 47 (2): 303 - 317.

[285] Murphy J, Gretzel U, Hofacker C. Service robots in hospitality and tourism: investigating anthropomorphism [C]. In Paper presented at the 15th APacCHRIE conference (Bali, Indonesia). 2017a.

[286] Murphy J, Hofacker C, Gretzel U. Dawning of the age of robots in hospitality and tourism: challenges for teaching and research [J]. European Journal of Tourism Research, 2017b, 15 (1): 104 - 111.

[287] O'Gorman K D. Jacques Derrida's philosophy of hospitality [J]. Hospitality Review, 2006, 8 (4): 50 - 57.

[288] Olesen V. Selves and a changing social form: notes on three types of hospitality [J]. Symbolic Interaction, 1994, 17 (2): 187 - 202.

[289] Palmer D W. Hospitable prformances: dramatic genre and cultural practices in early modern England [M]. Purdue University Press, 1992.

[290] Pijls R, Groen B H, Galetzka M, Pruyn A T. Measuring the experience of hospitality: scale development and validation [J]. International Journal of Hospitality Management, 2017, 67 (1): 125 - 133.

[291] Pike S. Destination image analysis: a review of 142 papers from 1973 to 2000 [J]. Tourism Management, 2002, 23 (5): 541 - 549.

[292] Pike S. Destination marketing organisations [M]. Oxford: Elsevier, 2004.

[293] Plog S C. Leisure travel: a marketing handbook [M]. New Jersey: Pearson Prentice Hall, 2004.

[294] Prooijen M, Wiegerink, K. The city hospitality experience model-shaping a hospitable city [M]. The Hague: Hotel School The Hague, 2012.

[295] Ritzer G. Hospitality and presumption [J]. Research in Hospitality Management, 2015, 5 (1): 9 - 17.

[296] Santos J G, Alves A P F, Candido G A. How to receive the tourist? Hospitality in tourist destination praieiro in the Brazilian northeast [J]. Turydes: Revista Turismo y Desarrollo Local, 2016, 9 (20): 1 - 19.

[297] Saraniemi S, Kylänen M. Problematizing the concept of tourism destination: an analysis of different theoretical approaches [J]. Journal of Travel

Research, 2011, 50 (2): 133 – 143.

[298] Selwyn T. The tourist image: myths and myth making in tourism [M]. Chichester: John Wiley & Sons, 1996.

[299] Tasci A D, Semrad K J. Developing a scale of hospitableness: a tale of two worlds [J]. International Journal of Hospitality Management, 2016, 53 (1): 30 – 41.

[300] Webb S, Nield K, Varini K. The importance of culture in the south African 4 and 5 star hotel industry [J]. International Journal of Wine Marketing, 2000, 12 (1): 42 – 53.

[301] Wood R C. Some theoretical perspectives on hosptitality [M]//Seaton A V. Tourism: the state of art. Chichester: John Wiley, 1994.

[302] Yan L, Lee Y. H. Are tourists satisfied with the map at hand? [J]. Current Issues in Tourism, 2015, 18 (11): 1048 – 1058.

[303] Yan L, Lee Y H. Tourist perceptions of the multi-linguistic landscape in Macau [J]. Journal of China Tourism Research, 2014, 10 (4): 432 – 447.